汪兆骞——著

纸上起风雷

中国文人 1900—1949

中国出版集团　现代出版社

图书在版编目（CIP）数据

纸上起风雷：中国文人：1900—1949 / 汪兆骞著. — 北京：现代出版社，2024.1
ISBN 978-7-5231-0532-0

I. ①纸… II. ①汪… III. ①新闻事业史-研究-中国-1900-1949 IV. ① G219.29

中国国家版本馆 CIP 数据核字（2023）第 174056 号

纸上起风雷：中国文人 1900—1949

作　　者：汪兆骞
策划编辑：张　霆　姚冬霞
责任编辑：谢　惠
出版发行：现代出版社
通信地址：北京市安定门外安华里 504 号　100011
电　　话：010-64267325　64245264（传真）
网　　址：www.1980xd.com
印　　刷：固安兰星球彩色印刷有限公司
开　　本：710mm×1000mm　1/16
印　　张：23.75　　　　　　字　　数：279 千
版　　次：2024 年 1 月第 1 版　　印　　次：2024 年 1 月第 1 次印刷
书　　号：ISBN 978-7-5231-0532-0
定　　价：68.00 元

版权所有，翻印必究；未经许可，不得转载

代序

中国现代文化的丰碑

中国文化体系，是并没有先经历"近代化"的过程形成自成体系的"近代文化"，然后进行变革形成"现代文化"，而是直接由古典传统文化转型成"现代文化"的。

其实，在以儒家思想为中心的传统文化影响下，一批期待跻身或已参与统治阶层的士大夫，他们所处朝代不同，各自经历的命运、人生理想、道德标准、个性才华各异，但其文化修养属于同一个模式。当晚清社会突然进入代际更新的现代化时，他们随之经历了艰难的思想历程，开始对腐朽社会进行批判性反思，与现代世界开始接触，便萌生了朦胧的现代意识，像王韬、黄遵宪等经过到欧、美、日等参观学习，其社会理想从孔孟之道转向现代思想，成为现代文化的倡导者和启蒙思想家。辛亥革命前后，随着革命潮涌、"新学"传播，中国社会迅速形成了以秋瑾等为代表的现代文人群体。

中国现代文化，是"人"的自觉和"文"的自觉，激发了一批文化人站到时代潮头。他们以舆论宣传为己任，学习西方传入的现代印刷技术和报刊等信息传播方式，创建了中国现代文化传播载体——中国报刊。至此，中国报刊开始登上历史舞台，并扮演了文化和思想先锋的角色——在悲怆黑暗的长夜里，因中国共产党的诞生，使中国现代文化史变得有声有色、风雷激荡。

目 录

代序　中国现代文化的丰碑 / 001

引子　晚清末年，近代中国报业一瞥 / 001

1900年　陈少白奉命创办《中国日报》，

　　　　《申报》评论义和团真相 / 021

1901年　清廷增修《大清律例》，

　　　　《杭州白话报》诞生 / 026

1902年　梁启超创办《新民丛报》，

　　　　英敛之筹建《大公报》/ 031

1903年　"《苏报》案"的案中案，

　　　　林白水办《中国白话报》/ 039

1904年　陈独秀、章士钊创办《国民日日报》，

　　　　《安徽俗话报》欲唤醒民众 / 047

1905年　《民报》登场宣传"三民主义"，

　　　　《京话日报》亮相报道王府罪行 / 055

1906年　清廷颁布"预备仿行宪政"，

　　　　《中华报》揭露钳制舆论行径 / 061

1907年　女侠秋瑾办《中国女报》被杀，

　　　　汪康年《京报》开张揭受贿 / 068

1908年　清廷又颁《大清报律》，

　　　　章太炎办《民报》被禁 / 075

1909年　于右任一年办两报，

　　　　《申报》终由华人经办 / 080

1910年　清廷"立宪"骗局出笼，

　　　　同盟会《少年中国晨报》面世 / 089

1911年　武昌首义成报界舆论热点，

　　　　《民立报》开启"竖三民"时代 / 097

1912年　临时政府出台"约法"，

　　　　报刊言论受血腥钳制 / 103

1913年　"宋教仁案"扑朔迷离，

　　　　汉口《大汉报》拒绝领奖 / 110

1914年　北洋政府出台《报纸条例》，

　　　　《申报》发檄文批驳 / 114

1915年　梁启超撰文"反袁称帝"，

　　　　陈独秀《青年杂志》横空出世 / 119

1916年　袁氏称帝瞬间成黄粱，

　　　　陈独秀、胡适开启"《新青年》时代"/ 126

1917年　张勋率"辫子军"上演复辟丑剧，

　　　　《新青年》炸响新文化运动春雷 / 132

1918年　邵飘萍创办《京报》，

　　　　陈独秀、李大钊创办《每周评论》/ 137

1919年　《新青年》鼓吹德赛二先生，

　　　　"五四运动"催生百家报刊 / 144

1920年　《晨报》高呼《争自由宣言》，

　　　　陈独秀创办《劳动界》/ 152

1921年　红船在黑暗中启航，

　　　　报界发声《不自由，毋宁死》/ 160

1922年　"文人参政"办《努力周报》，

　　　　陈独秀创办《向导》周报 / 167

1923年　北洋政权风雨飘摇，

　　　　国共两党谋求合作 / 174

1924年　瞿秋白办报宣传马克思主义，

　　　　《语丝》《现代评论》主张温暖民族灵魂 / 181

1925年　茅盾创办《公理日报》，

　　　　胡政之创办《国闻周报》/ 191

1926年　报人邵飘萍、林白水喋血，

　　　　《大公报》坚持"四不"主义 / 198

1927年　郁达夫创办《民众》旬刊，

　　　　周作人在《语丝》发文悼李大钊 / 204

1928年　胡适、徐志摩升起一弯《新月》，

　　　　《晨报》不满钳制言论被停刊 / 211

1929年　胡适怒吼"宁鸣而死，不默而生"，

　　　　蒋介石假意"许诺"开放言论 / 217

1930年　《新月》发声"批评国民党的自由"，

　　　　《大公报》保持独立言论揭骗局 / 224

1931年　《新月》反专政悲情陨落，

　　　　《北斗》以文学干预生活 / 232

1932年　"一·二八"淞沪血战，

　　　　报界"坚持独立发言" / 239

1933年　《东方杂志》辟"新年梦想"，

　　　　记者以生命换来"记者日" / 246

1934年　瞿秋白主办《红色中华》，

　　　　史量才殉国留诤言 / 253

1935年　《新生》讽喻日本天皇遭惩办，

　　　　《自由评论》抨击钳制言论被查禁 / 261

1936年　报界"团结御侮"不自由，

　　　　"西安事变"促发"时局宣言" / 271

1937年　"七七"卢沟桥事变爆发，

　　　　报界发声"一不投降，二不受辱" / 278

1938年　《大公报》"尽言论界一兵卒之任务"，

　　　　　邹韬奋携《全民抗战》成言论明星 / 286

1939年　上海"孤岛"报界继续抗战，

　　　　　老舍办《抗战文艺》宣传延安 / 294

1940年　邹韬奋"宁为玉碎，不为瓦全"，

　　　　　《新华日报》开天窗抗议当局 / 301

1941年　《救亡日报》欲揭"皖南事变"真相，

　　　　　《大公报》怒批"飞机洋狗"丑闻 / 308

1942年　《解放日报》发表《讲话》坚守阵地，

　　　　　陆蠡用生命写就正气歌 / 315

1943年　王芸生《看重庆，念中原》揭灾情，

　　　　　《解放日报》怒批《中国之命运》/ 320

1944年　《大刚报》发表《贪污及其他》被查封，

　　　　　长篇通讯《延安一月》洛阳纸贵 / 327

1945年　三十三家报刊掀起"拒检运动"，

　　　　　叶圣陶发文"不要这个制度" / 335

1946年　闻一多办《民主周刊》惨遭暗杀，

　　　　　夏衍办刊揭露国民党舆论欺骗 / 344

1947—1949年　国民党独裁专制政权下台，

　　　　　　　报界迎接新时代到来 / 354

代跋　现代中国新闻史的世纪绝响 / 368

引子　晚清末年，近代中国报业一瞥

> 渡江天马南来，几人真是经纶手。
> ——［宋］辛弃疾《水龙吟·甲辰岁寿韩南涧尚书》

19世纪后期，中国文化里出现了新的元素——西学东渐，"经世救时"思潮逐渐兴起，中西文化碰撞结合，发展成了改良主义。正视现实、揭露时弊、倡言改革，士林逐渐形成一股讲求"经世之学"的新风气。"经世之学"向西方学习，成为区别于传统"通经致用"之学而具有现代特征的思潮，标志着中国文化对西学由被动输入转向主动吸纳。

晚清政府在世界潮流影响下有了洋务运动，讲求洋务成为"经世之学"的重要内容。清政府办广方言馆、译书局，翻译西方书籍，派学生留洋学习，便是证明。

西方传教士到华传教，也介绍和传播西方文明，将西方史地、政制、科技等传到中国。

西方现代出版技术和新的文化传播方式如报刊等传入中国，对中国文化现代化产生了重要影响。首先，中西方文化交流，必然带来西学和传统文化的冲突和融合，而这种冲突和融合必然会改变一些传统知识群体的知识结构和世界观。其次，一些走出国门的知识分子在广泛接触西方世界之后，思想产生深刻变化。从主张"中体西用"，进而要求学习西方"国政"、倡言"君民共主"，办工业、开商埠、兴学校，呼"变法自强"。中国知识群体发现，传播介绍西方文化最便捷有效的途径，就是利用西方现代出版技术和新的文化传播工具——报刊。

中国的历史变化，为中国出版和报业的发展营造了新的可能性。中国报刊的出现，是从对没落的黑暗社会和旧的传统文化批判性反思开始的，继而抨击弊政，呼吁社会改革、改变民生，议论军国、臧否政事，概论天下……

因此，中国报刊甫一登上历史舞台，就扮演了文化和思想先锋的角色。

19世纪早期的中国报刊，多为西方传教士和来华商人创办，以洋文为主，也有中文的。第一张中文报刊名为《察世俗每月统记传》(*Chinese Monthly Magazine*)，是1815年由英国传教士米怜（William Milne）在马六甲创办的。中国境内出版的《东西洋考每月统记传》于1833年由普鲁士传教士郭士立（Karl Friedrich August Gützlaff，1803—1851）在广州创办，为中国境内第一份近代化中文报刊。该报刊曾载文介绍荷马、弥尔顿（John Milton，1608—1674）等欧洲诗人，批评中国境内"悖思外美无文无词"的现象。

1853年，在香港有传教士麦都思（W.H.Medhurst，1796—1857）创办的中文报刊《遐迩贯珍》出版，此乃第一家用铅活字排版印刷的报刊。从此，落后的雕版印刷术渐渐退出历史舞台。19世纪五六十年代后，香港、上海成为外国人办报的中心,也有少量的中国人办自己的报刊。外国人在中国办报,多聘用中国文人任编辑或撰稿,如创刊于1872年的《申报》,创办者是英国人美查(Ernest Major,1830—1908)等,该报的经理及编辑均为中国人。《申报》因为有中国文人的参与,才有了中国味十足的"骚人韵士"的"短什长篇",开"近代报纸副刊之先声"。同年创办的期刊《瀛寰琐记》,由《申报》馆刊行,发表文艺作品诗词、杂文、小说、笔记及时评政论,并曾发表蠡勺居士的《瀛寰琐记叙》及其所译《昕夕闲谈》。1875年,《瀛寰琐记》更名《四溟琐记》,但次年又改为《寰宇琐记》,不久停刊。

外国人在中国办的报刊,多有宗教背景,目的在于传教兼商业。正如《中国近代报刊史》(方汉奇,山西教育出版社,1981年)所述,外国人办报刊是为"保卫外国在中华所有之政治商务利益,并抵拒华人之舆论"。但是,它们同时也是"西学东渐"的渠道、路径之一。《万国公报》就宣称:"本刊是为推广与泰西各国有关的地理、历史、文明、政治、宗教、科学、艺术、工业及一般进步知识的期刊。"这迎合了当时渴望了解世界,寻求救国之路的知识阶层的心理。

1857年,香港诞生了英文报纸《孖剌报》,并于同年底创办中文版——《香港船头货价纸》,后于1864年将其改版为《中外新报》(全称《香港中外新报》)。1861年后,上海出现了《上海新报》。1865年,香港又有《华字日报》问世。1872年,《申报》在上海强势问鼎报界。但是,这些最早占领中国报业世界的报纸都是外国资本支撑的,它们是外国报纸的中文版,如《华字日报》便是《德臣西报》(又称《德臣报》)中文版(前身是英文《德臣报》的周末中文专版《中外新闻七日报》），其内容大都译自外报。实际上，中国读者感兴趣的只是这些报纸上刊载的一些洋行的通知、告白和船期消息等，发行量很少，经营得并不景气。

不过，英国商人美查在上海办的《申报》，则充分考虑到中国读者的阅读习惯和感兴趣的内容：大到国家政治、中外关系、民生状况，小至商家贸易利弊、移风易俗之变迁，皆入报端。正如《中国新闻事业编年史》（方汉奇，福建人民出版社，2000年）所说，《申报》创刊号《本馆告白》中言明"与夫一切可惊可愕、可喜之事，足以新人听闻者，靡不毕载"。以生活化、娱乐化、信息化招徕读者，扩大发行量，此生意之道。但是，一份正派的报纸，总要个性化、有自己的办报宗旨。《申报》发表的《论新闻纸之有益》一文中说："民为邦本，本固邦宁……而欲知民情，莫捷于新闻纸（报纸）。"看得出来，英国东家请中国文人担任《申报》笔政，看中的是这些文人深谙中国国情和庙堂的为政之道：沟通庙堂和民间，冲破政治藩篱，既重视对国内外大事的采访，也注意市井琐闻和社会变化。

此种西方报刊业文化，逐渐被多元文化的中国所认同。

自先秦以来直至晚清，中国文化是一个"自给自足"的体系。但是，西方现代化印刷业和报刊等传到中国后，如同印度佛教文化对中国文化有过广泛影响，进入中土后很快被吸纳改造成为中国自己的佛教文化一样。当西方现代化印刷业和报刊等传播方式传到中国后，《申报》也逐渐成为一张现代中国报纸。且看《申报》的报徽为"金口木舌"，象征该报要担当起民间舆论的角色。舆论，即公众的言论，意思是《申报》要代表公众说话。报人徐铸成（1907—1991）曾这样评价《申报》："在我幼年的江南穷乡僻境，都是把《申报》和报纸当作同义语的。"可见，当时《申报》

的影响之大。

1873年，王韬（1828—1897）创办了中华印务总局，次年又创刊了中国人第一份真正自办的中国资本印制、发行的中文报纸《循环日报》。

《循环日报》每天有论政、评点国内外大事的文章，主张变法自强，提出"富强即治国之本"，认为学习西方的"富强之术亦师西法"，且必须"先富而后强"等治国方略。康有为（1858—1927）、梁启超（1873—1929）、孙中山（1866—1925）等都受到其影响，甚至清廷重臣李鸿章等都颇为重视。

1884年，王韬将办报十年的评论文章选编结集成《弢园文录外编》出版时，早已闻名报界，受到各方尊敬。他开创了中国知识分子在科举之外又一条"治国齐家"之路：不入仕参政，独立创造自己的文化事业，把古老的农耕文明和西方工业文明的理想相结合，不仅把舶来品报刊中国化，并借助这一新型载体发出知识分子和民间的声音，成为中国新闻史的源头。

王韬，江苏长洲（吴县，今苏州吴中区）人，初名利宾，字紫诠，号仲弢，别号弢园老民、天南遯叟等。十八岁考中秀才，后参加科考，屡试不中。道光二十九年（1849），应英国传教士麦都思的邀请，离家赴上海在英国教会——伦敦会开办的墨海书馆任职。经历太平天国和第二次鸦片战争后，王韬屡向清朝政府献"御戎""平贼"等策，但均未被采纳。在这期间，王韬与西方文明广为接触，特别是在英人传教士主办的上海墨海书馆任职时曾帮助编辑、校订西方书籍，参与了上海早期中文杂志《六合丛谈》（1857年创刊）的编辑工作，对西方文化有了深刻的认识。

咸丰十一年底（1862年初），王韬落寞回到故里，化名"黄畹"给太平军将领刘肇钧上书献策。事情败露后，被清廷下令捉拿。所幸在英国驻上海领事麦华陀（Sir Walter Henry Medhurst，1823—1885）庇护下，王韬得以在英领事馆暂时避难，后秘密离开前往香港为英传教士理雅各（James Legge，1815—1897）翻译《中国经典》。

同治六年（1867）至同治十年（1871），王韬应理雅各之邀到英国译书，并有机会游历了英、法、俄诸国，后又访问日本，眼界大开。

回到香港后，王韬又参与编辑中文报纸《近事编录》，同时为《中外新闻七日报》（《中外新报》）撰过稿。这些经历为后来王韬办报准备了条件。1874年，王韬创办《循环日报》，以"华人资本，华人操权"相标榜，成为中国人自办的第一份中文报纸。该报每日都发表时政评论，开了"文人论政"的先河，对中国新闻史产生了重要的影响。

王韬本乃一介传统文人，给清廷献"御戎"策，给太平军上书，皆是旧文人清议的传统。在19世纪70年代，中华文明在西方文明影响下转型，赋予了文化人新的文化生命，赋予了中国文化新的载体。当时，年仅四十六岁的王韬，正值文化生命和自然生命的盛年，创办了自己的《循环日报》，有了发表自己对时事世局看法的舞台。于是，他激扬文字，指点江山，批评、干预社会，并主张广贸易、开煤矿、兴铁路、办织纴、造轮船，呼吁"民间自主公司"，兴办工矿交通事业，认为"官办不如民办"。此等主张，与清廷重臣李鸿章（1823—1901）的某些主张不谋而合。在李鸿章的默许下，王韬于1884年春风得意地重返上海。回到上海后，王韬被聘为《申报》编辑，主持格致书院（1886年），而曾与当时达官丁日昌（1823—1882）、盛宣怀（1844—1916）等多有交游的他常为洋务派出谋献策，且也对洋务运动时有批评，成了当时舆论界风头正劲的"中国新闻报纸之父"。

实际上，王韬的《循环日报》一直努力学习英国《泰晤士报》之"立论一秉公平，居心务期诚正"的宗旨，要办成秉承公正舆论、代表社会民心所向的报纸。

《循环日报》以社会评论多为其特色，甚至王韬自己也多亲自执笔写评论。他执笔政十年，竟写过上千篇评论，平均三四天便有一评。其评公正、真实，有以古衡今的理想情怀，有批评时政的锐气锋芒，有温度、有文采，常被《申报》等各报转载，为报界所津津乐道。

在内忧外患的黑暗、贫弱的旧时代，王韬开创了中国新闻史的新篇章，给乱世投射了一缕光明，"风雨如晦，鸡鸣不已"。

十年之后的1883年，王韬把他为《循环日报》写的评论文章结集为《弢园文录外编》，在香港出版发行。在过去的十年，随着《循环日报》的发行，王韬的言论在香港广为传播，并影响到内地。《循环日报》成为当时中国重要的舆论阵地，开启了一条知识分子以言论关注社会、关注民生的新路径。

王韬办《循环日报》的十年，内地依然是"言禁未开"的晚清时期。清廷为挽救风雨飘摇的统治地位，对外媚和，对内残酷镇压，舆论已是"万马齐喑"。例如，史称"丁戊奇荒"（1877年是丁丑年、1878年是戊寅年）的最严重的旱灾发生在山西，据当时目睹旱灾惨状的英传教士李提摩太（Timothy Richard，1845—1919）在其日记中记载：

从太原出发，一路南行，第一天就看到快要饿死的人，第二天，看到四个躺在路边的死人,还有一个人四肢爬行,已没力气站立。第三天,路过两个显然刚刚断气的人,一个衣服鲜亮,却死于饥饿。一个大约四十岁的男人走在前面,摇摇晃晃像是喝醉了酒,被一阵风吹倒后,再也没爬起来。第四天,路边躺着四具尸体,其中一个只穿着袜子,看来已没什么分量,一只狗正拖着移动。另三具尸体成了一群乌鸦和喜鹊的盛宴。第五天,半天内就看见六具尸体:一具浸在水里,由于野狗的拖曳,半身暴露在水面上;一具半身穿着破破烂烂的衣裳,躺在路边一个洞口旁;还有一具已被食肉的鸟兽撕碎,吃掉一半……

这么严重的灾情,清廷一开始严密封锁消息,因英国传教士李提摩太的积极活动才有了赈灾之举。

当时,清廷对外国人惧怕三分,无可奈何,但对国内舆论却严密控制,残酷镇压。1883年,王韬的《弢园文录外编》出版不久,清廷便责令南海、番禺两县发布告示:

> 访闻近有不法之辈,伪造谣言,并私自刊刻新闻纸等项,沿街售卖。本月初五、六两日,竟有一二匪徒,竟欲聚众至礼拜堂滋扰,借端生事……为此示谕属内军民人等一体遵照:尔等须知前项事弊,均属有干禁令。现在中外各国和好,本无异心。倘经此次示谕之后,尔等仍复有伪造谣言刊卖新闻纸,及聚众滋事扰名节,即以谣言滋事之罪按律惩办,决不姑宽。(《中国新闻事业编年史》)

其实,中国自有报刊以来,报人便一直与有"禁言"劣根传统的清廷统治者相抗争，而言论史就是"开言"与"禁言"斗争的历史。

远的不说，就在王韬创办《循环日报》前后，这段时期中国社会开始经历由缓慢向急速发展的现代化进程，"开言"与"禁言"的斗争也拉开了惨烈悲壮的序幕。

早在1868年，葡萄牙人在澳门创办的《依泾杂说》（创办于1837年）的中文版就因揭露了澳官府陋规即被查禁。1872年创办的中国最早的文学期刊《瀛寰琐记》，时受严查。在这之前，江苏巡抚丁日昌两次发出禁毁小说、戏曲的"通饬"，查禁的书目竟多达二百六十九种。《瀛寰琐记》所发文学作品，举步艰难。其时，即便是出使英国的清廷官员，也无出版自由。郭嵩焘，湖南湘阴人，早年游学岳麓书院，与曾国藩交往，道光年间中进士，授翰林院庶吉士。1853年初，郭嵩焘随曾国藩办团练，被派赴南昌镇压太平军。其实，曾国藩后来注重湘军水师，实由郭嵩焘发端。1857年，授编修，次年入值上书房。两年后，英法联军侵犯天津大沽，被派赴津协助僧格林沁议和，与之不合，辞官。1862年，郭嵩焘又迁两淮盐运使，后于次年升广东巡抚、福建按察使等职。1876年，在总理衙门上行走任上的郭嵩焘被派赴英担任驻英公使，曾对"马嘉理案"（又称"云南事件"或"滇案"，马嘉理［Augustus Raymond Margary］为英国驻华使馆翻译）表示惋惜。1878年，郭嵩焘又兼任驻法使臣，因压力称病辞职。归国后，郭嵩焘按例将其旅英日记——赴英途中的沿途见闻——《使西纪程》提交总理衙门欲公开发行。但其文中说西方并不是中国人说的"夷狄"，人家有人家的两千多年的文明，并介绍英国的议会政治、言论自由等，因此遭到朝中顽固派的攻击，引来舆论哗然。于是，清政府下诏申斥郭嵩焘，并将《使西纪程》毁版且直至其去世也未能公开发行。

清廷禁百姓、士子之言，连高官也不能讲真话，只对洋人忌惮三分、不敢冒犯。英国传教士李提摩太，被李鸿章待为上宾，并邀其出任天津《时报》主笔。李提摩太在《时报》上宣传西方文明，撰写呼吁中国改革的文章。1891年，李提摩太赴上海为同文学会督办。同文学会由英国长老会教士韦廉臣在上海创立，由西方在华传教士、外国领事和商人等人士组成，其主旨是宣传西学和联谊。1894年，同文学会改名为"广学会"，主张"从宗教的小圈子里走出去，去影响中国知识界的发展，影响中国政治的进程"，并对中国问题展开具体的调查和研究。李提摩太在广学会长达二十五年，在他的主持下广学会复刊《万国公报》等十余种报刊，出版了二千多种图书和小册子，成为当时中国规模最大的出版机构。在某种程度上，广学会影响和推动了中国的报刊发展，也在当时中国赢得了极高的声誉。

1916年5月，已过七旬高龄的李提摩太辞去广学会总干事的职务，乘邮轮告别了他钟爱的东方大国。1919年4月20日，李提摩太在伦敦安详辞世，享年七十五岁。当时，李提摩太留给黑暗中国一句金玉良言，即中华民族的改变就意味着世界的改变，而教育是挽救一个民族唯一的方法和出路。

1868年，美国传教士林乐知（Young John Allen，1836—1907）主编的宗教期刊《中国教会新报》在上海创办，早期为周刊。1872年，《中国教会新报》出版至第二〇一期时改名为《教会新报》。到1874年9月5日，《教会新报》从第三〇一期起又更名为《万国公报》，仍然为周刊，英文名 The Globe Magazine（《环球杂志》）。

1889年农历春节，《万国公报》以全新的面貌复刊出现在上海滩，由周刊改为月刊，英文名由 The Globe Magazine 改成 The Review of the Times（《时代评论》）。

复刊后的《万国公报》一改宗教宣传宗旨，将重心转为论学论政，着眼于宣传西方现代政治文化，启迪心智，"专以开通风气，输入文明为宗旨"。《万国公报》的主编虽是美国人林乐知，但周刊贯彻的却是英国传教士李提摩太在广学会时提出的"从宗教的小圈子里走出去，去影响中国知识界的发展，影响中国政治的进程"主张。实际上，《万国公报》是广学会在华的机关报，而广学会集中了西方在华的宗教、外交、企业、文化界的重要人物，自然具有影响中国社会的重要力量。

广学会的核心人物英国传教士李提摩太，曾直言不讳地宣称《万国公报》是"一个影响中国领导人物的最成功的媒介"。不难看出，当时的西方人就是要把封建中国推向变革的道路，以接纳西方世界的文明。他们知道，如果要达到此目的，需要通过清廷上层人物和正准备进入这个阶层的知识分子来推动中国的社会变革，而启蒙他们是重要的途径。

《万国公报》在1888年发表的年会报告中开宗明义地宣称：

> 我们打算尽最大的努力，小心地但积极地为中国知识阶层创办一个定期刊物。我们发现对这样一种期刊的需要，一天天变得越来越迫切。我们从私人接触以及公开的出版物上知道，中国人正在逐步意识到他们的力量；我们将不得不很快面对一个新的中国……我们的安全，我们在中国的进展，有赖于我们和中国人民搞好关系。因此，我们非常必要有一个喉舌来阐述我们的文明、我们的信仰，并且保卫它们。

《万国公报》的办报精神，与国内知识阶层求变求新的改良主义要求相吻合。《循环日报》的创办者王韬在评价"经世文风"倡导者魏源（1794—1857）时说："当默深（魏源字）先生时，与洋人交际未深，未能洞见其肺腑，然'师长'一说，实倡先声"（王韬《扶桑游记·上》，"光绪五年四月初二"条）。魏源，近代中国睁眼看世界的代表人物，在现代思想上确立"创榛辟莽，前驱先路"（魏源《海国图志·叙》）地位，肯定西方近代科技、军事及某些政治制度的先进性，鲜明地提出了"师夷长技以制夷"的主张。到后来的冯桂芬（1809—1874），虽逐渐背离传统，转向反映时代变化，表现出某些新思想的萌芽，但这些士子并没有真正了解西方文明，对中国变革的作用亟待《万国公报》所宣传的西方文明、西方的信仰。中国知识阶层期待着《万国公报》宣传的这些东西的武装，以求救国之道。

1894年，中日甲午海战，中华泱泱大国惨败于日本小国，而这一事件对国人的震撼超过鸦片战争，更让读书人痛心疾首。于是，变法革新的诉求在年轻的士子中迅速流行，他们对"闭关锁国"、旧俗禁锢的清廷展开了猛烈的抨击。当时，梁启超在湖南时务学堂发表演说，言中国"今日欲求变法，必自天子降尊始"，"不先变去跪拜之礼，上下仍习虚文，所以动为外国讪笑"。但是，梁启超仅仅对旧俗提出批评就遭到老旧学的反对，湖南士绅叶德辉（1864—1927）更是指责梁启超"竟欲易中国跪拜之礼为西人鞠躬，居然请天子降尊，悖妄已极"。足见变革之难。

但在民族危亡的背景之下，变法维新已然成为中国社会的主调。1895年，在李鸿章代表清廷与日本协商签订割地赔款的《马关条约》之际，正在京城参加会试的各地举子十分震惊,遂有康有为、梁启超等连夜起草长达一万四千字的"上皇帝书",提出"下诏鼓天下之气,迁都定天下之本,练兵强天下之势,变法成天下之治"等变革的政治主张,发出了一个时代的呼声,史称"公车上书"。但《马关条约》已签字的消息传到京城后,不少举子却撤回了签名,清都察院也拒绝接受上书。就这样,"公车上书"死于襁褓,但其仍有寥寥余音。当时,天津《直报》以"同深义愤""各抒义愤"为题,多次报道了这方面的消息。

《直报》于1895年1月创刊于天津,由中国海关税司德璀琳(Gustav von Detring,1842—1913)的女婿、德国人汉纳根(Con-stantin Hanneken,1855—1925)创办。严复(1854—1921)是向西方寻求真理的代表人物之一,他对甲午惨败、马关订约割地赔款、国势日危痛心疾首,遂大量译介西书以警世,而天津《直报》则是其发表革新文章的重要阵地。1895年,严复在《直报》发表《论世变之亟》《原强》《辟韩》《救亡决论》等主要时论,系统地表述了他的变革政治主张及理论要点。后又在《国闻报》发表《拟上皇帝书》等二十多篇文章,其文章以强烈的爱国激情,揭发政弊,呼吁变法;旗帜鲜明地反专制,倡民主;不遗余力地鼓吹西学。例如,严复一针见血地指出,中国和西方的差别在于"自由不自由异耳",并响亮地提出"身贵自由,国贵自主"之命题。在当时,可谓振聋发聩、石破天惊。

康、梁之"公车上书"虽未被清廷采纳,但它代表了那个时代的呼声。因此,除天津《直报》之外,影响较大的上海《申报》等也都纷纷刊载并表示支持。仅一个月后,《公车上书记》一书在上海出版,至此"公车上书"的影响遍及海内。

康、梁对报刊作为宣传媒介的作用深有体会，他们于1895年在北京创刊《万国公报》，与上海广学会的机关报——李提摩太参与编撰的《万国公报》（创刊于1868年，原名《中国教会新报》，周刊）"花开两朵，各表一枝"。康、梁办报取"万国公报"名，是有意为之。当时，上海之《万国公报》名享天下，已成为知识阶层的首选报纸之一。于是，康、梁借其声威，以壮自己报纸的影响。当然，当时并没有冠名权，也无司法纠纷。

北京之《万国公报》由梁启超、麦孟华（1875—1915）为编辑，并有英国人李提摩太参与，隔日一期，随北京的"京报""宫门抄"（二者皆为清代宫廷的官报，因由宫门口抄出，故名。又称"邸抄""邸报"）等官报免费赠阅，还送酬金给报贩以促发行。对此，梁启超戏称这种搭车办报为"沿门丐阅时代"。不过，切莫小觑北京维新派的第一份报纸《万国公报》，它的读者皆是王公大臣、皇亲显贵之流，每期发行两千份，最多再赠三百份。

北京《万国公报》是梁启超介入报刊界的第一份报纸。梁启超作为该报的主要撰稿人，"日日执笔为一数百字之短文"，自称"论说"。经这一报的锻炼，梁启超才有了此后以言论影响中国的成就。

后来，梁启超复任强学会书记，主办《中外纪闻》，以办报登上政治舞台。此后的三十余年里，大凡中国历史上每一个重大事件，几乎毫不例外地同梁启超有一定的关联。实际上，《中外纪闻》的前身就是北京《万国公报》。当时，南北两个《万国公报》，两相混淆被诘问，毕竟多有不便，遂在李提摩太的建议下将北京《万国公报》改名为《中外纪闻》。改名后，《中外纪闻》不再赠阅，而是改为订阅。重要的是，《中外纪闻》成了刚成立不久的维新团体强学会的机关报，成为康有为主持的变法维新的喉舌。

《中外纪闻》党派味十足，与上海《万国公报》等报纸报道新闻、传播新知等丰富功能并不相同。梁启超囿于康有为的保守、任性，其才华受到制约。

其实，梁启超受命主笔"百日维新"前最有影响的报刊《时务报》。《时务报》的创办，有其复杂政治背景。1896年，一份名为《强学报》的报纸创刊，在创刊号上刊载了一篇康有为的《开设报馆议》，强调报纸的"舆论监督"功能。不久，李提摩太在《万国公报》第八十七期发表《新政策》一文，提出"欲使中国官民皆知新政之益，非广行日报不为功"。此时，将自己的堂妹李蕙仙许配给梁启超的清廷刑部侍郎李端棻（1833—1907），上书光绪帝提出"广立报馆"以广开言路的主张。

在《强学报》停刊之后，清廷将强学会改为官书局，出版《官书局报》《官书局汇报》，但只许翻译各国书籍，"不准议论时政，不准臧否人物"。这与整个社会鼓荡的变法之气、纷纷组织学会、开办民间报刊的形势大相径庭。

经过维新派康有为、梁启超的酝酿准备，旬刊《时务报》于1896年8月9日在上海英租界四马路右路光鲜亮相，成为"百日维新"前最有影响的报刊。《时务报》是旬刊，每期一册，二十多页，由汪康年（1860—1911）任经理，梁启超则担任主笔。同时，《时务报》的宗旨定为"广译五洲近事，详录各省新政，博搜交涉要案，俾阅者周知全球大势，熟悉本国近状"（丁文江、赵丰田编《梁启超年谱长编》，上海人民出版社，1983年，第52页）。《时务报》作为维新派的喉舌，以开民智、雪国耻、沟通上下舆情为使命，比《中外纪闻》的范围更广泛而充实。以《时务报》为平台，很快团结了严复、谭嗣同（1865—1898）、容闳（1828—1912）、章太炎（章炳麟，1869—1936）等一批维新人士和社会名流，在全国知识界、思想界、政界产生了巨大影响。

作为主笔的梁启超把《时务报》变成宣传推动变法的舞台，发表《变法通议》提出"穷则变，变则通，通则久"等思想，影响了当时的大势。后来，梁启超在《清议报一百册祝辞》中追述《时务报》的影响时说："甲午挫后，《时务报》起，一时风靡海内，数月之间，销行至万份，为中国有报以来所未有，举国趋之，如饮狂泉。"同时，李提摩太这样评价《时务报》："从最初就是一个灿烂的胜利，震动了整个帝国。"（中国史学会编《戊戌变法》，上海书店出版社，2000年）

因《时务报》风气一开，上海跟着风起云涌地出现了一批报刊，如《农学报》《工商学报》《蒙学报》等；外省四川、浙江有《蜀学报》《算学报》等也纷纷拱出地皮。

《时务报》的出现，标志着中国新闻史上"梁启超时代"的横空出世。梁启超发表的《论报馆有益于国事》一文，把报纸比作耳目、喉舌，认为它有"去塞求通"的功能，说有了报纸"待以岁月，风气渐开，百废渐举，国体渐立，人才渐出，十年以后，而报馆之规模，亦可渐备矣"。这是梁氏为中国新闻史之"梁启超时代"做出的展望，具有开创性意义。

须知，当时的梁启超是年仅二十四岁的年轻人。湖广总督张之洞和出使大臣伍廷芳（1842—1922）等都看中梁启超的才华，纷纷请其入朝为官，皆被他坚辞，因为"维新、变法、救国"才是"上自通都大邑，下至僻壤穷陬，无不知有新会梁氏者"（胡思敬《戊戌履霜录·党人列传》）的使命。

此时，梁启超已是"天下无人不识君"了。

"戊戌变法"失败后,维新派谭嗣同等志士喋血菜市口,康、梁等人于光绪二十四年九月初二日(1898年10月16日)仓皇流亡日本。一个月后,梁启超在东京创办《清议报》,社址设在日本横滨。

《清议报》继承《时务报》的思想启蒙和爱国救亡宗旨,"专以主持清议,开发民智为主义"。但是,《清议报》兼提倡"文学革命","以新境界入旧风格"(柳亚子语),在不完全突破传统文学基本形式范围内,力求文学的形式和语言的解放,是后来文学革命之先声。《清议报》开设有"国闻短评"栏目,开创了中国报刊的一种新闻评论的新形式——时评,是对报刊的极大贡献。

在《清议报》第一期,梁启超撰写《横滨清议报叙例》,提出其办报宗旨:"一、维持支那之清议,激发国民之正气;二、增长支那人之学识;三、交通支那日本两国之声气,联其情谊;四、发明东亚学术以保存亚粹。"因在日本横滨发行,梁启超文中的"支那"指中国。

纵观《清议报》百册(从1898年11月23日至1901年12月21日),它的主要内容如下:

首先,抨击清政府和西太后。例如,《六君子纪念会》,谈戊戌变法失败一年,"伪政府(指慈禧太后把持的清廷)不以外患为事,而惟以练兵勤饷为仇民之计"。——一个"伪"字已力抵千钧。《书十二月二十四伪上谕后》,则把矛头直指慈禧太后,"西后于祖宗之法也,其便于己者则守之,其碍于己者则变之。吾于是不能不叹其用心之悍,而操术之狡矣","西后乃三次垂帘,浸行篡弑之法;祖宗之法,不许外戚炳国,而西后纵荣禄身兼将相,权倾举朝;祖宗之法,不许阉官预政,而西后乃昵李联英(宦官李莲英),黩乱宫闱,卖官鬻爵;祖宗之法,不许扰民聚敛,而西后乃兴颐和园，剥尽脂膏，供己欢娱；是天下勇于变法者，莫西后若也。彼以变法之故，而自戕其身，自毁其家，自绝其族，自作自受，曾何足怜，而独恨我二十一省膏腴之壤，四百兆衣冠之伦，何罪何辜，而一并断送于其手也"。

其次，主张变革，力倡民权自由。例如，《自由书·破坏主义》，"用近世欧洲各国和日本明治维新的历史事例，证明变法之重要性"。在《十种德性相反相成义》一文中，指出"欲布新而不欲除旧，未见其能济者也"。

一言以蔽之，《清议报》一百册皆倡"反清与变革救中国"。关于《清议报》的特色，梁启超自己归纳为：一是倡民权；二是衍哲理；三是明朝局；四是厉国耻。总之，"览观既往，熟察现在，以图将来"，"广民智，振民气而已"（梁启超《饮冰室合集》）。

《清议报》虽办在日本，却影响国内外，成为维新派反对清政府的言论机构。虽然清政府严禁《清议报》在中国境内发行，但梁启超则利用外国在中国的特权，先将《清议报》从日本运到中国租界之内，然后秘密转运到各省。例如，黄遵宪就是在其家乡广东嘉应州（今广东梅县）读到《清议报》的，他读后十分振奋地在致梁启超的信中说："《清议报》胜《时务报》远矣！"（丁文江、赵丰田编《梁启超年谱长编》，上海人民出版社，1983年，第274页）

据统计，《清议报》最多时在二十四个县市有三十八处代销点。其中，《清议报》最多时发行四千份，在北京的发售处设在东交民巷外国使馆区。如此，被禁之报堂而皇之地在京师发售，成为一道特殊的景观。

《清议报》代表中国当时新型知识分子集体对中国时政最深刻的认识。

当时，意气风发的梁启超高高地站在时代潮头振臂高呼，犹如沉沉黑夜里的一道闪电、一阵震耳欲聋的雷声。

1889年3月2日，北京一个寒冷的日子，张之洞代表清廷发声："近见日本新出《清议报》，乃康党梁启超所作，大率皆谤议中国时政，变乱是非，捏造诬罔，信口狂吠……种种悖逆，令人发指。"（张之洞《张文襄公全集》第30卷，中国书店，1990年，第16页）张之洞的目的是想通过外交途径和日本交涉，将康、梁驱逐出日本。过了半个多月，张之洞又在给日本驻上海总领事小田切万寿之助的电文中要求日本必须禁止《清议报》再"妄发议论"。

《清议报》也曾遭灾难，其报馆两次被大火化为灰烬：一次在办报首年（1898年），另一次在两年之后出版完第一百期的次日。据说，此乃清廷派刘学询带十万金赴日引渡康、梁未果，遂雇凶烧了报馆。

由于报馆被毁，又加上梁启超渐渐不满于《清议报》，于是决定借此停办《清议报》，并准备另行创办新报。

《清议报》宣布停办，当日还特地举办发行百期纪念"祝典"。梁启超在《清议报一百册祝辞并论报馆之责任及本馆之经历》中说："中国尚无所谓祝典也。中国以保守主义闻于天下，虽然其于前人之事业也，有赞叹而无继述，有率循而无扩充，有考据而无纪念。以故历史的思想甚薄弱，而爱国、爱团体、爱事业之感情亦因以不生。"接着，又说"《清议报》，事业之至小者也，其责任只在于文字，其目的仅注于一国，其位置僻处于海外，加以其组织未完备，其体例未精详，其言论思想未能有所大辅助于国民；况今日天子蒙尘，宗国岌岌之顷，有何可祝？更何忍祝"，但转而陈词说"虽然菲葑不弃，敝帚自珍，晓音瘏口，亦已三年，言念前劳，不欲泯没，且以中国向来无此风气，从而导之，请自隗始，故于今印行第一百册之际，援各国大报馆通例，加增页数，荟萃精华，从而祝之。亦庶几以纪念既往，而奖励将来，此同人区区之微意也"。其意在表示《清议报》创办三年来，辛辛苦苦，抄抄写写，也做了一些工作，不应该全抹杀，因此在印行第一百期之际倡导"祝典"之风，纪念过往，激励将来。

当然，梁启超有些过谦了。其实，中国报刊采用的"记者""党报""机关报"等新名词，都是梁启超那时率先从日本报刊转译或创造的。

1900年　陈少白奉命创办《中国日报》，《申报》评论义和团真相

>　　人从虎豹丛中健，天在峰峦缺处明。
>
>　　　　　——［清］张问陶《煎茶坪题壁》

　　1900年，岁在庚子，"百日维新"失败，维新派谭嗣同等志士喋血未干。2月14日，清廷颁布上谕以万两赏银缉拿康有为、梁启超，同时严禁他们的言论，"至该逆狂等开设报馆，发卖报章，必在华界，但使购阅无人，该逆等自无所施其技"；若有人阅其报纸，"一体严拿惩办"，并严查销毁他们的著作，"以申国宪而靖人心"。（朱寿朋编《光绪朝东华录》，"光绪二十六年正月十五"条，总第4470—4471页）然而，如此严查督办，但仍禁止不了《清议报》等在国内流布。

　　3月，张之洞下令查禁《清议报》和《天南新报》（1898年由侨商邱菽园［1873—1941］在新加坡创刊）及一切"语涉悖逆"的报纸，指控其诋毁朝政、诬谤慈禧太后，"以有为无，以无为有，肆口狂吠，毫无顾忌"，并宣称"以后沿海各省报章，如有语涉悖逆者，一体禁止购阅"，同时禁止在汉口、汉阳等地"续开报馆"，即"在洋界开设，冒充洋牌，亦断不

准购阅递送，违者一并拿办"。(张之洞《札江汉关道查禁悖逆报章》。蒋世弟、吴振棣《中国近代报刊史参考资料》，高等教育出版社，1988年，第293—294页)查禁报刊舆论，风刀霜剑，但争取言论自由的浪潮岂能压制得住。

此年1月，兴中会在香港创办《中国日报》，由陈少白（1869—1934）主持。

陈少白乃梁启超同乡，1888年入广州格致书院，后结交孙中山。1895年1月，陈少白与孙中山等成立香港兴中会，随后于3月筹划在广州发动反清武装起义。被清廷破坏后，陈少白逃亡日本。1899年11月，陈少白、毕永年（1869—1902）等将兴中会、哥老会、三合会合并组织成立兴汉会，推孙中山为总会长。1900年1月，陈少白奉孙中山之命回香港创办《中国日报》并任主编，积极宣传革命。

陈少白主编《中国日报》，把报馆"作为革命的唯一机关"，而他也被称为"中国革命机关报之元祖"。《中国日报》分日、旬两刊，旬刊称《中国旬报》。因章太炎在《中国日报》发表不少从未有过的强烈反清色彩的文章，该报赢得了很高的声誉。例如，陈少白在《中国日报》全文刊发章太炎《剪辫发说》，还在编者按语中称章太炎之文"霹雳半天，壮者失色，长枪大戟，一往无前。有清以来，士气之壮，文字之痛，当推此次为第一"（方汉奇《中国近代报刊史》）。鲁迅说章太炎之文"所向披靡，令人神旺"（《关于章太炎先生二三事》），是"以文章排满的骁将"（《病后杂谈之余——关于"舒愤懑"》）的姿态屹立于晚清的言论史上。

6月19日，德国公使克林德（Klemens Freiherr von Ketteler，1853—1900）在北京被杀，东交民巷各国使馆慌作一团，京城形势突变。清廷当日发布上谕称,"近日京城内外拳民仇教,与洋人为敌,教堂教民连日焚杀,蔓延太甚,剿抚两难;洋兵麇聚津沽,中外衅端已成,将成如何收拾,殊难逆料",要求各省"通盘筹划,于选将、练兵、筹饷三大端,如何保守疆土,不使外人逞志,如何接济京师,不使朝廷坐困"。

6月20日下午,错判形势的清廷向使馆发动进攻。据李希圣(1864—1905)在《庚子国变记》中记载,"董福祥及武卫中军围攻东交民巷,荣禄自持橄榄督之,欲尽杀诸使臣"。真相方大白于天下!然而,长期以来,国人一直以为攻击使馆的主力多是义和团,实际上是一种误解。

可悲的是,腐朽的清政府在列强的坚船利炮攻击下,不堪一击。就在"八国联军"铁骑扬起烽火狼烟向京城猛进之时,那位"垂帘听政"的西太后与光绪帝正狼狈地仓皇出京向西逃去,"连日历行数百里","又不得饮食,既冷且饿"。

不过,别看"万乘之尊"的西太后在西逃时受尽流离之苦,却仍对言论的钳制一如既往,始终不让国人言变法改革之论。当然,如同大清最后必然衰亡一样,民心之所向,是钳制不住的。

在义和团乱京和"八国联军"攻打北京占据总理衙门之际,号称"无偏无党""经济独立"的上海《新闻报》(1893年创刊的民营报纸,初为中英商人合组经营;1899年,股权转给美国人福开森[John Calvin Ferguson,1866—1945,金陵大学首任校长],汪汉溪[1874—1924]任总经理),不断发表有关义和团的报道和评论,道出义和团祸乱北京的缘由,并批评清廷的"妥协""纵容"政策。天津的《国闻报》(1897年创刊,严复主编)因揭露、批评义和团被清廷利用闹事的真相,受到清廷(主要是清廷的守旧文人)借用义和团的歌谣以严厉警告——"倘敢再有诽谤语,定须毁屋不留情"。

8月,"八国联军"破京后,《申报》发表社论云:

> 义和拳匪以仇教为名起事,山东蔓延至顺直各府县。政府误信其有神奇之术,不即兴师雕剿,星星之火,遂至燎原。迨至阑入京师,益复目无法纪,杀书记,戕使臣,焚教堂,害教士,各国痛心疾首,义愤难平。于是占炮台,陷郡治,节节进取,攻入京城。

《申报》从自己的视角和观点出发评价义和团,虽然是一家之言,但也有助于我们重新审视、认知这段历史。《申报》曾被认为是中国新闻界颇有声誉的报纸,但也有其自身的局限性。例如,"庚子之乱"是年,容闳、严复等在上海发起自立会(初名正气会),后在7月召开"中国国会"(又名中国议会),特别是已登上历史舞台的革命家、学问家章太炎——代表国粹主义文学论,从"爱国保种"和"国民主义"出发,主张"文学复古"即恢复汉文学的传统和地位——在自立会上发言,特别不满"一面排满,一面勤王"的主张,当场剪掉辫子、脱掉旗装并宣布退会,震惊自立会。不久,章太炎又发表《解辫发说》,痛斥"满洲政府不道"。接着,章太炎又写锋芒毕露、措辞激烈的《请严拒满蒙人入国会状》,发表在《中国旬报》8月增刊。此事算得上是当时重要的历史事件,可惜《申报》惜墨如金,未置一词。

9月28日,日本人在汉口办的中文政论报纸《汉报》,因支持新党被清廷限禁后停刊。

此年,光绪二十五年(1899)举人、湖南人陈范(1860—1913,字梦坡),因教案落职,在上海购办《苏报》。《爱国白话报》(1912年黑龙江创办了一份同名报纸）在北京创刊，王冷佛、权益斋出任编辑。《台南日报》在台湾台南创刊，连雅堂（连横，1878—1936）主办。广州旬刊《嘻笑报》创刊，因有"对上不敬"之辞，被李鸿章查究停刊。广州《博文报》，因有对慈禧太后不敬之言，也被查禁。

1901年　清廷增修《大清律例》，《杭州白话报》诞生

> 乘骐骥以驰骋兮，来吾道夫先路。
> ——［战国·楚］屈原《离骚》

1901年，辛丑年，清廷被迫签订割地赔款的《辛丑条约》，让中华民族蒙受奇耻大辱。在此前一年的庚子年（1900），"八国联军"悍然攻占北京，慈禧太后携光绪帝仓皇西逃，至此拉开了新千年的序幕。

《辛丑条约》亦称《北京议定书》或《辛丑各国和约》，其措辞并不是战败后通常使用的peace teary，而用的是Final Protocol for the Settlement of the Disturbances of 1900。Protocol的意思是"议定书"，而不是战败书。这是因为清廷"宣战诏书"的对象是"彼等"含糊用语，没有明确的交战对象；列强也未对清廷宣布迎战书。列强宣称，他们的军事行动意在解救其在华公使和国人，并未与清廷构成战争关系；其军事行动乃帮助清廷"剿除拳匪，恢复秩序"。这一条约的签订，进一步加强了帝国主义列强对中国的统治，亦表明清政府完全成为帝国主义统治中国的工具。

在这一背景下，中国民间舆论要求"启迪民智，进行变法"的呼声更烈。清廷内部的一些官吏，如廪生出身并曾任两广总督、两江总督的刘坤一，以及同治进士并历任翰林院侍讲学士、两江总督的张之洞，于1901年在慈禧太后由西安返回北京途中联衔会奏变法条陈。此名动天下并谓之"江楚会奏变法三折"的上奏，要求各地官吏提出改革建议并次第实行，最终为朝廷所接受。从此，中国开启了晚清最后十年的变革历程。

就在这一年，《清议报》《苏报》以及《中外日报》（原名《时务日报》，1898年创刊）、《同文沪报》（前身为《字林沪报》）等，为变革发出了呐喊之声。对此局面，梁启超称赞这个报中的佼佼者——新版《苏报》说："屹立于惊涛骇浪、恶毒迷雾之中，难矣，诚可贵矣！"

这一年，《清议报》出满一百期，但报馆却被焚，被迫停办。当《申报》也出满一万号之际，在上海避难的"戊戌变法"志士英敛之（英华，1867—1926）已跃跃欲试，适逢受到上海紫竹林天主教总管柴天宠之邀，他便悄然乘火车北上天津筹办《大公报》——这张名重中国报刊史的报纸，正酝酿着横空出世。

是年6月20日，《杭州白话报》在杭州西湖畔诞生，由求是书院学生、杭州名士项藻馨（项兰生，1873—1957）创办。《杭州白话报》初为月刊，后改旬刊，又改三日刊，再改为日刊。1910年，《杭州白话报》改名为《全浙公报》。该报撰文者有陈叔通（陈敬第，1876—1966）、孙翼中（孙耦耕，1872—？）、汪曼峰（汪钦，1881—1921？）等，分别论说北京纪闻、中外纪闻、杂文、科学小品、译文等栏目，文章采用通俗的白话文体，是白话文倡导之先声。报刊内容以鼓吹新政，反对外国侵略，提倡男女平权和爱国精神，提倡移风易俗，反对缠足、迷信和鸦片，这才有了杭州第一个

"女子放足会"出现。

值得一提的是,为《杭州白话报》写发刊词的是初涉报坛、后成为报界名笔的林白水(1874—1926)。此发刊词《论看报的好处》,用通俗、易懂、生动的大白话文所写,别开生面,为读者喜闻乐见。说到白话文运动,林白水回忆当年,"说到《杭州白话报》,算是白话的老祖宗"。——此话可信。在其影响下,是年9月出现了北京最早的白话报《京话报》。

大名鼎鼎的以古文名世的光绪举人、曾任教京师大学堂的林纾(林琴南,1852—1924),创作"白话道情"发表在《杭州白话报》上。那时,林纾因译了《黑奴吁天录》(第一部译成中文的美国小说,今译《汤姆叔叔的小屋》)而名噪文坛,提出"不以仕途为念",思想开放,倡导维新。后来,林纾思想转向保守,以遗老自居。不过,林纾借助他人口译并以古文义法译述了欧美等小说一百七十余种,在介绍西方文学的同时也带来一些新的思想。

1901年,这边厢民间的报纸顺应国情民意,如雨后春笋般拱出地皮,鼓吹新政,启迪民智;那边厢管学大臣张百熙(1847—1907)应诏上疏,提出朝廷应创办官报控制舆论,以对抗民报。张百熙称,报纸是"耳目",上下中外之间皆靠其疏通,民间报纸"多不免乱是非而淆视听",加上多数民报设在租界、挂着洋旗,以"清议"名义谤议朝政、评论时局,"惟有官家自设官报,诚使持论通而记事确。自足以收开通之效而广闻见之途"。因此,张百熙建议"各省及有洋关设立等处"各设报馆一所(官报一张),并"粗定报律:一、不得轻议宫廷;二、不得立论怪诞;三、不得有意攻讦;四、不得枉受贿赂"等。(方汉奇《中国新闻事业编年史·上》,

福建人民出版社，2000年，第194—195页）这四点，无疑给民办报纸戴上了紧箍咒。

张百熙，同治进士，授编修，后迁侍读学士，再迁内阁学士。戊戌变法后，因荐举康有为获罪，被革职留任。1900年，补任礼部侍郎，次年擢工部尚书兼左都御史，后转任刑部尚书。《辛丑条约》后，上疏陈述"增改官制，整理财政，变通科举，广建学堂，创立报馆"之革新大计，并及疏官报。1902年，任管学大臣，主持京师大学堂，创医学、实业、译书三馆，选派留学生出国深造，遂有各省派官费生出国留学之举。由此可见，张百熙的变法与刘坤一、张之洞的变法主张一脉相承，即保清廷前提下的变法。所以，张百熙才上疏建官报、定"报律"。

张百熙此举，从侧面印证了民办报纸对晚清中国的重要影响。

最后，清廷接纳了张百熙的应诏上疏。同时，此年出版的《大清律例增修统纂集成》公布了增修《大清律例》中有关言论出版的条款。其中，"造妖书妖言"一项条款如下：

> 凡造谶纬、妖书、妖言及传用惑众者皆斩监候。（被惑人不坐。不及众者流三千里，合依量情分坐。）若（他人造传）私有妖书，隐藏不送官者，杖一百，徒三年。
>
> 【条例】凡有狂妄之徒因事造言，捏成歌曲，沿街唱和及以鄙俚亵嫚之词刊刻传播者，内外各地方官即时察拏，坐以不应重罪。若系妖言惑众者，仍照律科断。
>
> 凡坊肆市卖一应淫词小说，在内交与八旗都统、都察院、顺天府，在外交督抚转行所属官弁，严禁务搜版书，尽行销毁，有仍行

造作刻印者，系官革职，军民杖一百，流三千里，市卖者杖一百，徒三年，买看者杖一百。该管官弁不行查出者，与该部按次数分别议处，仍不准借端出首讹诈。

各省抄房在京探听事件、捏造言语、录报各处者，系官革职，军民杖一百，流三千里。该管官不行查出者，交与该部按次数分别议处。其在京贵近大臣家人子弟，倘有滥交匪类，前项事发者，将家人子弟并不行约束之家主并照例议处治罪。(《大清律例增修统纂集成》)

细看此增修律例，皆"百法"之概念，无法可依，尤其是关于言论出版的更是专为钳制言论出版自由而设。掌权者可任意罗织拿捏，动则"斩"或"流三千里"，是为清廷大兴"文字、言论罪"之严刑峻法的写照。

1902年　梁启超创办《新民丛报》，英敛之筹建《大公报》

> 不须浪饮丁都护，世上英雄本无主。
>
> ——［唐］李贺《浩歌》

清廷在1901年先有严酷的增修《大清律例》出笼，接着在1902年又有《钦定学堂章程》（又称"壬寅学制"，在1904年颁布《奏定学堂章程》后废止）颁布，禁止学生"离经叛道，妄发狂言怪论，以及著书妄谈，刊布报章""私充报馆主笔或访事员（记者）""私自购阅稗官小说，谬报逆书"等条款。但是，即便如此，清廷并未钳制住汹涌澎湃的办报潮流。此年，《新民丛报》与《大公报》两翼齐飞、并蒂开花，使1902年成为中国新闻史上出彩的一页。

是年，梁启超办的《清议报》因火灾停办，旋在日本横滨山下町创办《新民丛报》半月刊，每月1日、15日发行，每年二十四册，每册五至六万字。

《新民丛报》靠借译书局几千元经费创办，梁启超及维新派同人入股经营。其中，梁启超占两股，发行人冯紫珊、黄为之、邓荫南（1846—

1923）等各占一股。其实，梁、黄等人为维新事业曾垫付不少钱，在译书局和报馆一直未领薪水义务劳动。5月，梁启超在致康有为的信中曾提及此事："《新民丛报》今年必可全还清借款，明年以后若能坚，可为吾党一生力军。但弟子一人任之，若有事他往，则立溃耳。现销场之旺，真不可思议，每月增加一千，现已五千矣。"

《新民丛报》办报宗旨，梁启超在创刊号上《本报告白》中说得清楚：

一、本报取《大学》新民之议，以为欲维新吾国，当先维新吾民。

二、本报以教育为主脑，以政治为附从。

三、本报为吾国前途起见，一以国民公利公益为目的，持论务报公平，不偏于一党派，不为灌夫骂座之语，以败坏中国者，咎非专在一人也，不为危险激烈之言，以导中国进步以渐也。

到了11月1日，梁启超又在《新民丛报》发表《敬告我同业诸君》一文，提出报业"两大天职"："一曰，对于政府而为其监督者；二曰，对于国民而为其向导者是也。"此论旗帜鲜明、石破天惊地提出对政府行监督之责，对国民开启民智，与增修《大清律例》针锋相对。由此可见，梁启超的办报宗旨和实践把中国报业提升到一个新高度，为中国新闻史书写了漂亮的一笔。

作为《新民丛报》的主笔，梁启超每天都要写五千字以上的文章，其辛苦劳累可想而知。是年，以《新民说》和《新民议》最为精彩。梁启超阐述了"新民为中国今日第一急务"，"释新民之义"而"就优胜劣败之理以证新民之结果而论及取法之所宜"，以及"论公德""论国家思想""论权利思想""论自由""论自治""论进步""论合群"等十五个方面的内容,诠释其关于"新民"的主张,并指出有了"新民"方可建立新的中国。在《新民说》中,梁启超提倡以"破坏主义"来反对封建专制,"必取数千年横暴混浊之政体,破碎而齑粉之"(《新民说·论进步》)。

12月14日,梁启超又写《释革》,倡导变法、变革、革命思想,说:"革也者,天演界中不可逃避之公例也。凡物适于外境界者存,不适于外境界者灭。"在《新罗马传奇》中,依旧鼓吹变革,"破坏之事,无论迟早,终不可免"。

从这些文章看,梁启超逐渐从康有为的托古改制、"三世"(衰乱—升平—太平)之义理论体系中跳出来,而以西方自由、民权、进化思想为理论支柱,以"新民"改善提高国民素质为目的,开始了新一轮思想启蒙宣传。他批判传统腐朽思想,揭发社会积弊,宣传新学思想,鼓吹"政治革命",介绍西方政治、经济思想,产生了广泛而深刻的社会影响,被公认为"舆论之骄子""思想之先锋"。

是年5月,黄遵宪致信梁启超,高度赞赏其文之多、之深刻:"惊心动魄,一字千金,人人笔下所无,却为人人意中所有,虽铁石人亦应感动。从古至今,文字之力之大,无过于此者矣。"(丁文江、赵丰田编《梁启超年谱》,上海人民出版社,1983年,第274页)

梁启超的学生吴其昌(1904—1944)在《梁启超传》一书中亦评价说:梁之文章当时"至于雷鸣怒吼,恣睢淋漓,叱咤风云,震骇心魄,时或哀感曼鸣,长歌代哭,湘兰汉月,血沸神销,以饱带情感之笔,写流利畅达之文。洋洋万言,雅俗共赏。读时则摄魂忘疲,读竟或怒发冲冠,或热泪湿纸",并认为"任公诚为舆论之骄子,天纵之文豪也"。

在清廷严酷的增修《大清律例》钳制言论的阴霾中,《新民丛报》因梁启超之文高妙、深刻，编辑精密，印刷精美，读者争相认购传阅，国内销售点竟达四十九个县市、九十七处之多，发行量最高达一万四千份，仅创刊号就加印了四次。

《新民丛报》也是深深被梁启超自己看重的报纸。梁启超一生创办和协办总计有二十九种报刊，为中国人办报数量之最。当时，意气风发的《新民丛报》，对中国新闻史和读者的影响都是最大的。新文化运动的干将郭沫若在其自传中曾说，"梁任公的地位在当时确是不失为一个革命家的代表。……当时的有产阶级的子弟——无论是赞成或反对，可以说没有一个没有受到过他的思想或文字的洗礼的。他是资产阶级革命时代的有力的代言者"。

毛泽东、蔡和森等人早期建立的新民学会，就是在受梁启超的《新民丛报》和《新民说》的影响下建立的。

胡适在《四十自述》中说，"梁先生的文章，明白晓畅之中，带有浓挚的热情，使读的人不能不跟着他走，不能不跟着他想"，"我个人受梁先生无穷的恩惠。现在追想起来，有两点最分明。第一是他的《新民说》，第二是他的《中国学术思想变迁之大势》"。

是年11月14日，梁启超在日本横滨创办了文学月刊《新小说》，从第二卷起迁往上海并由上海广智书局出版发行。梁启超在创刊号上发表了《论小说与群治之关系》，强调一直被贬为引车卖浆者流消遣的小说的社会地位和社会价值，开辟了一条利用小说针砭时弊、传播思想的新路径。

梁启超是最先喊出"诗界革命""文界革命""小说界革命"的口号，提出全面文学变革理论，又树起文学革命大旗，开辟近代文学理论探索和文学创作新局面的先行者。就在1902年创办《新小说》之前，梁启超在

《新民丛报》上介绍严复的译作《原富》（亚当·斯密《国富论》）时批评"其文太务渊雅，刻意模仿先秦文体，非多读古人之书，一翻殆难索解"，并呼吁"夫文界之宜革命久矣！欧美日本诸国文体之变化，常与其文明程度成正比例"，"著译之业，将以播文明思想于国民也，非为藏山不朽之名誉也"，主张为文"以流畅锐达之笔行之"。不久，梁启超又在《新民丛报》刊发翻译小说《十五小豪杰》（梁启超译）的总评中说："语言文字分离为中国文学最不便之一端，而文界革命非易言也。"

这样看来，几年后由胡适、陈独秀在《新青年》杂志上提出的"文学革命"口号，不能说是首倡了。因为，在1902年"梁启超在《新小说》不仅仅提出文学界革命口号，而且做了相应的理论阐述，重点在批判旧文学和呼唤建立新文学，可称为文学革命论的破坏论和建设论"（张炯等主编《中华文学通史》，华艺出版社，1997年）。

1902年，梁启超提倡的"文学革命"运动，虽然有明显的不足，但给"五四运动"前夕的新文化发展以直接的影响，为新文化运动开辟了道路。

6月17日，在天津法租界，三十六岁的天主教徒满族人英敛之创办了《大公报》，后迁至日租界。《大公报》报头下印有法文译名"L'IMPARTIAL"（意为无私）字样，该报由英敛之一人包揽经理、撰稿、编辑等工作。英敛之为《大公报》创刊号撰写《大公报序》，道出办报宗旨"开风气，牖民智，挹彼欧西学术，启我同胞聪明"，提出"忘己之为大，无私之谓公"的信念，故名之《大公报》。

《大公报》创刊第五期，英敛之发表了《论归政之利》一文，公开要求慈禧太后撤销"垂帘听政"，归政于被囚禁在瀛台的光绪帝，怒斥后党刚毅等是"国贼",指斥诸反对慈禧太后归政的群臣是"谄媚之小人",直指当时最敏感的归政话题。至此,"敢言"的无畏精神,一直是《大公报》的风格。

英敛之笔锋犀利,以《大公报》为阵地不断呼吁君主立宪,伸张民权,抨击专制,且经常对握有重权的王公贵族、朝中重臣指名道姓地揭露、批判和警告,如张之洞、盛宣怀、袁世凯等,顺应民意,大快人心。

6月22日,《大公报》发表《原报》评论;半个月后,又载《论阅报之益》论说。其中,前者再次阐明报纸监督政府、引导民众、开民智的重要;后者说"阅报"之益——知"政事得失"、了解国际大势、学"新学""新艺"等。

到了11月23日,英敛之新撰社论《严设报律问题》,愤然抨击清廷制定报律钳制条陈言论自由,切中肯綮、刀刀见血。

当时,《大公报》报馆在租界,清廷没有办法对其执行增修《大清律例》,但读者多在租界外,难免遭到迫害。《大公报》出版几个月后,即发行五千多份,在上海、济南、南昌等大中城市及南洋(东南亚各国)、日本、美洲等地设立六十多个代派处和代销点,其中大多数读者都在国内。在严酷的增修《大清律例》的笼罩下,《大公报》的国内读者敢于无所顾忌地阅读、传播抨击大清言论的报纸,从中汲取精神力量,真的令人由衷惊叹。严复十分赞叹梁启超办报,也同样高度评价《大公报》。当时,严复送给英敛之一副这样的对联:"能使荆棘化堂宇,下视官爵如泥沙。"

《大公报》作为华北第一报,影响甚大。天津有一位叫吕碧城(1883—1943)的才女被《大公报》吸引,在该报发表大量诗词及政论文章并引起人们的关注,因此在京津文化圈中迅速走红,文界名流与之纷纷唱和。因此,引出了一段"南北两碧城"的佳话。原来,就在吕碧城在天津名声大噪之时,秋瑾(1875—1907)和她的丈夫王子芳(王廷钧,1879—1909)寓居北京,且秋瑾之前也有诗文署名"碧城"而广被人知。秋瑾见《大公报》另有一位"碧城"的诗文迭出,心生好感,曾冒名到《大公报》报馆前去拜访此"碧城"。两位才女晤面之后相谈甚欢,从此秋瑾不再署名"碧城",以示对吕碧城的尊重。后秋瑾到日本留学,曾鸿雁传书勉励吕碧城参加革命,被其婉拒。1907年,秋瑾遇难,诸报皆未发声,但吕碧城以英文撰写《革命女侠秋瑾传》一文发表在美国的报纸上追念友人。1916年,吕碧城游历杭州,路过西泠城畔秋瑾女侠祠感慨良多,遂赋诗一首《西泠过秋女侠祠次寒云韵》,其诗结尾句为"尘劫未销惭后死,俊游愁过墓门前",寄托了对秋瑾的哀念之情。

吕碧城因在《大公报》发文成名,后受聘在《大公报》任编辑,成为中国新闻史上第一位女编辑。任编辑时,吕碧城在该报发表《论提倡女学之宗旨》,成为中国女权运动及倡导女子教育的先驱。

在这一年,《苏报》成为中国教育会和爱国学社机关报,聘章士钊(字行严,1881—1973)为主笔,章太炎、蔡元培(1868—1940)等为撰稿人。是年,《苏报》推荐邹容的《革命军》、发表章太炎驳斥康有为改良主义政见的论文《驳康有为论革命书》,鼓吹革命。

也是在这一年,英国在中国出版的《京津泰晤士报》(*Peking and Tientsin Times*,又称《天津时报》,由英国建筑师裴令汉[William Bellingham]创办,后由英国人爱丽丝·史密斯[Alice Mildred Vaughan Smith]接任),由周刊改为日刊,经常登载当时中国的情况,为天津英租界工部局的喉舌和对华舆论主要阵地。

彭翼仲（彭诒孙，1864—1921）于1902年6月在北京创办《启蒙画报》（1903年年底停刊），为北京近代第一份画报。学界名人梁漱溟（1893—1988）、萨空了（1907—1988）、郭沫若（1892—1978）等在少年时都受到《启蒙画报》的影响，其中梁漱溟对少年时读到的这份儿童画报一直念念不忘，而萨空了、郭沫若在孩童时读到该报已经是其停刊多年后的事了。该报内容丰富、视界开阔，国内大事、国际知识、科学技术等几乎无所不有，既"启迪蒙稚"，也让成人获益。萨空了赞其是"中国画报史中，值得大书特书的画报"。

1903年 "《苏报》案"的案中案，林白水办《中国白话报》

> 太山在前而不见，疾雷破柱而不惊。
>
> ——［宋］欧阳修《六一居士传》

1903年，报界也不寂寞。2月，由直隶（河北）留日学生在日本东京创办《直说》月刊，分社会、政治、教育、生计、军事、外交等栏目，宣传反清的民族革命思想，揭露西方列强侵华罪行。《直说》刊登过《说梦》《权利篇》等檄文，为当时革命刊物之一。可惜，《直说》只办了两期，便停刊了。当时，在日本东京，中国留学生兴起了办报热潮，仅上半年便有《直说》《江苏》《湖北学生界》《浙江潮》等春笋般拔地而起。

月刊《浙江潮》于1903年2月创刊于东京，由中国留日学生浙江同乡会编，共出十二期，每期六十余页。《浙江潮》的宗旨为"输入文明"，有社说、论说、学术、大势、谈丛、记事、杂录、小说、文苑等栏目，包括政法、教育、哲理、经济、历史、军事等各个方面的内容，撰稿人有孙翼中（孙耦耕）、蒋方震（蒋百里，1882—1938）、蒋智由（1865—1929）等。该刊宣传反清的民族革命思想，对"拒俄运动"多有报道，曾载有《中国爱国者郑成功传》《民族主义论》《铁血主义之教育》等论著二百八十八篇，同时附有《留学界记事》调查录、《浙江文献》等主要史料。《浙江潮》第四期发表了署名"筑髓"（疑为章太炎）的文章《论欧美报章之势力及其组织》，称报刊是"第四等级"（西方社会对新闻记者的一种称谓，源于英国），是"国民教育之大机关"，力量超过"四千毛瑟枪"。

其时，《清议报》已作古两年，国内江宁、上江两地的明达书庄，仍"鸠集股本，翻印《清议》等报，四处出售"。两江总督张之洞闻之立即下文严禁，仍弹老调，称康、梁"播散谣言，刊布逆报，诬谤朝廷，淆乱国是，大逆不道，罪不容诛"。因此，明达书庄被查封，庄主被查办。

5月，青年陈独秀在安徽筹办《爱国新报》，出版数月停刊。8月7日，章士钊、何靡施、陈去病（1874—1933）等人在上海创办《国民日日报》，撰文者有张继（张溥泉，1882—1947）、苏曼殊（1884—1918）、陈独秀、金松岑（1874—1947）等社会名流、新锐学人。该报有社说、外论、警闻、政海、学风、实业、短评、文苑等专栏，提倡科学，宣传民族民主革命，并附有由慕秦（连横）编辑的副刊《黑暗世界》——专门揭露清廷统治下中国社会的黑暗。因此，清廷通令长江一带严禁售阅。《新小说》文艺月刊也于同年在日本横滨创刊，由梁启超主编，自第二期起由上海广智书局发行。在创刊号上，梁启超撰写《论小说与群治之关系》一文，申论小说之重要，称"欲改良群治，必自小说界革命始！欲新民，必自新小说始"。《新小说》以刊发小说为主，间有诗歌、传奇、笔记等文体，曾发表当时小说达人吴沃尧（吴趼人，1866—1910）的小说《痛史》《二十年目睹之怪现状》《九命奇冤》等。该刊发表之作品，多与当时的政治社会有关，政治上倾向改良主义。《新小说》为晚清首创的文艺杂志，影响甚大。

另外，有保皇党陈继俨（陈仪侃）、梁文兴在檀香山创办《新中国报》，为保皇党机关报，以鼓吹保皇立宪，反对资产阶级民主革命为宗旨。《新中国报》曾刊载《敬告保皇会同志书》等文，攻击孙中山领导的资产阶级民主革命，遭到孙中山和革命派报刊的严厉批驳。

9月，天津《大公报》先后发表《论新闻纸与民智通塞有密切之关系》《论新闻纸之职分》，两论称报纸能"化野蛮为文明"，"新闻纸之权利，可以督饬国民"，"可以转移风俗，即朝廷之政令，亦莫能敌其力"。到10月，《大公报》又发表了《论中国定报律》一文，抨击清廷妄图以报律"钳制天下人之口"。

这年岁末，蔡元培在上海创办《俄事警闻》，由棋盘街镜今书局（1903年秋由陈养源[1865—1905]开设）印行。撰文者有刘师培（1884—1919）、陈去病、林獬（林白水）等人，内容分社论、要闻、外论、专件、时评等栏，主要揭露沙俄侵华罪行，抨击清廷外交腐败惧俄行径。《俄事警闻》出至第七十三期，改名《警钟日报》。

这年，林白水在上海创办《中国白话报》杂志，初为半月刊，后改旬刊。该刊栏目有论说、历史、传记、新闻、批评、小说等，以"爱国救亡"为宗旨，大力倡导天赋人权、人类平等、百姓合群等新观念。《中国白话报》曾载有《黄梨洲（黄宗羲）》《说君祸》《白话扬州十日记》等，是白话文报刊中影响最大、历史最久的期刊。特别的是，该刊的所有文章几乎都是林白水以"白话道人"笔名撰写，乃报刊一道别样风景。

1903年，报界最热闹又最令人咀嚼的一桩公案却是"《苏报》案"。

说起《苏报》，需交代清它的前世今生。《苏报》于1896年6月在上海创刊，创刊者胡璋（1848—1899）以日籍妻子驹悦的名义注册，故在上海租界挂日商的招牌经营。《苏报》创刊之初为下九流低俗小报，格调不高，以市井琐事甚至一些桃色新闻招徕品位不高的读者，后因亏损在两年后转手给湖南人陈范。陈范曾任江西铅山知县，因处理教案不当遭弹劾落职流寓到上海，将《苏报》盘下苦心经营，但因其不谙办报之道，以致该报毫无起色。据包天笑《钏影楼回忆录》一书所述：

> 那时的《苏报》是怎样的呢？说来真是寒伧得很，开设在英租界棋盘街一家楼下，统共只有一大间，用玻璃窗分隔成前后两间。前车间有两张大写字台，陈梦坡（陈范）与他的公子对面而坐，他自己写写论说，他的公子则发新闻，有时他的女公子也来报馆，在这写字台打横而坐。她是一位女诗家，在报上编些诗词小品之类，所以他们是合家欢，不另请什么编辑记者的。
>
> 再说那后半间呢，一边是排字房，排列几架乌黑的字架；一边一部手摇的平板印报机（什么卷筒轮转机，上海最大的申、新两报也没有呢）。这排字房与机器房，同在一房，真有点挤了。前半间沿街的两扇玻璃门，玻璃门上每扇都有"苏报馆"三个红字。推门进去，有一小柜，柜上有一块小牌，写着"广告处"。（包天笑《钏影楼回忆录》，上海三联书店，2014年，第165—166页）

在大报《时报》任副刊（《小说时报》）主编的包天笑眼里，《苏报》乃一小报也。

办报人却清楚，好稿子会直接影响销量。于是，苦苦支撑《苏报》的陈范决定改造《苏报》,与蔡元培、吴稚晖(1865—1953)等人组织的"爱国学社"建立合作关系。

1902年,南洋公学发生退学风潮,原因是学生在师座上放置墨水瓶,捉弄守旧的老师。校长汪凤藻(1851—1918)一怒之下,将全班学生开除,引发全校二百多名学生集体抗议退学。身为教师的蔡元培,在尽力斡旋仍无法解决的情况下,愤然辞职。不久,蔡元培与吴稚晖、章太炎等在"中国教育会"的基础上创办"爱国学社",收容那些退学的学生。

作为"中国教育会"成员的陈范觅得与"爱国学社"合作的良机,蔡、吴、章等文界名流翘楚开始轮流给《苏报》撰写评论文章,报社则以每月百元资助学社作为报酬。《苏报》开辟"学界风潮"专栏,鼓励学生运动,就是从这时起一个名不见经传的市井小报转型为政论性报刊。

是年5月27日,《苏报》老板陈范决定改变家庭作坊式办报模式,而就此也改变了《苏报》及一批人的命运。《苏报》变革的首要举措是聘原撰稿人、年轻而有才学的章士钊担任主笔——章士钊,1901年到武昌求学,次年进南京陆师学堂,因参加学潮被开除学籍,后到上海以博学参加"爱国学社",时年仅二十一岁。此后,《苏报》进行了大胆创新,继续延请章太炎、蔡元培诸名人为撰稿人。与此同时,《苏报》报道各地学生的爱国运动,发表邹容的反清檄文《革命军》、章太炎的《〈革命军〉序》;章士钊在该报发表《读〈革命军〉》——称之为"今日国民教育之第一教科书",极力推崇《革命军》;章太炎在该报发表了驳斥康有为改良主义政见的文章《驳康有为论革命书》鼓吹革命,甚至在文章中直斥光绪帝为"载湉小丑,未辨菽麦"。就这样,《苏报》的革命言论犀利大胆,矛头直指清廷,让昔日风光一时的《申报》也黯然失色。于是,《中国日报》等报争先转载。《苏报》一时间成为报界一颗光芒四射的新星，也让光绪二十五年（1899）中举的举人、购办《苏报》的陈范风光无限。

实际上，二章（章太炎、章士钊）的文章是"《苏报》案"的导火线。其时，湖广总督端方（1861—1911）致电两江总督魏光焘（1837—1916），称"上海《苏报》系衡山陈编修鼎胞兄所开，悍谬横肆，为患非小"，望江苏方面"设法收回自开"。其实，端方弄错了陈鼎为兄、陈范为弟的关系，但陈鼎为清廷翰林院编修，兹事体大。于是，魏光焘派江苏候补道俞明震（1860—1918）携其公文到上海彻查此案，公文曰"照得逆犯蔡元培、吴敬恒（吴稚晖），倡言革命，煽乱谋逆，着俞道会同上海道密拿，即行审实正法"。

在清廷要挟下，经多次密谋，租界工部局终于发出对陈范、章太炎、邹容、龙积之（龙泽厚，1860—1946）等七人拘捕令。奇怪的是拘捕名单上，并没有章士钊和吴稚晖，而龙积之等人与《苏报》并无干系，另一位陈锡畴乃陈范。可见，拘捕令之荒唐。

巡捕抓人时，陈范趁乱出逃，并让其友通知章太炎立逃。章太炎却不以为意，说"诸教员方整理学社未竟，不能去，坐待捕耳"。次日，巡捕来捉，章太炎竟前迎并大呼："章炳麟是我！"进了巡捕房，章太炎感到寂寞，即写信给邹容，让他自行投案。原本安全躲在传教士家里的邹容，接到信后遂于7月6日前往巡捕房，说："我是邹容。"章太炎等人闻之，为其这份义气所动容。

"《苏报》案"开庭六次，清廷、章太炎一方、巡捕房等三方反复争驳，僵持近半年，最后各方妥协，会审公廨于次年5月21日作出判决：章太炎监禁三年，邹容监禁两年，罚做苦工，"期满驱逐出境，不准逗留租界"。从这份判决看,章太炎、邹容有监狱之苦,但这场诉讼让清廷颜面尽失,成为中外嘲笑的对象。在专制年代以及增修《大清律例》的淫威下,清廷竟难以严厉制裁章太炎、邹容等"大逆不道,煽惑乱党,谋为不轨""诋毁圣上"的要犯,而且章太炎每次庭审完回巡捕房的途中竟然诵诗"风吹枷锁满城香,街市争看员外郎"(化用杨维盛《朝审途中口吟》诗句)。此外,还有身为清廷查办"《苏报》案"大员的俞明震,竟向该案的"要犯"吴稚晖主动泄露相关机密,并将魏光焘所发相关密拿要犯之命令给吴看。

俞明震,祖籍浙江山阴,生于湖南长沙,其家历代官宦,与湖南曾国藩、陈宝箴(1831—1900)家族有姻亲关系。光绪十六年(1890),俞明震考中进士。中日甲午战争时期,俞明震曾协助唐景崧(1842—1903)据守台湾,战败后任南京江南水师学堂总办等职。俞明震亦为士林中人,与蔡元培、章太炎、吴稚晖等为斯文一脉,受新潮思想影响,同情革命党人。可见,清廷的官吏亦不是铁板一块,而之所以如此与《苏报》等报纸的影响不无关系。

更让人拍案的是,《苏报》老板陈范潜逃后,在"稽察《苏报》要犯"之际,《苏报》在主笔章士钊的主持下竟然继续出报一周,刊发了《密拿新党连志》,还在7月6日发表了章太炎的《狱中答新闻记者书》——他以"吾辈书生,未有寸刃匕足与抗衡,相延入狱,志在流血"表现其革命到底的决心。次日,《苏报》被查封。章士钊非但没有逃离风声鹤唳稽捕革命报人的上海,反而在一个月后又与陈独秀创办了《国民日日报》。其时,年轻的章士钊依然意气风发。

"《苏报》案"发,舆论震惊。原本与《苏报》在"革命"还是"改良"

问题上有分歧的维新派报纸《中外日报》（原名《时务日报》），当即发表社论《近事概言》严正抗议清廷当局"与言者为难"。戊戌变法不久，上海公共租界工部局机关报《字林西报》（英文报纸，又称《字林报》）也发表社论，反对查禁《苏报》。接着，英文报纸《上海泰晤士报》连续两天发表社论，反对"未断案而先封馆"的做法，致使清廷与租界为引渡章太炎、邹容展开了一场半年多的马拉松式的艰难交涉。

《申报》对"《苏报》案"一直跟踪报道，为此案留下了可信的历史资料。清廷曾请求《申报》为将此案的章、邹等引渡给清廷制造言论，但《申报》断然拒绝。

当时，中国和在华外文报纸都纷纷发声支持《苏报》，反对清廷野蛮钳制舆论，显示了舆论的力量。

《苏报》老板陈范的后半生，让人唏嘘。在"《苏报》案"中，陈范侥幸携两小妾和两个女儿逃亡日本。后因经济困顿，两小妾离陈范而去，两个女儿也不知所终。两年后，陈范重返上海，即被清廷投入牢狱一年。出狱后，陈范孑然一身，从此居无定所、穷困潦倒，到香港后饮毒酒自尽。一位在报刊史上独具风格的报人陈范，竟如此凄凉凋零，让人扼腕。

1904年　陈独秀、章士钊创办《国民日日报》，《安徽俗话报》欲唤醒民众

> 他山有砺石，良璧逾晶莹。
>
> ——［清］郑世元《感怀杂诗·其三》

1904年3月31日，春风拂面时，陈独秀创办《安徽俗话报》，给报刊界平添了一道亮丽风景，而其也因此声名鹊起。早在1903年，陈独秀就矫健地跨入报界，因创办《国民日日报》而崭露头角。

《国民日日报》是二十五岁的陈独秀与二十一岁的章士钊在上海新马路梅福里创办的，由浙江人谢晓石出资，外国人高茂尔（A. Gomoll）担任经理，陈、章二人任主编，撰稿人有陈去病、苏曼殊、林白水等。这是一块清末民族民主革命派办的舆论阵地，也是最早出现"革命的共产主义"一词的报纸。其宗旨"在于排满革命"，其文章风格"论调较舒缓"，一般不具真名。这与《苏报》之峻急不同，却"规模尤大"。当时，人们把《国民日日报》视为"《苏报》第二"（胡道静《上海的日报》）。

年轻的章士钊和陈独秀，在报社既为主编，又撰写文章，且负责校对。章、陈二人与何梅士（何靡施，1884—1904）三人共居陋室，"夜抵

足眠,日促膝谈,意气至相得",工作起来每至凌晨,或夜以继日。章士钊在《初出湘》一诗中道:"我与陈仲子,日期大义倡。《国民》既风偃,字字挟严霜。"

《国民日日报》比《苏报》视野更开阔,内容更丰富,既有犀利抨击清廷的言论,又注意以文学启民智。《国民日日报》曾转载长篇小说《南渡录演义》,以春秋笔法借古喻今,宣传抗清革命;还连载由苏曼殊化名"苏子穀"翻译的法国雨果《惨社会》(《悲惨世界》),共载十一期。到1904年,镜今书局将其添至十四回并改名《惨世界》出版单行本,由于陈独秀在发表过程中做了不少修润的案头工作,故署名"苏谷子、陈由己(陈独秀)"合译。后来,陈独秀回忆此事时说:

> 《惨世界》是曼殊译的,取材于嚣俄的《哀史》,而加以穿插,我曾经润饰一下。曼殊此书的译笔,乱添乱造,对原著很不忠实,而我的润饰,更是马虎到一塌糊涂。
>
> 因为我在原书上曾经润饰过一下,所以陈君(镜今书局老板陈竞全〔陈养源〕——引者注)又添上我的名字,作为两人同译了。(柳亚子《论陈仲甫先生关于苏曼殊的谈话》)

需要说明的是,苏曼殊之"乱添乱造",陈独秀之"而我的润饰,更是马虎到一塌糊涂",实乃二人为当时宣传革命思想有意为之,并非信笔胡编乱造。

在清廷严查酷禁且又加上编者与经理发生诉讼之下,1903年年底《国民日日报》黯然退场。

陈独秀回到家乡安庆,又与志趣相投之友人房秩五(1877—1966)、吴守一（吴汝登，1873—1946）等筹办《安徽俗话报》。此举得到当时名人胡子承（胡晋接，1870—1934）的大力支持，他在致汪孟邹（1878—1953，1913年创办亚东图书馆）的信中说"陈君仲甫（陈独秀）拟办《安徽俗话报》，其仁爱其群，至为可敬、可仰……"（汪原放《亚东图书馆与陈独秀》）。

当时，汪孟邹在芜湖经办科学图书社，愿做《安徽俗话报》的发行机关。于是，1904年3月，该报"创刊于安庆，不久即迁往芜湖"（《中国近代报刊史》），成为安徽地区第一份民族民主革命派的报纸。

陈独秀任主编，房秩五负责教育栏，吴守一分管小说栏，而其他如报纸的论说、新闻、历史、地理、实业、诗词、闲谈、行情、要件、束文诸栏，甚至全部排版、校对、核编也由陈独秀负责。又因汪孟邹的科学图书社并无印刷设备，陈独秀只得汇齐稿件，寄往上海由老朋友章士钊办的大陆印刷局承印。事情还没完，每期出版后，又得由陈独秀自己分发、卷封、付邮。陈独秀一人支撑《安徽俗话报》，工作量之大，每日劳作之辛劳，可想而知。

对这段办报生活，陈独秀在《芜湖科学图书社廿周年纪念》一文中写道：

> 我那时也是二十几岁的少年，为革新感情所驱使，寄居在科学图书社楼上，做《安徽俗话报》，日夜梦想革新大业，何物臭虫，虽布满吾被，亦不自觉。

这等一腔热血地投入宣传革命思想的办报事业，《安徽俗话报》不到半年便在全国各大城市如上海、南京、长沙、扬州等地皆设代办行，发行量已达数千份。据《陈独秀著作选篇》一书介绍："自甲辰正月出版，每月二册，风行一时，几与当时驰名全国之《杭州白话报》相埒。"

《安徽俗话报》之所以受读者欢迎，与该报的办报宗旨有关。作为主编，陈独秀在创刊号上撰文《开办〈安徽俗话报〉的缘故》中开宗明义：

> 第一是要把各处的事体，说给我们安徽人听听，免得大家躲在鼓里……第二是要把各项浅近的学问，用通行的俗话演出来，好教我们安徽人无钱多读书的，看了这俗话报，也可以长见识。

以通俗话启蒙民众民族民主思想，号召民众进行"反清排满"革命，已从陈独秀这篇文章开始，并令读者耳目一新。陈独秀又以"三爱"为笔名，发表了《瓜分中国》《醉东江·愤时俗也》两篇文章。前者告诉读者，俄、英、法、德、日等列强在肆意瓜分中国，腐败无能的清廷无力御敌，号召民众"振作起来"抗击列强；而后者则揭露了清廷腐败卖国的罪行。

《安徽俗话报》在一年半里出了二十二期，单陈独秀以"三爱"笔名即写了《论安徽的矿务》《说国家》《亡国篇》《中国兵魂录》《论戏曲》《西洋各国小学堂的情形》等四十八篇，内容广泛、丰富，但皆是启蒙民智、批判封建社会礼教、揭露清廷腐败卖国、介绍西方文明之作，目的在"努力唤醒广大群众，起而救亡，救亡就必须推翻清室的腐败统治"（《吴樾烈士事迹》）。

在清廷增修《大清律例》钳制、洋人干预、封建余孽反对和更深层社会背景下，《安徽俗话报》与其他进步报刊一样，只办了一年半就被淹没在黑暗的逆流里。据房秩五在《浮渡山房诗存》中说，停办原因之一即因"登载外文消息"触犯了洋人，"为驻芜英领事要求中国官厅勒令停办"。

这一年，因得罪洋人而受到制裁的报纸，还有天津英文报纸《中国时报》。《中国时报》因批评俄国沙皇的论说，被控"扰乱和局"，主笔英国人高文（John Richard Cowen）则被天津租界当局"驱逐出界"。上海有镜今书局、东大陆图书局、时中书局，因销售陈天华的《警世钟》，店主分别被上海公共租界工部局控告，被判拘押三个月至两年。

由此可见，租界同样不是言论自由的天堂，如"《苏报》案"犹可证明。另据汪原放（1897—1980）在《亚东图书馆与陈独秀》（原名《回忆亚东图书馆》，学林出版社，2006年）一书中所述可知，以胡子承为代表的保守派，主张《安徽俗话报》"务取于和，完勿激烈"，这与陈独秀办报的初衷"倡导革命"相悖，致使陈独秀以访游淮上为务不再管该报，失去顶梁柱的报纸无法再办，于1905年9月停刊。当然，陈独秀不会停下脚步，真正吹响新文化运动号角的《新青年》即将横空出世，并震惊中国舆论战场。

还是在这一年，早于《安徽俗话报》且由蔡元培1902年在上海创刊的《俄事警闻》，于2月26日改名为《警钟日报》。《俄事警闻》的主要内容是揭露沙俄的侵华活动，抨击清廷外交腐败。改名后，《警钟日报》以"抵御外侮，恢复国权"为宗旨，提出"国民自立"之思想，非常郑重地宣称：一、"不录'上谕'"，以示"不欲依赖政府"；二、不挂洋商牌号，以示"不受外人之保护"。3月16日，《警钟日报》发表的社论《论报战》中提出，"个人之思想，以言论表之，社会之思想，以报表之"，言明报纸是一舆论阵地。五个月后，又发表社论《论专制与暴动之相应》，倡导"不自由，毋宁死"，其语广为远播且影响甚大。此时，《警钟日报》已在十九座城市设立代售处。

11月，蔡元培（1868—1940）与陶成章（1878—1912）、魏兰（1866—1928）、龚宝铨（1886—1922）等在上海组织成立了光复会，蔡为会长，陶为副会长。该会的政治纲领即入会誓词为"光复汉族，还我山河，以身许国，功成身退"，主张除文字宣传外，更以暗杀和暴动为主要革命手段。蔡元培，近代民主革命家、教育家、科学家，绍兴人，二十五岁点翰林院庶吉士，两年后补翰林院编修，后回绍兴任中西学堂监督，提倡新学。1902年，蔡元培与章太炎等发起组织爱国学社和爱国女学。1905年，光复会并入同盟会，蔡元培为同盟会上海分会负责人。蔡元培的办报经历，对后来成为北京大学校长，与陈独秀、胡适、周氏兄弟等进步师生将北大变成新文化运动的精神高地，不无关系。

1904年，在中国新闻史上，值得书写的还有《时报》和《京话日报》的面世。

《时报》由狄楚青（狄平子，1873—1941）于是年6月12日在上海创办，延请陈冷（陈景韩，1878—1965）为主笔。因逃亡日本的梁启超从日本潜回上海参与《时报》的筹办，亲定报纸的名称、体例，亲撰发刊词等，让《时报》在版式上进行了大胆创新——改为"对开四版，两面印刷"，开报纸与杂志分开之先河，各报纷纷效仿。《时报》分正刊、副刊，并有插图，对重要专电、新闻使用大字标题，设有时评、教育、国粹等专栏。后来，又增设实业、妇女、儿童、英文、图画、文艺等周刊，文字通俗晓畅，深受读者欢迎。

《时报》筹办期间，康有为曾一次拨给开办费银元七万元，至1908年拨款已累计银元二十万元。可贵的是，《时报》一直坚持非党派办报的方针，虽挂日商的牌子，但实际上始终如一地恪守独立办报之宗旨。正如梁启超亲自执笔的《〈时报〉发刊例》中所说的论说准则四条，其中第一条主张论说"以公为主，不偏徇一党之意见"，并坚持"有闻必录，知错必改。知无不言，言无不尽"。对于"不偏徇一党之见"，或让康有为的保皇派少了一个宣传阵地，但多了一份有操守有公正品格的报纸。要知道，在黑暗的世道，有一线光亮投入，能给人以希望。有人说"狄平子很有魄力，为打开一条'文人论政'的道路，的确也作出了成绩的"。其实，应该加上一句，梁启超是《时报》的精神支柱。这样说，或许更公道。

是年8月16日，《京话日报》由彭翼仲在天子脚下的北京创办，其宗旨为"输进文明，改良风俗，以开通社会多数人之智识"。《京话日报》针砭时弊，直言不讳，"以浅见之笔，述朴实之理，纪紧要之事"，又颇有京味儿，雅俗共赏，且售价低廉，三枚铜板一份，深受普通市民的欢迎。

9月17日，卞小吾（1872—1908）在重庆创办《重庆日报》，鼓吹革命，振兴实业，提倡男女平等，被称为"重庆的《苏报》"。

年底，彭翼仲又与杭辛斋（1869—1924）在北京办了文言文版的《中华报》，彭为主办，杭为社长兼总编。《中华报》声称"专为开通官智而设"，辟有社说、译篇、时论等栏目，注重政治新闻，有关宪政之闻无不收录。其广告中强调，此报"无洋人资本，亦不藉（借）他国保护，因概报界风潮冲突，非借重洋人，托居租界竟不能存"，意在建立中国人自己的舆论阵地。不过，《中华报》纯为清末资产阶级改良派的报纸，也是不争的事实。

这年3月11日在上海创刊的《东方杂志》，为旧中国历史最久的大型综合性杂志，初为月刊，后改为半月刊。内容上，分社说、谕旨、内务、军事、外交、教育、实业、宗教、小说、译件、调查、大事记等栏目。其中，刊发内容多为辛亥革命史料，如徐锡麟（1873—1907）刺杀巡抚恩铭（1846—1907）、台州民变、长安抢米风潮、莱阳抗捐等皆有详细报道，每期最高可印一万五千份。《东方杂志》至1948年12月停刊，在晚清、民国生存达四十四年之久，为报刊中寿命最长的杂志——这与其在资金、人脉最为雄厚的商务印书馆出版有关。

1905年 《民报》登场宣传"三民主义"，《京话日报》亮相报道王府罪行

> 唯余幽径草，尚待日光催。
> ——［唐］张九龄《答太常靳博士见赠一绝》

1905年，在政治、经济、军事、外交等方面陷入空前的危机，社会要求变革的呼声澎湃高涨的形势下，清廷决定实行改革。此时，扼杀"戊戌变法"的慈禧太后，居然转身成为淹没在血海里的戊戌变法的执行者。令人瞠目的是，在慈禧太后的推动下，有些变革举措竟然超过康、梁，如废除酷刑，改革律例；五大臣奉命出洋考察，"变更政体"，预备立宪；废除科举制度；京张铁路兴土开工；引进西方军衔制等。其时，朝廷、民间舆论一致认为，启迪民智、提高国民素质是振兴中国的必由之路，而民间更强调兴学校、励游学、译西书、开报馆等。借此机会，报界纷纷发声，如上海《新闻报》连载《论报馆之有益于国》，指出报纸有益于提高国民素质，国民素质如不提高，"其国终不能长久，其国终不能独立"。《东方杂志》也发表《论政府宜利用报馆推广白话演说》专论，陈述报馆的重要。

在这种形势下，新的报刊也纷纷登场亮相。

2月23日，国学保存会在上海创办《国粹学报》杂志，其宗旨为"发明国学，保存国粹"，"爱国保种，存学求世"，反对"醉心欧化"。《国粹学报》为月刊（一说旬刊），由邓实（1877—1951）任主编，撰稿人有章太炎、刘师培、陈去病等名人。杂志创刊后，刊载经学、史学、诸子学、文字训诂等论著较多，此外还刊录名人画像、图片六百余帧，汇编国学权威著作六百多种，明清诸儒遗文近五百篇，对经、史、文学、音韵、诗赋、金石等进行钩沉考释，并提倡不分门派的实事求是作风，创办者、撰稿者希冀通过此举发扬国学，抵制西方文化的冲击。1911年武昌起义后，《国粹学报》停刊，共出八十二期。在西学渐进、盲目崇外的潮流下，《国粹学报》保持一分对国学的坚持态度，不得不对其表示崇敬。

到了6月4日，通俗小报《唯一趣报有所谓》（简称《有所谓报》）在香港诞生。《唯一趣报有所谓》大量刊登文艺作品和相关反美运动报道，其创办人郑贯公（1880—1906）更在发刊词上云："报纸以言论寒异族独夫之胆，以批评而被夺一般民贼之胆。"除郑贯公外，执笔人有黄世仲（1872—1913）、陈树人（1884—1948）、胡子晋等，但有趣的是他们不拿稿酬且还要捐助经费。该报力求诙谐有趣，篇幅虽小，栏目却多达数十个，一般多以粤语写作，且用说唱形式，为民间所钟爱，发行量竟在《申报》等大报之上。

12月26日，中国同盟会成立四个月之后，其机关刊物《民报》在日本东京宣告创刊，胡汉民（1879—1936）、章太炎等先后担任主编。

《民报》致力宣传同盟会的民主革命思想，批判康有为为代表的改良派的君主立宪主张，曾与梁启超办的《新民丛报》多次发生论战。其发刊词由同盟会总理孙中山撰写，首次提出了"驱逐鞑虏，恢复中华，创立民国，平均地权"的十六字革命纲领，即"民族、民权、民生"的"三民主义"。其中，"民族主义"即"驱逐鞑虏，恢复中华"，"民权主义"即"创立民国"，"民生主义"即"平均地权"。

《民报》登上中国舆论舞台，以其革命宣传在辛亥革命史上大放异彩，一经问世即风靡海内外，仅创刊号就重印六次，发行量高达一万七千多份，创当时中国报刊发行量之最。胡汉民、汪精卫、章太炎、陶成章（1878—1912）等皆为《民报》撰稿人，其文章内容鼓吹革命，气势磅礴，尤其受到青年学子的喜爱。

1905年，创办于1904年的《京话日报》大放异彩，实现了该报"开发民智""办成为民说"的办报宗旨。此年，彭翼仲称，"我们这《京话日报》是个胆大妄言，不知忌讳，毫无依傍，一定要作完全国民的报"，"不怕得罪人，知道的就照直说"，"凡衙门八旗的弊病，明说暗说，毫不留情"，"应该争论的，刀放在脖子上，还是要说"，"一定要争回这说话的权柄"。

《京话日报》对王公贵族、军阀官僚，凡恃强凌弱、草菅人命、贪赃枉法、营私舞弊等丑行，进行了大量的报道和抨击。为求真实，前述涉及的文章多是该报记者、编辑调查后撰写。

8月，《京话日报》追踪报道了那王府活埋侍妾的新闻。为此，报社"访了二十多次，还有人进府细查"，连续发表《不近人情》《王府活埋人》《三记活埋人的事》《四记活埋人的事》《五记活埋人的事》等报道，并发表多篇评论予以谴责。9月3日，报纸登出广告，义正辞严地拒绝那王府的更正要求，声明"那王府活埋人的事，真而又真，本馆访友（记者）亲眼目睹，宝钞胡同一带居民一口同音，如有虚假，本馆甘认其罪"，并言"报馆争的是公理"，"报馆是天下人说话的地方，专讲公理，不徇私情，徇了私便够不上报馆的资格"。《京话日报》的出版人彭翼仲所表现出的铮铮风骨，为报人赢得了荣耀。

《京话日报》敢为民发声，公正地秉笔直书，得到了读者的赞誉和信任。三天后，报馆发起偿还国债的"国民捐"运动，得到公众包括王公、官、绅、商、学、兵等各界读者的响应。

此年，《京话日报》成了京城发行量最高的报纸。对此，英敛之感慨良多，在《大公报》上撰文曰："北京报界之享大名者，要推《京话日报》为第一。"

1905年4月，因为美国拒不废除已经期满的《限禁来美华工保护寓美华人条约》，一场声势浩大的反美浪潮在全国各地掀起。当月10日，上海总商会召开特别会议，提出以两个月为期，如果美国不修改苛约而强行续订，则联合全国各地商会暂以不运销美货来进行抵制。会后，上海总商会致电外务部和商部，"吁恳峻拒画押，以伸国权而保商利"，并通电汉口、南京、广州等二十一处商会，要求一致行动。

此时，上海、广东、福建商界集会，商定抵制美货，不入读美国人办的学堂，不聘用美国人，也不被美国人聘用，各地纷纷响应。

从5月起，《时报》《大公报》《京话日报》以及香港《广东日报》等华文报纸，纷纷发文抗议。当时，在汉口为英美报纸《楚报》中文版做主编的小说家吴趼人，毅然辞职返回上海。同时，《大公报》《京话日报》等，先后声明"不登美商告白"。

尽管慈禧太后决定施行变法，也确有不少革新之举，想使当时中国这艘老迈破落的巨船艰难地起锚，但清廷变革的目的在于挽救摇摇欲坠的清王朝，凡欲动摇其根基的相关变革都要付出血的代价。

8月16日，袁世凯在清廷授意下，指使天津地方当局以"有碍邦交，妨害和平"的罪名，"严禁士人购阅，不准邮局寄递"《大公报》。对此，《大公报》于次日公布当局布告全文，同时总经理英敛之、主笔刘孟扬（1877—1943）联合发表"启事"，予以严正抗议。18日，《大公报》又发表评说，表示"一息尚存"，正义之发声"老不容少懈"。19日，发表社评《一息尚存勉尽天职》，表示敢于担当、秉持正义的决心："我们总要对得住国民，至于究竟成败如何，我们绝不管他！"两天后，在随报附送的白话论说中发表《言论自由》，阐明"三大自由"之一的言论自由是文明国民应有的权利，振聋发聩。

英敛之、刘孟扬敢于与清廷重臣袁世凯慨然对峙，为《大公报》赢得了"敢言"的名声。直到三个月后，主笔刘孟扬告别《大公报》，天津当局才宣布对《大公报》解禁。

《大公报》因抗议美国"华工禁约"而引起与清廷当局对峙的抗争经历，在中国新闻史上留下了可资回忆的一笔。三年之后，《大公报》再次回顾这段经历时，不无骄傲地称："固知文字之生命坚逾宝石，虽历劫千魔、酷炎毒疠，而不能损害其丝毫者也。"

但不得不说，《大公报》禁而又活，算是幸运的。在禁止言论自由的晚清，特别是新报刊不断涌现的1905年，同样也是众多报刊被查禁取缔的一年。年初，汉口的《汉报》（原名《字林汉报》），刊出了一则对俄商的华俄道胜银行买办陈廷庆不利的消息。在沙俄驻华大使的要挟下，湖北地方当局将《汉报》封禁了结。

3月9日,《警钟日报》(原名《俄事警闻》),发表《外人干涉言论权之警告》,直言"报馆有维持清议之天职,报馆有据事直书之实权,且政府不能干涉,何有于外人"。《汉报》触犯沙俄而被取缔,而《警钟日报》因"污蔑中国皇太后、皇上"被查封,刘师培(1884—1919)等撰文者被拘,其馆发行人戴普鹤等被判刑一年。"抵御外侮"的警钟,从此不鸣。

4月3日,因"苏报案"入狱的《革命军》作者邹容死于牢中,年仅二十一岁。

5月8日,清廷军机处下令各省督抚"严行查禁"革命报刊及书籍,《革命军》《浙江潮》《新湖南》《新民丛报》等二十三种皆被指控以"骇人听闻,丧心病狂"。

8月15日,陈独秀主办的《安徽俗话报》出版至二十二期,被停刊。

1905年,在中国新闻史上,有《国粹学报》《民报》强势创刊,协《大公报》《京话日报》一起发声,鼓吹革命,揭露清廷,抵御外侮,有声有色;而清廷钳制言论自由的倒行逆施也变本加厉,更加疯狂严酷。

1906年　清廷颁布"预备仿行宪政"，《中华报》揭露钳制舆论行径

> 露重飞难进，风多响易沉。
> ——［唐］骆宾王《在狱咏蝉》

1906年，清廷治下的中国，由慈禧太后操控的变革又有了些许新的气象。

新年伊始，1月10日，清政府宣布恢复因参与"百日维新"而被革职的刑部主事张元济（1867—1959）的职务，并派其编纂教科书。是年，张元济及其参与主编的书籍陆续在上海商务印书馆出版。

2月，粤汉铁路主权，从美国收回后改为商办。

3月，美国传教士明恩溥（原名阿瑟·亨德森·史密斯［Arthur Henderson Smith］，1845—1932）向罗斯福（Franklin Delano Roosevelt，1882—1945）总统提出建议：退还中国部分"庚子赔款"，用于在中国设立由美传教士执教的学校并作为其津贴。美国伊利诺大学校长詹姆士（Edmund J. James，1855—1925）在致罗斯福的信中说，"哪一个国家能够做到成功地教育这一代中国青年，哪一个国家就能由于这方面所支付的努

力,而在精神上和商业上的影响取回最大的收获"。最后,美国政府接受了明恩溥的建议,"庚子赔款"在中国便有了新用场。

4月16日,中国南北交通的主干线正式通车,由北京正阳门至汉口玉带门,全长一千三百三十二公里的南北动脉一线贯通,对中国经济发展起到了重要作用。

4月28日,革命派与改良派各以《民报》和《新民丛报》作为阵地展开激烈论战,焦点集中在民族主义方面。革命派主张政治革命与种族革命并举,改良派则认为二者不相容。在政治革命方面,革命者主张共和,改良派主张立宪;在社会革命方面,革命派提倡"民生主义",改良派则认为这只是"煽动流民"之宣传。此次论战的主将是革命派的汪精卫和改良派的梁启超。

在中国历史上,汪精卫是被视为秦桧、石敬瑭之流的汉奸。然而,在一百多年前的清末,汪精卫是当时国人心目中的英雄,只身刺杀摄政王载沣未遂被投入死牢,写下"慷慨歌燕市,从容作楚囚。引刀成一快,不负少年头"这样豪情万丈、视死如归并传诵一时的诗篇。其时,连负责审判的肃亲王善耆都被汪精卫的人格与情操所震慑和感动,破例赦免其死罪。晚清剧烈的社会变动,涌现一批"抗清反满,恢复中华"的革命党人,如曾被称为"江洋大盗"的孙中山、两湖志士黄兴等。那时,少年汪精卫就是在这样的背景下登上晚清历史舞台的,他刺杀摄政王载沣之前曾写信给孙中山:"吾侪同志,结义于港,誓与满酋拼一死,以事实示革命党之决心,使灰心者复归于热,怀疑者复归于信。今者北上赴京,若能唤醒中华睡狮,引导反满革命火种,则吾侪成仁之志已竟。"

在辛亥革命之初,汪精卫认为,革命者要有"义理之勇而非血气之勇"。为"义理",他走上了刺杀摄政王的不归路,以宣革命之理。在与梁启超论战之时,他在《民报》发表《革命之趋势》《革命之决心》等文章,豪迈地宣称:"没有别的,不过觉得拿墨来写是不够的,想拿血来写。"人格和道德的公开展示,让梁启超温文尔雅的改革主义相形见绌,也让汪精卫声名大噪。就这样,《新民丛报》在与《民报》的论争中黯然退场。

6月29日,因"《苏报》案"被监禁的章太炎出狱。同盟会派代表蔡元培及中国教育会部分成员前往迎接,并一同东渡日本。至东京,章太炎受到中国留学生的热烈欢迎。随后,章太炎参加同盟会,负责主办《民报》。

这年4月,商务印书馆在农工商部正式注册。不久,这家中国最大的出版机构进入全盛阶段,围绕着商务印书馆诞生了有影响的报刊,培养扶植了一批重要作家,对中国近代文学、中国新闻史都起到了至关重要的作用。

是月,也有不幸的消息。中国谴责小说代表作家之一李宝嘉(李伯元)在上海辞世,留下了小说《官场现形记》及弹词《庚子国变》等传世之作。李宝嘉生于1867年,擅诗赋、八股,工篆刻,但科举不顺,屡试不第,后到上海主编《绣像小说》(创刊于1903年,半月刊)。以《官场现形记》为滥觞的谴责小说,揭露了社会黑暗及各级官吏的腐败。自1903年始,《官场现形记》在《世界繁华报》连载,受到读者热烈欢迎,而李宝嘉也因此名声大振。据吴趼人《李伯元传》记载:"坊贾甚有以他人所撰之小说,假君(指李伯元)名以出版,其见重于社会可想。"又据顾颉刚《〈官场现形记〉之作者》一文中说:"《现形记》一书流行甚广,慈禧太后索阅该书,按名调查,官吏有因以获咎者,致是书名大震,销路愈广。"慈禧太后"按名调查，官吏有因以获咎者"是否可信至今难证，但李伯元此书的走红则有案可查。此后遂有仿效者，达十几种。《绣像小说》《月月小说》《新新小说》《小说林》等报刊，发表了不少谴责小说，涌现了吴趼人（《二十年目睹之怪现状》）、刘鹗（《老残游记》）、曾朴（《孽海花》）这类小说家。

5月19日，上海首次举办女子运动会，在西门外的务本女塾及幼稚园举行。该运动会内容有自由车（自行车）、庭球（网球）、爬绳、球竿操等，形式丰富多样，让女权也有了新的种子。

8月，奉旨出洋考察政治的五大臣（载泽、戴鸿慈、徐世昌、端方、绍英）陆续回国抵京，立宪派开始频繁活动。载泽上《奏请宣布立宪密析》。同月，同盟会湖南分会会长禹之谟（1866—1907）被捕，次年被绞杀于靖州东门外。在清廷看来，可以立宪，却不允许革命共和。

8月25日，河南创办有史以来首份日报《开封简报》，四开二版，以油光纸单面铅印，已接近现代报纸。

在此之前，1904年河南巡抚陈夔龙（1857—1948）曾办《河南官报》，每五天出一期，后改为七天一期。此报因以"书本"形式印行，并非正规意义上的报纸。《开封简报》系河南学务公所创办，内容的新闻性大大加强，消息、告白等占的篇幅较大，发行量日广。此报因为河南省首报，故值得一提。

9月1日，清廷颁布"预备仿行宪政"诏书。梁启超、杨度（1875—1931）等立宪派为使中国成为君主立宪政体而发动的立宪政治运动，终于有了进展。前一年，清廷顺应民意，派载泽、端方等五大臣出国考察宪政；此年，江苏、浙江、广东、两湖等省的君主立宪派，为促进清廷立宪先后组织预备立宪分会。

事关国体,斯事为大。上海《申报》《时报》《中外日报》等五报在张园联合举行"报界庆祝立宪会",支持预备立宪。

10月28日,上海中国公学学生组织的竞业学会创办《竞业旬报》。是年,十五岁的胡适(1891—1962)成为《竞业旬报》的主要撰稿人之一,以浅近流畅的语体文(白话文)写作,"以新思想灌输于未受教育的民众"。1908年,胡适成为《竞业旬报》复刊后的主编,并继续为其撰稿。1910年,有过主编《竞业旬报》和用语体文写作的胡适考取"庚子赔款"留美官费生赴美留学,后成为倡导白话文写作的先驱。作为一位新文化运动的主将,胡适将与陈独秀、李大钊等站到北京大学的新文化运动思想高地。

10月,金天根在北京创办《宪法白话报》,雷奋(1871—1919)在上海创办《宪报》(月刊)。接着,有《宪政杂志》(月刊)、《预备立宪官活报》出现在上海滩,热热闹闹地为"预备立宪"捧场助威。不过,《时报》却清醒地发表评论,直言道:"此次之改革,不过换几个名目,淘汰几个无势力之大佬而已,绝无其他影响。"揭露了清廷从官制入手之"预备立宪"并无实质性改革,乃是换汤不换药的愚弄世人之举。

1906年,具有讽刺意味的是,清廷一面欲以"预备仿行宪政"诏书迷惑国人以苟延残喘,一面对舆论钳制的严酷变本加厉,两者形成鲜明对照。

这里先引《20世纪中国全纪录》一书中的一则1906年9月29日的新闻:

北京《中华报》将袁世凯在天津处决改良派人士的事件公之于

众,报道中有"党人供词慷慨,审问未终,袁已汗流浃背"等语,因此触怒袁世凯,《中华报》主编彭翼仲于今日被捕。

彭翼仲是北京著名报人。上月康有为、梁启超在京的一秘密活动处所被侦破,袁世凯即令将被捕者押送天津,亲自对其进行审讯,随即将被捕者处死。此事京津各报均不敢报道,唯独彭翼仲创办的《中华报》,派专人调查后,予以公开披露。

昨日,有人向彭翼仲透露风声并劝其暂避,被彭拒绝。被捕不久,彭翼仲被流放新疆。

此案的具体情况是,9月1日,清廷宠幸的重臣——直隶总督、北洋大臣袁世凯,在北京东安门外丁字街吉昌照相馆处破获康、梁保皇党秘密机关,逮捕其党人吴道明(真名梁尔煦,号铁君,1857—1906)、范履祥(真名范羲谋,字朗秋),稽押天津。经袁世凯亲自审讯,立判吴道明、范履祥二人枪决。第二天,由彭翼仲主办,杭辛斋任社长、主编的《中华报》,即发表新闻《保皇党之结果》,披露袁世凯逮捕、审讯并枪杀吴、范的消息。其中,有"袁督亲自提讯时,该党人供词慷慨,审问未终,袁已汗流浃背"之语,而此语正击中袁世凯最忌讳的神经——因袁一直背负着出卖"戊戌变法"的骂名,对此岂不恨之入骨?

就在京津纷纷议论袁氏捕杀保皇党的事件之时,9月20日,台湾话剧艺人任文毅(艺名任天知,日本名藤堂调梅)前往《中华报》《京话日报》访问时,被警察当局误以为是革命党人孙中山而遭逮捕。于是,《中华报》《京话日报》两报被查禁之前风声鹤唳,友人劝彭翼仲到租界外国使馆避避风头,但彭以"平日自命何如?事急而托庇外人,华商之名扫地尽矣!

余决不往"(《彭翼仲五十年历史》)而毅然谢拒劝说。

九天后，巡警部奉命查禁《中华报》和《京话日报》，逮捕彭翼仲和杭辛斋，罪名是"妄议朝政，捏造谣言，附和匪党，肆为论说"。就这样，两份不畏权势、敢于直言揭露清廷罪恶的报纸，在读者的一片惋惜之声中被迫退出中国新闻传播场。北京各报曾联合"公禀警部"，要求释放彭、杭二人，但遭到拒绝。

《大公报》一直关注并报道此案。是年年底，《台湾日日新报》中文版，曾以《清政府禁止新闻发行》为题报道此案。

嗣后，杭辛斋被押解回原籍浙江海宁。彭翼仲先被判入狱服刑，后改为流放新疆。由此可见，彭、杭二位坚持"刀放在脖子上，还是要说"的报人，只因守住了报人说真话的使命，便被清廷流放在了漫长的黑暗之旅中。

其实，比起报人以生命捍卫说真话的坚毅气概，清廷对钳制舆论所表现出来的惊慌失措，也呈现了对立双方的真实处境。矛之利，盾之无奈，清晰可见。

算起来，清廷为钳制舆论，先有增修《大清律例》，继而又有《钦定学堂章程》，再有《大清印刷物专律》，各地颁布报律，京师订立《报章应守规则》，数不胜数，其骇人听闻、丧心病狂、狼狈惊慌之状毕显矣。

1907年　女侠秋瑾办《中国女报》被杀，汪康年《京报》开张揭受贿

> 秋坟思唱鲍家诗，恨血千年土中碧。
>
> ——［唐］李贺《秋来》

1907年伊始，"鉴湖女侠"秋瑾创办《中国女报》，是为中国第一份由女性主办的关于"女界"（晚清时新发明的一个词语，对妇女的总称）的报纸。秋瑾任主编兼主要撰稿人。

秋瑾执笔的《中国女报》发刊词说：

> 吾今欲结二万万大团体于一致，通全国女界声息于朝夕，为女界之总机关，使我女子生机活泼，精神奋飞，绝尘而奔，以速进于大光明世界。

该报以通俗易懂的文章鼓吹妇女解放，呼吁妇女冲破罗网走向社会，争取经济和人格的独立。可惜，该报仅出两期，报纸与秋瑾皆不幸作古。

秋瑾，小名玉姑，别号竞雄，浙江绍兴人。少年时在厦门度过，十七岁随父秋寿南官调湖南。三年后，与湘潭富绅之子王廷钧成婚，次年得子。

二十四岁时,因丈夫王廷钧捐户部主事之京官,随其入京。庚子年,回湖南避乱暂居,后秋瑾又与丈夫王廷钧一同回京。在京时,秋瑾和丈夫王廷钧与同在户部任职的廉泉(1868—1931)为邻,一同租住在绳匠胡同。廉泉的夫人吴芝瑛(1867—1933)大秋瑾十岁,号为"万柳夫人",工诗书,善书法,才华横溢。廉泉也腹有诗书,在京颇有才名。廉、吴二人伉俪情深,时时关注国事,心系民生。由于两家是邻居,秋、吴二人经常来往,思想、观点契合,遂成了至交。廉家所藏新书甚多,让秋瑾大开眼界,并对妇女解放有强烈向往。秋瑾曾对吴芝瑛道:"女子当有学问,求自立,不当事事仰给男子。今新少年动曰'革命、革命',吾谓革命当自家始,所谓男女平权事也。"

其时,秋瑾常着男装在公开场合出入,与丈夫王廷钧发生了尖锐的矛盾,最终夫妻反目。1903年中秋,秋瑾毅然离家出走。半年后,秋瑾靠变卖首饰、细软乘船东渡,到日本留学。临行前,吴芝瑛邀众女友,集会陶然亭为秋瑾饯行,并当场挥笔作联:"驹隙光明,聚无一载;风流云散,天各一方。"借此表达其说不尽的离愁别恨。

在日本求学期间,秋瑾积极参加旅日中国人的革命活动,先后加入天地会、光复会、同盟会等团体。1905年,秋瑾曾一度归国,专访蔡元培、徐锡麟等,加入光复会,至此走上了革命之路。同年7月,秋瑾再次东渡日本,加入同盟会,并被推选为同盟会浙江主盟人。

在日本期间,秋瑾常穿日本和服,腰佩日刀,留蓬松的黑发,梳成西式发型,着蓝色不合体的西装,戴蓝色鸭舌帽,一副叛逆的装束。不过,其言却铮铮:"我之所为,并非我个人之事,是为天下女子,我要男子屈服,我要做男人也做不到的事情。"

1905年，日本颁布《清国留学生取缔规则》，留学生陈天华（1875—1905）投海自尽以示抗议。在陈天华追悼会上，周树人（鲁迅，1881—1936）、许寿裳（1883—1948）主张继续留在日本，而秋瑾则从靴中拔出倭刀猛插在台上，愤然说："如有人回国投降满虏，卖友求荣，欺压汉人，吃我一刀！"

回国后，秋瑾到吴兴浔溪女校执教。不久，赴上海创办锐进学社（为光复会秘密联络点）。1906年冬，光复会领袖徐锡麟命人找到秋瑾，请其主持绍兴大通学堂事务，实则是为举行起义做准备。

1907年1月，秋瑾创办《中国女报》，成为中国妇女寻求光明的"一盏神灯"。

7月，因徐锡麟仓促行事，与秋瑾的通信被清廷官方发现，浙江巡抚张曾扬（1852—1920）命绍兴知府派兵查封大通学堂，拘捕同党。秋瑾等十三人当场被抓，并被押至府署。张曾扬下手谕，"将秋瑾就地正法"。行刑前，秋瑾仅留下"秋风秋雨愁煞人"诗句，从容赴义。

秋瑾遇难，舆论哗然。各报刊都连篇累牍予以报道，共同提出质疑：秋瑾乃回国办报办学之新女性，"证供两无"即行杀戮，是为"冤案"。《神州日报》发表《秋瑾有死法乎》，其中有云："浙吏之罪秋瑾也，实为不轨，为叛逆。试问其所谓口供者何若？所谓证据者何？则不过一自卫手枪也，一抒写情性之文字也。"《申报》更刊出清廷官方伪造的《绍狱供词录》，编者按语道："按，秋瑾杀无供词，越人莫不知；有之则唯'寄文是我同党'和'秋风秋雨愁煞人'之句耳。而今忽有供词，其可疑者一。秋瑾之言语文词（辞），见诸报章者不一而足，其文词（辞）何等雄厉，其言语何等痛快！而今读其供词，言语支离，情节乖异，大与昔异，其可疑者二。然死者已死，无人质证，一任官吏之矫揉造作而已，一任官吏之锻炼周纳而已。然而自有公论。"

在舆论抨击之下，绍兴知府慌了手脚，又命人去秋瑾家搜查，一无所获。

《时报》《神州日报》等报也纷纷对秋瑾的"冤案"予以发表，"无端受戮"是各报的主旋律。

1908年2月，秋瑾棺厝落葬于杭州西泠桥西侧，好友吴芝瑛亲书墓碑碑文"鉴湖女侠秋瑾之墓"。

命运弄人，秋瑾身后，竟被迫"十葬"，不禁让人悲叹。

1907年，一位"不名一文的穷书生"并自名"半哭半笑楼主"的于右任（1879—1964）进军报界，登上了中国新闻史的大舞台。光绪二十九年（1903）举人于右任，因讥讽时政，曾遭清廷拿办，于次年逃到上海。后入震旦学院肄业，旋因抗议外籍教员干涉校务而离校，与学友创办复旦公学。1906年赴日本，访孙中山，加入同盟会。1907年4月，在上海创办《神州日报》，杨笃生（杨毓麟，1871—1911）任主编，执笔者有范鸿仙（1882—1914）、王无生（王毓仁，1880—1914）等。报之内容分为社论、学界、新闻等栏，附刊小说。于右任不奉朝廷正朔，以干支纪年，宣传反清的民族革命思想，"一方面要伸张正义，激发潜伏的民族意识；一方面又要婉转其词，以免清廷的借口"，以旁敲侧击的春秋笔法与清廷作战，并希图"鼓吹文明，于神州前途所裨补"。

4月29日，《神州日报》发表社论《论现在之报馆》，表明报馆的天职就是"监督政府""为民请命"。一个多月之后，又发表杨笃生写的社论

《论报律》，批评清廷制定报律钳制新闻自由。《神州日报》始在报界熠熠闪光。可惜，不足一年，《神州日报》因火灾被迫停刊。旋即复刊，由汪彭年（1879—1957）主持。

也是4月，读者关心的《京话日报》创办人彭翼仲因言获罪案，有了新消息。4月17日，彭翼仲将离京，踏上去新疆流放的漫长之旅。临启程，已有数千读者密密麻麻地聚在拘押彭翼仲的大佛寺前，挥泪给他送行；有位长期担任义务讲报员的读者，甚至自愿陪彭翼仲一起赴新疆。对这一壮举，新闻史大家方汉奇感慨道："这是中国新闻史上，很有点戏剧性的十分动人的一个场景！"

还是4月，老报人汪康年又在北京办《京报》。此《京报》，非清代民间"报房"商人抄录邸报（官报）翻印出版的那张俗称"黄皮京报"小册子，也非十七年后（1918年）由报人邵飘萍（1886—1926）在北京主办的那张激烈抨击北洋军阀政府、宣传新思想、出版"马克思纪年特刊"的《京报》。

汪康年（1860—1911），浙江钱塘（今杭州）人，其家乃富甲一方的盐商。少年读书，十年四次科考，不第。1889年，三十岁的汪康年与堂兄同年中举，巧的是同榜中试的还有蔡元培和张元济等后来成为名人者。三年后，汪康年赴京会试，考中贡士（指会试考中的人，相当于准进士）而因病未参加殿试。又二年，入京补殿试，以三甲第五十九名的成绩中得进士，也算功德圆满。1904年，授内阁中书。

其间，汪康年受甲午战争惨败刺痛，决心以办报为事业。1896年8月，在张之洞的授意下，汪康年与黄遵宪等人在上海创办《时务报》，自任经理，聘梁启超为主笔。该报"识见正大，议论切要，足以增广见闻，激发志气,凡所采录,皆系有关宏纲,无取琐闻,所采外洋各报皆系就本文译出,不比坊间各报,讹传臆造。且系中国绅宦主持,不假外人,实中国创始第一种有益之报"(张之洞语)。

1897年,汪康年又与叶瀚(1861—1936)等名流在上海办《蒙学报》,又帮罗振玉(1866—1940)创办《农学报》。1898年5月,汪康年再和曾广铨(曾敬贻,1871—1940)、汪大钧(汪仲虞,1862—1906)等集资创办《时务报》的姊妹报《时务日报》,该报一切社务皆由汪康年一人主持。后因康有为假官报名义强收《时务报》,汪康年等人皆不满,遂将《时务报》易名《昌言报》继续出版。

变法失败,汪康年将《时务日报》更名为《中外日报》,以英国商人杜德勒为发行人,以日本人安藤虎雄为总董,改挂洋旗,报纸继续发行。1905年后,汪康年赴京履职内阁中书,但其兴趣仍在办报,故在京办《京报》(1907年3月28日创刊)。1907年8月26日,汪康年办的《京报》因发表议论慈禧太后忌讳的立储一事,加上多次揭露庆王奕劻受贿丑闻,又摊上名伶"杨翠喜案",故被查封。三年后,汪康年再登报界,依旧干得风生水起。

1907年4月27日,同盟会机关报《民报》出版临时增刊《天讨》,登载署名"军政府"的《讨满洲檄》。这篇由主编章太炎起草的檄文,以大量篇幅论述和宣扬汉民族主义,倡导激烈的"反清排满"主张,发誓要"扫除鞑虏,恢复中华,建立民国,平均地权,有渝此盟,四万万人共击之"。

《讨满洲檄》劝告身居督抚要职的汉人"舍逆取顺,翻然改图",并向他们保证——一旦倒戈,未来的新政府将委其"任职如故"。

就这样，一声惊雷，震撼了沉沉的中国大地。

6月25日，《大同报》在日本东京创刊，在北京总发行。值得特别注意的是，《大同报》的主办者皆清廷宗室留日学生恒钧、乌泽声，撰稿者亦系宗室留日学生穆都哩（穆儒丐，1884—1961）、隆福、裕端、佩华等人。《大同报》主张君主立宪，与康、梁相唱和，与《民报》相对立。

《大同报》提出该报办报的政治宗旨："一、主张建立君主立宪政体；二、主张开国会以建设责任政府；三、主张满汉人民平等；四、主张统合满、汉、蒙、回、藏为一大国民。"（乌泽声《大同报序》）

立宪派也很活跃。是年10月17日，立宪派团体政闻社在日本东京成立。

此前，梁启超在《政论》杂志发表《政闻社宣言书》，提出四条政治纲领："一曰实行国会制度，建设责任政府；二曰厘定法律，掌固司法权之独立；三曰确立地方自治，正中央地方之权限；四曰慎重外交，保持对等权利。"

当日下午，政闻社举行二千多人参加的报告会。会间，同盟会员张继（张溥泉，1882—1947）、陶成章（陶焕卿，1878—1912）等入场冲击、谩骂，继而大打出手，正在演说的梁启超在多位日本政要面前落荒而逃。

11月24日，预备立宪公会在上海召开第二次会议，再度选举郑孝胥（1860—1938）为会长、张謇（1853—1926）等任副会长，并决定出版《预备立宪公会报》宣传君主立宪。

1907年，是中国历史上"立宪"还是"共和"论争最激烈的一年。

1908年　清廷又颁《大清报律》，章太炎办《民报》被禁

> 眼前道路无经纬，皮里春秋空黑黄。
> ——《红楼梦》第三十八回

1908年，对报业来说可谓流年不利，肃杀之气扑面而来。1月16日，由商部、民政部、法部、巡警各部共同起草的《大清报律》，报请朝廷审批。3月14日，清廷正式颁布施行。

《大清报律》以两年前颁布的《大清印刷物专律》和《报章应守规则》为基础，参考日本报纸法而制定。在以上法律和规章出台之前，清政府处理有关报纸的案件大都援用增修《大清律例》中的有关条款，即"凡造谶纬妖书妖言及传用惑众者，皆斩"，"各省抄房，在京探听事件，捏造言语录各处者，系官革职，军民杖一百，流三千里"。

《大清印刷物专律》严令报纸实行登记注册制度，并规定了"严禁毁谤"皇帝、皇族及政府等的条款。《报章应守规则》第九条，规定"不得诋毁宫廷"，"不得妄议朝政"等。

1907年9月5日，清廷颁布《报馆暂行条规》，将《大清印刷物专律》

的内容更加具体化。《大清报律》共有四十五条，对报纸的限制更为严厉，不仅将《报章应守规则》的内容全部载入，还规定：创办报纸须缴纳保押费，每期出版前须送有关机关审查，等等。

《大清报律》公布前，载沣、张之洞、袁世凯等六位清廷王公重臣，曾"详加修补，悉心改正"。由此可见，清廷对《大清报律》何等重视。

《大清报律》甫一出笼，即遭全国各报群起抵制，纷纷发表评论。报律刚发第九天，刚刚创刊于汉口的《江汉日报》（创刊于1908年3月17日）率先发表时评《呜呼立宪——对于新定报律之感言》，直斥炮制报律的清廷诸公是"不啻宪政之罪人，国民之公敌"。如此，报律"仇视舆论之隐衷"，"已大昭而表示天下"。可以说，《呜呼立宪——对于新定报律之感言》是射向《大清报律》的第一簇鸣镝。不久，《江汉日报》敢不惧《大清报律》之淫威，从7月开始连载长篇《清国之革命党》，旋即又登出《中华帝国宪政会联合海外二百埠侨民公上请愿书》，倡言慈禧太后最忌讳之"归政"、"迁都"、召开国会等。《江汉日报》这般挑战《大清报律》，清廷岂能善罢甘休。8月13日，清廷在即将公布宪法大纲、确定立宪期限之前，军机处致电湖广总督，指控《江汉日报》"词意狂悖，殊足以扰乱大局，妨碍公安"，命按《大清报律》严加惩处。就这样，《江汉日报》在诞生五个月之后，便成为《大清报律》的刀下鬼。同一天，清廷也降旨查禁政闻社，称其"内多悖逆要犯，广敛资财，纠结党类，托名研究时务，阴图煽乱，扰害治安"，下令各有关方面"遇此项社伙，即行严拿惩办，勿稍疏纵，致酿巨患"。其实，在此前的7月25日，清廷便将法部主事、政闻社成员陈景仁革职。陈景仁案发后，政闻社内即有人主张解散，但梁启超举棋不定。这次清廷的查禁谕旨刚颁，政闻社即作鸟兽散。共和派受通缉，立宪派也遭遇不测，可见《大清报律》并不只是针对报纸。

8月，创办于1907年、发行量已超万份的《神州日报》也发表论说《监谤政策之争议》，一针见血地指出清廷颁布报律的实质——"欲以极严酷之手段，虏使人民，以钳制舆论，将使舆论一线方萌之生理，因而摧残消歇。然后政府之言语行动，可以猖狂自恣，为所欲为，不复有人承议之后，自以为是而后快其私心"，并嘲笑《大清报律》"不审国情，不究现势，文不对题，药不对症"地几乎照抄日本新闻条例全文。可见，清廷当时对日本的"明治维新"充耳不闻，其陋政却视为救命稻草。

对于老牌名报《申报》，虽然该报被称为"报馆开幕伟人"的英国人美查（Earnest Major，1830—1908）在英逝世，但并没影响它直言不讳地揭露《大清报律》是"剥夺言论自由的官符"，又不无挑战地称"报刊岂政府之臣属，而可以禁之而不可议政耶"。由此可见，《申报》为言论自由而战的决心，亦溢于言表。

有压迫就有反抗，有反抗便有更严酷的压迫，而中国的报刊史和舆论史就是在悲壮的抗争中发展成长的。当《大清报律》一颁，汉口的《汉报》，由吴稚晖等人在法国创办的《新世纪》，清廷均以"语多悖逆，昌言革命"为由在国内查禁。

10月，清廷勾结日本内务部，东京警视厅以违反《新闻纸案例》为由封存《民报》二十四号，并严禁其继续出版。此时，《民报》正因"经费不足，章炳麟（章太炎）等人几乎有断炊之虞"，陷入困境。萍（萍乡）浏（浏阳）醴（醴陵）起义之后，《民报》已不能输入内地，销量锐减，又因内部矛盾、经费仍无着落，前途堪忧。不过，章太炎为捍卫言论自由，与日本内务部展开的斗争，值得一提。日方曾指控《民报》每期在封底的《本社简章》及《革命之心理》等文，"败坏风俗，扰乱秩序"，"激扬暗杀，破坏治安"，有禁二十四期《民报》之举，并将禁令送抵《民报》发行人兼编辑章太炎手中。此举即遭到留日学生抗议，并有人以"中华民国"名义向日方递交抗议书。同时，章太炎将日方禁令退还回去，又致函抗议。此后，章太炎不顾黄兴（1874—1916）、宋教仁（1882—1913）的阻拦三次致函日本内务大臣，其言辞越来越激烈。檀香山《自由新报》（原《民生日报》，1908年9月改组）发表章太炎《报告〈民报〉二十四号停止情形》一文，以正视听。

不久，日本东京法院就《民报》案，开庭对章太炎进行公开审理。宋教仁任翻译，十分流畅地将章太炎的慷慨陈词精确地表达出来："言论自由、出版自由，文明国家法律皆然，贵国亦然，我何罪？""我言革命，我本国不讳言革命，汤武革命，应天顺人，我国圣人之言也。放我国法律，造反有罪，革命无罪，我何罪？"面对章太炎的犀利之语，日裁判长哑口无言。但是，日法院还是以违反《新闻纸案例》，判处《民报》败诉。最后，《民报》因此事而导致休刊。

1908年，与《绣像小说》《月月小说》《新小说》并称"清末四大文艺刊物"的《小说林》也停刊了。办报达人汪康年在《中西日报》报道汉口当地整顿官务有关消息，被当地罚停刊七天后，将该报的全部产权转让给苏松太兵备道（苏松太道，简称上海道）蔡乃煌，使其成为官办报纸。10月，对在檀香山出版的《自由新报》，清廷军机处以"昌言革命""犯上作乱"为由，电令沿海各省督抚"严加搜禁，毋任传播"。

《大清报律》对中国报刊的发展，造成严重破坏。但在这疯狂查禁的岁月，报业中人并没有畏惧，如广州十家报纸联合组成了广州报界公会便是一例。

这年岁尾，清廷时乖运蹇的年仅三十四岁的光绪皇帝在中南海瀛台涵元殿黯然离开人世，临终前没有一位大臣或亲属在身边，甚至连太监也没有，等被人发现时尸体早已冰凉。不久，那个实际统治大清半个多世纪的慈禧太后，也一命呜呼、撒手人寰。这对在血缘上为伯母侄子及娘姨外甥的"母子"，带着说不尽的恩怨且前后相差不到一天就孤独地踏上了黄泉之路。

不过，慈禧太后临死前，早就为清廷选定了继承大统者，即光绪帝弟弟载沣的儿子溥仪。12月2日，三岁的溥仪成为大清最后的皇帝，史称宣统帝。

光绪帝、慈禧太后归西之后的第五天，即1908年11月19日，岳王会会员、安庆新军马炮营队官熊成基（1887—1910）率部属在夜间举事，驻北城门外的测绘学堂步营官兵也随即响应。安庆城外全为义军所据，但义军猛攻一夜仍被清军击退，义军首领范传甲（1873—1908）等被捕杀。

安庆马炮营起义，使清廷惊恐地发现革命党已影响和渗透到南方新军之中，更大的革命风暴已闻雷声。

1909年　于右任一年办两报，《申报》终由华人经办

> 长风破浪会有时，直挂云帆济沧海。
>
> ——［唐］李白《行路难》

1909年1月，小皇帝溥仪之父摄政王载沣，以袁世凯足有疾为名让其"回籍养疴"，罢免一切职务。此举实为想恢复清廷久已失去的实权，而袁世凯成了第一个被开刀的汉人重臣。

随着光绪帝、慈禧太后相继"驾崩"，长久蛰居日本的孙文（孙中山）等革命党人迅速"苏醒"，"纷纷密赴内地，从事活动"。共进会总机关迁入汉口租界，发展会员，商定"武昌发难，湖南响应"之方略。不久，共进会便策反清兵八百余人。

10月，晚清权要张之洞辞世。此清重臣系清流派，长期受清廷重用，任地方督抚，后成为洋务派，倡导"旧学为体，新学为用"，大力扶植民族工业，致力洋务，创建枪炮船舰工业。其人颇为复杂，清末力主君主立宪，积极提倡新式教育。张之洞的辞世，对立宪派无疑是一大打击，但对共和派很有利。

这年11月，20世纪第一个革命文学团体——南社，在苏州虎丘正式成立。南社由陈去病、高旭（高天梅，1877—1925）、柳亚子（1887—1958）、苏曼殊等人发起，从两年前（1907年）就开始筹备。名为"南社"，意即在标榜"反抗北廷"。南社成立伊始，有十七人赴会，同盟会员占去十四席，柳亚子任该社书记。社员以诗歌活动为主，借吟诗作文鼓吹民主革命，提倡爱国精神，抨击清王朝的统治。辛亥革命后，社员多达千人。后因社员成分复杂，政治见解不一，从1923年始处于停顿状态。

此月，为预备立宪而设的各省谘议局正式成立。到12月，十六省谘议局代表开始陆续赴京请愿，要求缩短立宪准备期限，早日召开国会，设立责任内阁。张謇写下《送十六省议员诣阙上书序》，竭力鼓吹一个"请"字，称若清廷不应诺提早立宪，则"设不得请，而至于三，至于四，至于无尽"。

革命派纷纷赴内地从事反清活动，立宪派紧锣密鼓地催清廷尽早立宪，这是1909年上演的不和谐的复调奏鸣曲。与此同时，舆论界、报界也纷纷鸣锣发声。

1909年，报界最为活跃的要算是光绪二十九年（1903）中举的于右任了。于右任因以文讥讽时政为清廷拿办，后潜逃上海入震旦学院；又抗议外籍教师干涉校务离校，创办复旦公学。1906年，东渡日本，结识孙文，加入同盟会。次年，又回到上海，创办《神州日报》，自任社长，杨笃生任主编。《神州日报》宣传反清的民主革命思想，但未及一年因遭火灾暂停办，后复刊交由汪彭年主持，汪允中（汪定执）任主笔。

1909年3月15日，于右任在上海公共租界创办《民呼日报》，日出对开两张，两面印刷。因其宣传"以为民请命为宗旨，大声疾呼，故曰民呼"，受到读者欢迎，尚未出版就有几千份订数，为当时罕见。

在《〈民呼日报〉宣传书》上，明确指出"夫报馆者，固平民之代表也。平民者，又与贵族立于反对之地位者也"，接着说《民呼日报》乃"炎黄子孙之人权宣言书也。有世界而后有人民，有人民而后有政府；政府有保护人民之责，人民亦有监督政府之权。政府而不能保护其人民，则政府之资格失；人民而不能监督其政府者，则人民之权利亡"。

时为晚清，尚属帝制，在连立宪都不能实现的年代，《民呼日报》宣传的这种民主主义思想，无疑对清廷的封建专政体制是致命一击，对大众是一种民主启蒙，对于右任这些有担当的报人更是一种责任。

于右任是一位智者，鉴于"《苏报》案"、《国民日日报》等在言论策略上有些超前、过激的教训，"对汉满种族问题，未敢公然言之"，以期不致遭到查禁。但是，既然认定有"监督政府之权"，就必须"批评时政之得失及排斥官僚之腐败"，如对西北自然灾害的严重状况和大小官吏匿灾不报，以及横征暴敛的罪恶进行揭露抨击，且比《神州日报》"尤为激烈"，必然遭到"各省当局所嫉视"。

这一切让受到谴责的护理（清代任官形式，指低级官员兼任高级职务）陕甘总督的毛庆蕃（字实君，1849—1927）恨得咬牙切齿，于是在7月30日恶人先告状——向上海公共租界当局指控《民呼日报》，借甘肃遭大旱之灾筹赈之际有侵吞赈款之嫌电令上海道蔡乃煌厉行查纠。蔡乃煌立即和上海公共租界当局接洽，三日内即将《民呼日报》的于右任和陈飞卿拘捕，同时该报"外埠邮寄之执照"被停用。接着，早就对《民呼日报》怀恨在心的已故上海道蔡钧（1850—1908）之子蔡国桢、安徽铁路公司候补道朱云锦、新军协统陈德龙相继趁机落井下石，纷纷诬告《民呼日报》"毁坏名誉"，借此洗清自己而加害于右任等人。

8月4日，租界会审公廨即第一次开庭，于右任被继续收押；又两日后，第二次开庭审理。《民呼日报》旋即表态，发表《筹赈公所与民报之命运》一文，次日又刊出《正告读民呼日报者》一文，抗议清政府及上海公共租界当局无辜"拘本报主笔而禁锢之"，"夺本报之发行权，甚至就卖报者手中夺取本报，焚于上海县城门口"等暴行，并表示极端愤慨。然后，笔锋一转，提醒读者，鉴于清廷如此野蛮对待为民发声、监督政府的报纸，就不要对清廷的预备立宪抱任何幻想了。

8月14日，《民呼日报》在被迫停刊前再发《〈民呼日报〉辞世之言》，遗憾地向读者道别："长别者，《民呼日报》之名义耳；不死者，《民呼日报》之灵魂也。"此前，尽管于右任狱中书至，要报馆同人坚持办报，决不停刊，"至有宁死不停报以负阅读诸君之语"，但同人考虑到"有于君（于右任）而后有民呼报，则于君者即民呼报之灵魂。于君不死，即民呼报之灵魂不死，他日必有千百民呼发生于世，否则民呼报之名义虽存，安得千百之于君为之建树，为之发挥"，故而表示"宁使民呼报先于君而死，不愿于君先民呼报而死"。纵观《民呼日报》存世仅九十二天即遭封杀，但该报在志存高远的于右任主持下为民而呼，见当局有丑陋暴虐之行即揭露抨击。因此，《民呼日报》赢得了声名，得到读者的喜爱，"销行已逾万纸"，是"报界之楷模"。

《民呼日报》被扼杀于《大清报律》的屠刀之下，令报界愤慨。8月24日，新加坡的《中兴日报》（前身《中南日报》，创刊于1907年8月20日）

发表《看看〈民呼日报〉辞世之哀声》，表达对《民呼日报》被封禁的不平。但说"辞世之哀声"却有些悲观了，《民呼日报》是在与一个黑暗王朝对抗中悲壮而"辞世"，有鼓舞后来者的不屈精神。

《民呼日报》"辞世"十几天后，清廷关于指控《民呼日报》侵吞赈款一案的真相亦大白于天下，一场由清廷和上海公共租界联合制造的冤案也水落石出。9月8日，上海公共租界会审公廨经过十五次审讯，并没有真凭实据证明《民呼日报》有侵吞赈款之实。然而，无辜被告于右任被关押近四十天后，非但没有昭雪冤情，反而被判决"逐出租界"，继续执行撤销《民呼日报》发行权的判决。黑暗世界，哪里有公理可寻！

清廷和上海公共租界错判《民呼日报》的丑行暴露于社会之后，《时报》《神州日报》《东方杂志》等集体发声谴责，抨击清廷和租界非法制造冤案，压迫舆论。上海《时报》率先发出评论，指出"此实催折言论萌芽之大刀阔斧耳。人心何在？天理何在？今后之言论权更何在"。三个"何在"之问，斥责上海公共租界公审会廨判决之荒谬可笑，清廷钳制舆论之酷烈。

于右任被"逐出租界"之后，首先在各报支持下在各报登载了《民呼日报》别出心裁的一则广告："呜呼，本报自停歇招盘业经多日，近始将机器生财等过盘与《民吁日报》社承接。所有一切应收应付款项，以后概归《民吁日报》社经理，快事亦痛事也。"

于右任果然有斗争的高妙之策，看似是《民呼日报》的最后一则广告，实则是新报《民吁日报》的预告。痛在旧报无疾而终，快在新报即将拱出地皮。

果然，离上海公共租界会审公廨的荒谬宣判《民呼日报》查禁不过二十天，一张新的《民吁日报》在于右任的筹备下顺利诞生。这样，《民呼日报》原班人马再次齐聚法租界，只是考虑于右任刚被"逐出租界"多有不便，又要到日本为报纸筹措经费，新的《民吁日报》便由范鸿仙（范光启，1882—1914）任社长、景耀月（景太招，1881—1944）任总编，朱少屏（朱葆康，1881—1942）成为发行人。

于右任出国前，以淋漓痛快又大气的文章风格为《民吁日报》撰写《发刊宣扬书》，发表"言论报国"之宏论，"小之可以觇民情，大之可以存清议，远之可以维国学，近之可以表异闻"。《民吁日报》的精神与《民呼日报》如出一辙，读四个"可以"让人击节而赞，"大为士林传诵"。

《民吁日报》一面世，便以犀利集束式连篇累牍地报道了日本侵略中国东北的罪行。自6月23日，长春发生日本驻军强行阻拦、横砍、捆缚中国士兵事件，已激起民愤。9月4日，中日签订《中日东三省交涉五案条款》和《图们江中韩界务条款》，日本在华利益进一步扩大。10日，因日本操纵东三省形势危机，总督锡良（1853—1917）请求辞职。当时，国人已深感日本觊觎东三省的狼子野心，《民吁日报》更是发表了《日工殴打学生之风潮》等六十二篇揭露日本侵华的相关报道和评论。日本前首相伊藤博文（1841—1909）在哈尔滨车站被朝鲜半岛志士安重根（1879—1910）刺杀，也在《民吁日报》被跟踪报道。日本驻上海领事松冈洋右（1880—1946）、苏松太道（上海道）蔡乃煌施压，指控《民吁日报》"言论大欠和平，且任意臆测煽动破坏"，提出"将该报惩办，以戒后来"。11月19日，蔡乃煌会同上海租界当局，查封了《民吁日报》，拘押了社长范鸿仙。会审中，日方以《民吁日报》揭露日本侵略的六十二则报道为"排日之证据"，更荒唐的是日方以原告身份作为裁判官来裁决此案，被讥为"开数十年未有之特别公堂"而载入史册。

《民吁日报》只生存了四十八天便被扼杀，却在社会上引起轩然大波，激起极大民愤——有当天就贴出揭帖者，有陆续几天在报馆门前贴出"吊词"、拈香燃烛之哀悼者。11月22日，《民报》对清廷租界的罪行予以报道。次日，《大公报》发表评述："去《民呼》被禁封时，为时不过两月余，大呼之为言，曰大声疾呼，其扰人清静，封之犹可言也。至于吁，仅吁嘘喘息而已。哀哉，吾民吁也不准吁耶！"其言讽刺入木三分，让肇事者丑态毕现。

社会各界对《民吁日报》无端被禁表示异常愤激。刘仁航（1881—1938）、李方漠等江南四省学等八百余人，以"保国权""伸舆论"为名，联名致电外务省、民政部及苏松太道（上海道），"上海民吁报因日本领事要挟，未讯先封，既失主权，复背报律，舆论哗然"，要求"先行启封，秉公核办。该报是否有罪，应按报律为出入"。与此同时，江北旅沪学界高骧等二百余人，也联名致电民政部，要求依法恢复《民吁日报》。

民怨沸腾，声讨如雷。为此，蔡乃煌也心慌意乱，忙致电外务部、民政部尚书、两江总督，"日本各学界及东洋香港，纷纷来电函，要求启封（《民吁日报》），大旨不外借炸药、手枪及毁坏名誉以为胁制，其气焰之大，党羽之多，已可概见"云云。此公"致电"虽然有夸张之成分，但基本事实未失。为声援《民吁日报》，"保国权""伸舆论"呼声之烈，可见一斑。

半个多月之后，上海公共租界会审公廨对《民吁日报》做出意料之外的判决："该报永远停止出版，所有主笔人等，均免于深究完案。"同时，对报馆之印刷机器，由报馆处理，但不准作为印刷报纸之用。令人意外者，报纸被"永远停止出版",却对办报人员"均免于深究完案"。这样,对清廷、租界而言,报纸裁撤了,保住了面子;对《民吁日报》而言,失去了报纸,避免了遭受牢狱之灾的苦果。其结果两全其美,却有点悖论意味。

对于右任而言,失去一张发声的《民吁日报》固然可惜,但人员保全又何愁东山再起再办报纸?就在中外报刊如《字林西报》《中兴日报》《星洲晨报》等和社会舆论还在同仇敌忾,声讨清廷和上海公共租界会审公廨"置租界章程于不顾"、判决违法悖理之时,于右任并没有停下办报的脚步且已开始筹办《民立报》,并于次年10月在上海四马路望平街出版。

1909年,于右任风光无限又很短命地办了"民呼""民吁"两份报纸,书写了"竖三民"(指于右任创办的三份以"民"字打头的报纸——《民呼日报》《民吁日报》《民立报》)时代的风流篇章。

1909年,清廷与外国租界勾结,联手扼杀了多家报纸。1月22日,上海《女报》被禁;英国驻芜湖领事馆,致函安徽巡抚朱家宝(1860—1923),要求查封《安徽白话报》。7月,北京《国报》因披露清外务部受贿消息,被外务部咨文民政部以"记载失实"为由"严查究办",后被封禁。9月,以"泄露交涉机密,妨碍邦交"为名,查禁《中央大同日报》。11月28日,《神京白话报》因登载宫廷新闻被封,很多报刊也被强行取缔。

另有一个消息——《〈申报〉控制权落入华人手中》值得一提。1909年5月31日,美查有限公司因营业不振,属下江苏药水厂亟待款项扩充,故以银元七万五千元将《申报》售与华人席裕福(席子佩,1866—1931)接办。

《申报》原名《申江新报》,由英国商人美查集资开办,创刊于1872

年4月30日。《申报》一开始注重采用西方报纸经营方式，以"新鲜廉价"为号召，大量刊登评论和"可惊、可喜、可愕"的社会新闻，同时聘请华人主笔与特约通讯员，相继在杭州、北京、天津、南京、汉口、福州、广州、长沙、成都等城市建立外埠通讯站点，并首次使用电讯传递消息及创设增刊。不久，《申报》便在上海报坛独占鳌头。

1876年，《申报》发行通俗刊物《民报》，深受欢迎。1884年，美查兄弟有限公司成立，招募华资商人入股，同时《申报》改为公司经营的模式，由席裕福任买办。如今，《申报》成为中国人自办的报纸，只是继续以英商名义发行。

《申报》将西方经营方式及办报方式带到中国，对中国报纸的发展起到不可忽视的作用。

还有消息，由广州出版的《时事画报》披露，慈禧太后"奉安大典"之时，天津东马路福升照相馆尹绍耕兄弟两人沿途摄影采访，因照了相关照片，清廷竟以"大不敬"罪名判处尹氏兄弟十年监禁（史称"东陵照相案"）。——此判决可谓滑天下之大稽！《时事画报》报道此案时抨击清廷，"按欧美各国君后之相，遍地悬挂，未尝以为亵也，今满政府则拍照一相，监禁十年。专制国，专制于此，足见一斑矣"。

1910年　清廷"立宪"骗局出笼，
　　　　同盟会《少年中国晨报》面世

> 人神之所共嫉，天地之所不容。
>
> ——［唐］骆宾王《代李敬业讨武氏檄》

1910年，立宪派大请愿贯穿了全年。

1月16日，全国立宪团体联合组成的请愿代表团抵达北京，向都察院递交了敦促早日召开国会的请愿书。该请愿书由福建谘议局书记长林长民（1876—1925）起草，江苏谘议局议长张謇修改定稿。请愿书认为，九年预备立宪时间太长，"伏愿皇上速降谕旨，颁布议院法及选举法，期以一年之内召开国会"。

5月30日，清政府公布上谕，称请愿书"具见爱国悃忱，朝廷深为嘉悦"，却又以必须循次筹备为由拒绝所请。林长民、张謇则提出"诚不已，则请也不已"。

6月16日，来自全国各省的八十余名立宪派代表，再次到督察院呈递请愿书，掀起了敦促速开国会的第二次请愿高潮。第一次请愿不遂，立宪派即在北京成立国会请愿同志会（全称"请愿即开国会同志会"）和国会期成会（全称"国会速开期成同志会"）。《国报》《国民公报》《宪政杂志》等相继刊登《国会请愿同志会意见书》，以媒体致力推动请愿运动。本月，各地赴京代表已达一百五十余人，号称代表三十万人。但清廷又称"事体重大，宜有秩序，宣谕甚明，毋得再行请愿"，第二次请愿失败。

10月3日，中央资政院经数年筹议，在北京正式举行开幕大会。两广总督岑春煊（1861—1933）认为，设立资政院"专设一舆论总汇之地"，"使资政院为舆论之冲，政府得安行其政策，用意至为深远"。

四天后，国会请愿同志会孙洪伊（1872—1936）等人组织请愿团，发起第三次国会请愿运动。请愿团得到多省督抚的大力支持，请愿由纯民间变成地方政府的行为。

孙洪伊等二十余人赴摄政王府上请愿书时，途中遇上东三省旅京学生赵振清、牛广生等十七人，且赵、牛两人还割臂割股写下血书，决心用鲜血换国会召开。摄政王载沣拒绝接见，由肃亲王善耆接下请愿书转呈。请愿书要求载沣不要叶公好龙，应速开国会，否则"虽欲从容立宪，不可得矣"。

10月9日，请愿团又上书资政院。同时，全国各省市谘议局纷纷响应请愿团的行动，均召开有数千人参加的请愿大会。

10月25日，全国十八省总督、巡抚、将军联名致电军机处，请其代奏朝廷，恳求"圣明独新"，"定以明年开设国会"。

10月28日，资政院上奏清廷，要求"提前设立上下议院，以维危局，以安群情"。

到11月3日，为缓和局势并摆脱因立宪派掀起的三次请愿造成的政治困境，摄政王载沣召集了王公大臣会议，商讨应对之策。清廷决定采取折中方案，先设内阁，并将召开国会的时间缩短为三年。同时，清廷发布上谕，如果再有人借召开国会之名煽动民众以图破坏，必定依法惩办。接着，又下谕旨，令各省请愿团代表"即日散归"。

三次请愿，热闹了一年，最后铩羽而归。不过，清廷堵死了政治改革之路，却为自己掘了坟墓。

在第一次全国立宪派大请愿不久，革命派以暴力抗击清廷。3月，革命党人汪精卫等人事前精心策划，在摄政王载沣府邸附近的石板桥下埋下一枚特制的炸弹欲谋刺载沣。

年底，汪精卫、黄复生、喻云纪等人抵达北京，在琉璃厂一带租了间"守真照相馆"作掩护秘密策划暗杀活动，原准备暗杀奕劻、载洵、载涛等，但皆无从下手，最后决定谋炸载沣。不料，暗杀活动被发觉，汪精卫、黄复生等被拘捕，判处终身监禁，直至辛亥革命后才出狱。

这一年，革命党人云集日本，商讨回国发动武装起义的地点，认为"苟举兵，当可以震动全国，推翻清室；即不然，亦可背城借一，以张吾之声势"。

辛亥革命的前夜，凄风苦雨、摇摇欲坠的清王朝命中注定不会因立宪而能苟延残喘，只能在革命风暴中走向衰亡。

1910年刚开篇，天津《大公报》便发表了一篇《报纸与流氓》的"闲评"：

> 蔡乃煌之摧残舆论，收买报馆，久为天下所共愤。乃迟至今日始有揭衮之案，始有查办之命，政府之重视蔡乃煌于此可见。

> 蔡乃煌之言曰：政府之视沪报，实较一军机大臣为重。吾敢易一言曰：政府视之报馆，实较一广东流氓不如。

清廷对报纸，一直都是用两手：一手以增修《大清律例》等条款钳制舆论，封杀报馆，囚禁报人；另一手便是收买报纸，软化舆论，听凭差遣，为我所用，手段阴毒。上海道蔡乃煌就是玩这种鬼魅伎俩的高人。在清廷外务部的授意之下，蔡乃煌得心应手地收买过《时事报》《中外日报》《舆论报》《沪报》，连老牌的有英国背景的《申报》也被他收买过。

从报纸被中国引进，报界就鱼龙混杂、良莠不齐，倡正义、启民智、伸舆论者虽是主流，但也有一些报人利用报纸做政治和金钱交易。当然，钳制舆论、收买舆论是挽救不了腐败的统治者的，整个中国新闻史和中国报刊史都证明了这一点。

曾被誉为开创一个时代的"言论骄子"之梁启超，在政治上一直属于立宪派，一直不能接受同盟会的"三民主义"。梁启超原本一直流亡在海外，闻清廷预备立宪便回国在上海创办了《国风报》旬刊，其宗旨为"忠告政府，指导国民，灌输世界之常识，造成健全之舆论"。梁启超办报，多是以笔名亲撰社论和时评。《国风报》皆在日本编订，然后寄到上海发行。该报内容丰富，从国会、宪法、内阁、官制到财政、实业、外交、地方自治，包罗万象，目的是要为国内建立宪政国家提供一整套方案。当清廷假立宪暴露后，这位热衷于立宪的老牌政治家愤然"无日不与政府宣战"，但如同如火如荼的立宪运动最终失败了一样，他为此添的这把薪柴只冒了几点星火而已。

5月9日，天津创刊的《北方日报》，在宣传广告中就开宗明义地宣称

"监督政府,向导国民",比梁启超之"忠告政府"来得激烈。当日,《北方日报》即被直隶总督衙门勾结租界当局查封。五天后,《大公报》仗义执言,在"本埠新闻"中对《北方日报》创刊一日被封表示不满。天津、北京各报也都刊文表达不满,议论纷纷。在舆论压力之下,直隶总督衙门被迫收回查禁之成命,允准《北方日报》继续出版。

6月5日,夏风掠过海河,《北方日报》在天津举行盛大的续刊式,津门各界名流百数十人到会支持。在续刊式上,《大公报》社长英敛之等发表即席演说,慷慨陈词,深表祝贺。次日,《大公报》以讥刺之语暗讽清政府,报道说:"参会人员对政府嬉笑怒骂,庄谐杂出,并拍照留念。"

《北方日报》几日内的死而复生,给中国报业史添了些许的幽默。

10月11日,于右任又在上海租界创办《民立报》,再次登上报坛。在《民呼日报》《民吁日报》相继被查封十三个月后,于右任锲而不舍地以雄厚的经费在重阳节之时再办新报。在《民立报》发刊词《中国万岁民立万岁》中,于右任自诩"晚节黄花","植立于风霜之表",其精神风骨溢于言表。于右任声称,要把《民立报》办成"正确之言论机关",表示"不敢以讹言乱国是(事),不敢以浮言伤国交,不敢以妄言愚弄国民"。于右任之文气势磅礴,高亢豪迈,朗朗上口,咨嗟咏叹民族国家之忧乐,表达了一个文化人的文心和人格,而其文被称为"新旧文学合流之代表作"。《民立报》栏目不俗,有"天声人语""论说""时评""大陆春秋",深受读者欢迎。

当年秋天,宋教仁回国后,即担任《民立报》主笔,与于右任一起成为社评的骨干。就这样,在历史的风浪中,宋、于二人一起以言论迎接新的时代。5月23日,《民声丛报》在上海创刊,编辑兼发行人署名"陈匡",

实为陈其美（陈英士，1877—1916）所办。

陈其美，浙江吴兴人，早年学习典当业与丝业。1906年，赴日本留学，入东京警监学校学习军事。次年，又转入东京东斌学堂学习军事。在此期间，陈其美结交革命党人，加入同盟会，与蒋介石、黄郛（1880—1936）过从甚密。1908年，奉孙文派遣回上海，往来于沪浙京津各地联络革命党人。1909年，在上海接办革命机关——天宝栈。同年夏天，拟与浙江会党首领张恭（1877—1912）等策动浙江起义，因后来名震文坛之刘师培告密未果。1910年，又在上海创办《中国公报》《民声丛报》，宣传革命。《民声丛报》主要撰稿人林白水、雷昭性（雷铁崖，1873—1920）等，设"图画""译件""论旨""时评"等栏目，办刊宗旨为"先扬民气之先声"，"以起祖国之魂"。

陈其美曾协助宋教仁、于右任筹办《民立报》，后成为上海青帮大头目之一。

8月19日，同盟会机关报《少年中国晨报》在美国旧金山创办。该报原名《美洲少年周报》，主办者李是男（1886—1937）、黄伯耀（1883—1965）、黄超伍、温雄飞（温定甫，1885—1974）等。李是男，广东台山人，出身美国旧金山华侨世家，1905年，当国内掀起反美浪潮时，他在台山成立"励志社"响应。次年，他在香港参加同盟会。1909年，与黄伯耀等组织"少年学社"，创办《美洲少年周报》，宣传革命；设立金门两等学堂，培养革命青年。1910年，李是男改"少年学社"为同盟会并任会长，创办机关报《少年中国晨报》。《少年中国晨报》旨在宣传革命，培养革命青年，号召推翻清政府，同改良派（保皇派）的《世界日报》进行了长期斗争。袁世凯统治时期，《少年中国晨报》发表大量文章，激烈抨击袁世凯倒行逆施，并积极响应、支持国内的讨袁护国战争。同时，该报还经常刊载孙中山、黄兴等人的革命政见，在海外影响颇大。李是男还创办中华革命军筹饷局（美洲洪门筹饷局，对外称国民救济局）发行中华民国金币券，任局长兼司库，并为筹饷成立新剧社且自扮小生演戏。1921年，李是男回国，任大总统孙文的秘书。李是男作为一个报人，又是一个革命党人，为宣传革命可谓鞠躬尽瘁。

9月4日，中国报界俱进会在南京成立，"以结合群力，联络声气，督促报界之进步为宗旨"，由上海《时报》《神州日报》发起，有《申报》《大公报》等二十个省市、四十多家报纸派赴南京参加。此日是一个值得纪念的日子，中国第一个全国性的新闻界团体诞生了。

10月21日，一个悲痛的消息传出，小说家、报人吴趼人在上海病逝。

吴趼人，名沃尧，广东南海人，别号"我佛山人"。他出身一个衰落的仕宦人家，十八岁到上海谋生，自1897年始办小报，先后在《字林西报》《采风报》《奇新报》《寓言报》主笔政。1905年，赴汉口任美商创办的《楚报》中文版编辑，旋即因反对美华工禁约事起，愤然辞职。次年，与周桂笙（1873—1936）创办《月月小说》杂志，并任主编。吴趼人又是一位作家，以近代谴责小说代表作《二十年目睹之怪现状》闻名天下，还有《痛史》《九命奇冤》《新石头记》《劫余灰》《恨海》《情变》等十余种长篇，以及《黑籍冤魂》《立宪万岁》等多种中短篇小说，奠定了他在文坛上的地位。值得一说的是，吴趼人的大多数小说皆刊发在梁启超主编的《新小说》以及他自己主编的《月月小说》杂志上。

吴趼人与晚清政治小说（梁启超称之为"新小说"）几乎同时崛起，创作了揭露黑暗政治、抨击社会时弊的《二十年目睹之怪现状》。《二十年目睹之怪现状》抛开了中国古典小说"忠奸"对立的传统模式，对整个官僚体系进行全面否定性的揭露抨击，还从揭露官场迅速扩大至批判整个社会黑暗现状，因而成为不朽之作。

吴趼人将办报与创作小说融为一体，二者相辅相成。办报可深入了解社会，为小说积累素材；创作的小说又给媒体提供了鲜活的精神产品，吸引了更多的读者。从这一点看，吴趼人获得了双丰收。

1911年　武昌首义成报界舆论热点，《民立报》开启"竖三民"时代

> 南渡君臣轻社稷，中原父老望旌旗。
> ——［元］赵孟頫《岳鄂王墓》

1911年伊始，弥漫着革命的味道，革命火种开始燎原。

2月4日，革命党人谭人凤（1860—1920）抵达香港，与黄兴等共商联络长江流域各省策应广州起义的有关事宜。革命党人开始在海外筹资，广州起义箭在弦上。

4月27日，黄兴率一百二十余名革命党人敢死队，直扑两广总督署，发动了同盟会的第十次武装起义——广州起义。但因准备仓促，兵力严重不足，不幸溃败，以致七十二烈士血染羊城。

5月8日，清政坛"皇族内阁"（清朝责任内阁，别称庆亲王内阁）粉墨登场，嘘声四起。对此，张謇、梁启超等立宪派极度失望。

10月10日，武昌新军起义，辛亥革命爆发。次日，革命军攻克武昌。13日，武汉三镇（武昌、汉口、汉阳的合称）光复，成立湖北军政府。清廷垂死挣扎，派北洋水陆大军南下攻打武汉。11月1日，清军攻陷武汉。

接着，清廷任赋闲在野的袁世凯为钦差大臣、湖广总督，企图保住摇摇欲坠的清王朝。但沪、黔、苏、浙、桂、皖、闽、粤、川等地相继光复，虽有南北议和谈判，但清廷大势已去的局面无人能力挽。

在新旧两种势力绞杀的背景下，新旧舆论的斗争也必然惨烈。

这年1月6日，北京的《公论实报》就登出锋芒犀利的《狗说》《群狗竞争图》等文，讽刺嘲笑资政院的议员、议长是丧家之狗。恼羞成怒的清廷立刻还以颜色，责令《公论实报》停刊七日，罚大洋三十元。这一处罚，引起北京各报的不满，纷纷奋起声讨。清廷恼怒，巡警总厅发布公告，宣布《公论实报》"永远停止发行，并附科罚金百元"。《公论实报》并未退让，旋即在《帝国日报》刊登声明以分庭抗礼，声明曰："同人受创虽深，此心不死，决为卷土重来之举，以收再接再厉之功。"可见，《公论实报》铁骨铮铮，只有奋斗之勇，毫无退缩之懦。

关于《帝国日报》，该报系在宣统元年（1909）由革命党人陆鸿逵（1869—1919）创办于北京，为避免清廷迫害封杀，特加"帝国"二字。撰稿人有宁调元（1883—1913）、白逾桓（白楚香，1875—1935）、刘少少（刘蠡和，1870—1929）等，日出一张，以"扶持宪政，指导舆论，扩张国权，发表政见"为宗旨，是当时同盟会在华北地区的主要舆论阵地之一。

3月，革命党人程家柽（程韵荪，1874—1914）在北京创办《国风日报》，白逾桓任社长兼总编辑，其成员多是同盟会中的知识分子。《国风日报》日出一张，宣传反清革命，其宗旨为"赞助真实立宪，提供爱国精神，以世界之眼光发精确之议论，指导政府不使政令偏颇，引诱国民勿令责任卸弛"。袁世凯重返政坛后，《国风日报》对其激烈抨击，后以大量事实报道宋教仁被其刺杀的真相。

同月，在哈尔滨创办的《东陲公报》，揭露了沙俄侵略中国并霸占我国国土的罪行。俄当局向清廷施压，清廷命当地警局将《东陲公报》查禁。对此，远在上海的《神州日报》率先发表社论《论摧残报馆之适以速亡》向清廷发难，谴责其摧残"一线未亡之人心"及"仅存之舆论"。继《神州日报》之后，《申报》也挺身而出，发表长篇通讯《东陲公报被封之悲愤录》道出封杀的真相。

7月，武汉酷热难耐，《大江报》于17日发表了何海鸣（1887—1944）的《亡中国者和平也》，又于26日发表了黄侃（黄季刚，1886—1935）的《大乱者救国之妙药也》一文，这两"也"把武汉的反清舆论推向了高潮，其反响超过了气温之高。8月1日，惶恐不安的湖北当局，立刻以"宗旨不纯，立意嚣张""淆乱政体，扰害治安"等罪名，下令逮捕《大江报》的创办人詹大悲（1887—1927）、何海鸣等。其时，詹大悲被拘押，何海鸣挺胸到警局自首，《大江报》被封——"永禁发行"。詹大悲后被审讯，毫无惧色，并在审讯过程中侃侃而谈以继续宣传革命之道："国民长梦不醒，非大乱不足以警觉，望治情殷，故出此激忿之语。"当警方追查《大乱者救国之妙药也》的作者时，詹大悲主动承担负责："此稿经我过目"，又一手编发，"不能问作稿之人"之责，"一切责任均归我负"。可见，詹大悲之高尚人格。

就在《大江报》被封第二天，《大江报》就向全国发出请社会报界为其申冤的呼声，"敝报昨夕封禁，拘总理（詹大悲），乞伸公论"。

8月3日，于右任即在《民立报》上发表自己撰写的时评《江声呜咽》，对当局表示抗议。其文中说："《大江报》之在武汉，所谓有声有色者也，乃官场既封禁其报，又严拿其主笔。噫嘻！'江流石不转，遗恨失吞吴'，我为之哭！"两天后，又发表《报馆与官吏》，继续声讨清廷。

9月，余慈舫（余绍先，1884—1914）主办的《武汉白话新报》，也发表《〈大江报〉被封一月之哀辞》等时评声援《大江报》。同时，武汉社会各界、报界公会分别集会，抗议《大江报》被禁。很多民众纷纷集会到被封的《大江报》报馆前，将抗议清廷、声援慰问《大江报》的标语、吊文贴到门前。再加上《时报》《神州日报》《白话日报》等发表文章表示强烈抗议，对清廷已形成一种强大的压力。于是，清廷只好放弃将詹大悲等"从重置典""以儆效尤"的想法，最后不得不从轻判处，以罚金八百草草收场了事。当时，有人以诗"大江流日夜，鼓吹功不朽"称赞《大江报》。在武昌起义后，《大江报》一度复刊，不久又被黎元洪封禁。

1911年，敲响清廷丧钟的广州起义失败后，有七十二位烈士喋血羊城。其中，至少有七位烈士是报界精英，他们是福建《建言日报》主笔林觉民（1887—1911）、东京《民报》经理林文（1887—1911）、香港《中国日报》总理（经理）李文甫（1891—1911）、新加坡《晨报》主办人劳培（1886—1911）等。

4月27日，黄兴与包括七位报人在内的百位革命党人，抱着"投死为国，以义灭身"的无畏精神，冒着枪林弹雨勇敢地冲向两广总督衙门，为辛亥革命和中国报业史上演了可歌可泣、激荡人心的悲壮一幕。

当时，《神州日报》发表的相关广州起义被俘的革命党人英勇就义的报道如下：

在刑场面不改色……临刑竟不下跪……大有视死如归之慨。读之，仍让我们热血沸腾，"眼底江山，楼头鼓角，都是英雄泪"。

这一年，于右任继1910年被封的《民吁日报》之后再次创办《民立报》，并在报界大出风头。时任《民立报》主笔的宋教仁，以笔名"渔父"撰写了大量宣传革命的文章，笔势纵横，议论雄健。正如戈公振《中国报学史》所说，宋教仁在《民立报》"发表光焰逼人之文，努力鼓吹革命主义。凡所议论，一本学理，能于根本上反复详言清政府之腐败；唤起国民担负国事之责任心，尤受国内外智识阶级之欢迎。学校之内，市肆间，争相传阅"。宋教仁办报、撰文，很快使其成为有影响的政论家，与于右任等一起成就了中国新闻史上的"'竖三民'时代"。

《民立报》受到广大读者尤其是知识阶层欢迎，日发行量达两万之巨，为当时中国报纸发行量之最。

黄花岗起义后仅两日，《民立报》即在要闻版头条位置刊出相关起义的七条专电，最早向全国公开这一重大消息。接下来，《民立报》又陆续详细报道了黄花岗起义，其题目十分醒目，如《广州血战记》《革命党流血后之广州》等，同时增刊登出喋血烈士方声洞（1886—1911）、喻培伦（1886—1911）等人的铜版巨幅照片。

武昌首义成功，次日《民立报》即以头号宋体字刊出专电，又辟"武昌革命大风暴"等专栏，以整版篇幅介绍起义情况，并配图片把这一振奋人心的胜利喜讯昭示于世。报纸一出，购者如云，竟至有出银圆一元而不能购得一份者的盛况。

于右任极为激动，署名"骚心"发表《长江上游之血水》一文，开篇放歌曰：

> 秋风起兮马肥，兵刃接兮血飞。
> 蜀鹃啼血兮鬼哭神愁，黄鹤楼头兮忽树革命旗！

接着，又豪情方丈地写道：

> 呜呼，蜀江潮接汉江潮，波浪弥天矣。吾昨日登吴淞江口，而俯视长江，滚滚者皆血水也。此三日间，大地为之变色矣！

年初，清廷批准民政部将《大清报律》从四十五条修改为三十八条，虽然条款减少，但钳制舆论的实质未变。到今年深秋，《大清报律》的酷烈条款，已成为秋风紧逼下的落叶，似已零落成泥。

1912年 临时政府出台"约法",
报刊言论受血腥钳制

> 鱼游于沸鼎之中,燕巢于飞幕之上。
> ——［南梁］丘迟《与陈伯之书》

1912年1月1日,孙中山在南京就任临时大总统,并宣告中华民国临时政府成立。1月28日,中华民国临时参议院在南京成立。

与此同时,革命党人开始在北京暗杀尚存的清廷高官,那些坚持不愿清帝退位的王公贵族纷纷逃离北京。

2月12日,清宣统帝宣布退位,统治中国二百六十八年的清王朝结束。次日,孙中山谨守承诺,推荐袁世凯继任临时大总统。十七天之后,南京临时政府派遣迎袁专使抵京,包括蔡元培、宋教仁和汪精卫等。然而,曹锟所属第三镇陆军两个营受命发动兵变,为袁世凯拒绝到南京就职制造了借口,也为袁后来的倒行逆施以及政局大乱埋下了伏笔。

5月,革命之后产生了新矛盾,胡汉民(1879—1936)未经审讯就以陈炯明原定罪借口("遇事欺瞒,辄敢舞弊营私,串通民军统领冒领军饷,私图分肥"等)将报人、小说家黄世仲(1872—1912)枪毙。1903年,黄世仲因在《中国日报》撰文批驳改良派康有为而声名大噪。1908年,黄世仲的小说《洪秀全演义》风行海外,备受推崇。后参加同盟会,辛亥革命之后黄世仲以同盟会香港支部联络员身份在广州设立机关,联系各地起义民军。1911年12月,黄世仲被任命为广东民团督办处总长,掌管各路民军。陈炯明代理广东都督后,黄世仲欲向其索领民军饷银而触怒陈,因而锒铛入狱。胡汉民随孙中山到广州后被选举出任省督,但其出于私利命令枪毙黄世仲。由此可见,革命党内部斗争已见端倪。

8月,同盟会改组为国民党,孙中山为理事长,黄兴、宋教仁等五人为理事。不久,袁世凯公布与孙中山、黄兴、黎元洪商议拟定的中华民国"八大政纲"并通电全国,制造与革命党人精诚团结的假象,以稳定政局。如此,老奸巨猾的袁世凯,竟玩弄革命党人于股掌之上。

这一年,随着革命党人的节节胜利、民国建立,舆论十分活跃,但同时所受钳制压迫也十分酷烈。3月2日,南京临时政府宣布,废除一直钳制舆论的《大清报律》。两天之后,内务部也不甘落后,公布《民国暂行报律》,孰料却引起报界激烈抗议。又两天之后,上海报界率先发声表示反对。上海报界俱进会与所辖《申报》《民立报》《时报》《新闻报》《神州日报》《时事新报》《大共和日报》《天铎报》等联名致电孙中山强烈反对该报律,指出:"今杀人行劫之律尚未定,而先定报律,是欲袭满清专制之故智,钳制舆论,报界全体万难承认。"

3月6日,章士钊在《民立报》发表《论报律》,明确提出"法制国而无此物(指《民国暂行报律》)"。

3月7日,章太炎在《大共和日报》发表的《却还内务部所定报律议》颇有代表性,论点明确,论据公允,语多剀切。对此,《申报》《新闻报》

《民立报》等各报破例同时全文刊载。

孙中山审时度势，以"既未经参议院决，自无法律效力"为由，即令内务部取缔《民国暂行报律》，受到报界欢迎。

未几，经参议院通过的《中华民国临时约法》于3月11日颁布，其中有"人民有言论、著作、刊行及集会结社之自由"，但与之相对应的条款是"有认为增进公益、维持治安，或非常紧急必要时，得依法律限制之"。章士钊在其主政的《民立报》上予以驳斥，对"增进公益""维持治安""非常紧急""必要"都有伸缩性太强且没有界定之说，与"言论、著作、刊行及集会结社之自由"相悖、相冲突，无法接受。

4月1日，上海《太平洋报》创办，主办者朱少屏，邀李叔同赴沪就职该报筹办广告部。李叔同为该报出版作《祝词》，署名"江东少年"。《祝词》有"揽二百六十年历史之陈迹，固滴滴皆吾民血也。人怨鬼怒，集于辛亥。民军起汉水，拔旗帜，圜国左袒。未逾百旬，遂奠大业。惟师武臣力，赫然迈于前古；而纪事必信，择昌必昌，使我国民人人有虐我则仇之威，而坚其同袍同泽之志者，伊谁为之，而至于是欤！不可谓非报界记者之功矣……"，对报纸和记者予以极高评价。

当时，正处于清廷宣统帝刚退位之际，虽为共和，却仍是南北对立、地方互相拥兵自重且相对独立，不听中央号令，局面混乱。

以广州为例，本为革命策源地之一，但被披着革命外衣的代理都督陈炯明控制。因广东各报刊出"燕塘新军解散"消息，陈炯明极为愤怒，披露此消息的《国事报》被以"扰乱军心"为由强令停刊，各报也受到警告。后广州十家报纸联合发表《广州报界全体布告同胞书》，抗议陈炯明公然钳制舆论，对报纸"无理干涉"，以及杀害报人等行径。陈炯明置若罔闻，以报纸报道军队消息为由，居然拘禁报纸主笔、记者。就在孙中山颁布《中华民国临时约法》多日之后，陈炯明仍下令查封《公言报》《陀城日日新闻》等报，逮捕两报主持人陈听香，以"造谣惑众，扰乱人心"等"莫须有"罪名，于4月9日判定其死刑并在当晚执行枪决。同一日，曾创办《世界公益报》等多张报纸的作家黄世仲，仅因批评陈炯明排除异己，即被投入监狱。就在广东临时省议会向南京临时政府电劾陈炯明以对抗《临时约法》"剥夺人民生命，钳制言论自由"后，胡汉民在4月27日取代陈炯明被选举为省督，但其依然在5月初对黄世仲未经审讯即执行枪决。就这样，一个出色的报人黄世仲惨死于《临时约法》颁布之后。这一系列血淋淋的钳制舆论自由的悲剧，被章士钊不幸言中。

这种血腥镇压和强行查禁、钳制舆论的悲剧，并不是孤立现象。3月，长沙《大汉民报》因发表《致湖南军界请公逐王隆中书》一文揭露湘军师长王隆中酗酒杀人的丑行，结果"大触王怒，竟率部捣毁报社，并围捕报人"，导致报馆停办。谭延闿（1880—1930）于1911年武昌起义后出任湖南军政府参议院议长、民政部部长，并被谘议局推举为湖南省都督，随即制定了与《临时约法》相悖的《湖南报纸暂行条例》，"尤多蹈亡清之故辙"。对此，湖南各报遂联合组成湖南报界联合会，拒不承认。

6月2日，北京《中央新闻》因披露内务总长赵秉钧（1859—1914）贪赃枉法、营私舞弊丑行，报馆经理、主笔等十一人被逮捕。4月，《中央新闻》记者吴山在《国风日报》发表《启事》，抗议赵秉钧以"政界之公仆"却又不受"主人翁之监督"，此倒行逆施"虽专制时代，无此横暴"。

赵秉钧，书吏出身，在甲午海战后投靠袁世凯，曾被擢升民政部尚书。辛亥革命后，袁世凯继孙中山任临时大总统时，赵秉钧任内务总长、国务总理。

赵秉钧逮捕《中央新闻》主要负责人等十一人时，正逢中国报界俱进会在沪召开会议。对赵秉钧之暴行，中国报界俱进会专门致电参议院，历数赵之"擅用军队，侵害法权，破坏共和大局"罪状，严正要求弹劾赵秉钧。

当晚，赵秉钧一改狰狞的面目，换成笑脸设盛宴招待北京、上海等各报名流和记者，称《中央新闻》一案已经"和平了结"，对其之处理不当，请新闻界"原谅"，并放下身段堆起笑脸与新闻界"联络感情"。于右任在答词中说："在报界所求者，'言论自由'四字，政府之对报界，亦望以'言论自由'四字为爱护报界之范围。"

当然，善良的人自然不会想到，这些政客从不会放下屠刀立地成佛。1913年，就是这个与报界"联络感情"的赵秉钧，在上海谋杀了政治家、报人宋教仁。

两个月后，黎元洪粉墨登场。8月5日，黎元洪以"电报造谣，摇惑人心"的罪名，查抄湖北通讯社，逮捕社长、《民心报》记者冉剑虹，并准备"立即正法"。8日，又以鼓吹无政府主义、"图谋不轨"之名，查封了汉口的《大江报》，逮捕发行人和记者三人。9日，汉口《民心报》（文学社机关报）发表了蔡寄鸥（1890—1961）的《哀〈大江报〉》一文，批评黎元洪摧残言论自由，也被强迫停刊。同一天，黎元洪通缉凌大同、蔡寄鸥等，声言"就地正法"。

这位民国副总统黎元洪上演了赵秉钧逮捕报人的伎俩，对舆论压迫、钳制之酷，比《大清报律》有过之而无不及。黎元洪在北洋水师学堂毕业后，投奔张之洞随德国教官训练湖北新军，升为陆军第二十一混成协统领。1911年武昌起义时，黎元洪被革命党人推举为湖北军政府都督；南京临时政府成立时，黎元洪被选为副总统。

当时，《民立报》上海日报公会得知消息，即致电黎元洪要求"迅予查明省释"。武汉报界推胡石庵为代表，联合武汉各界团体，直接与这位副总统交涉，要求黎元洪立即将冉剑虹释放。时在民国元年，在报界纷纷的抗议声中，冉剑虹被改为监禁两年了事。

被查封的《大江报》，同样顽强抗争。8月14日，上海《民立报》《天铎报》《民权报》《中华民报》《民国新闻》等七家报纸联名致电参议院和黎元洪本人，提出严正抗议，指斥黎元洪"违背国宪，蔑视人权"。当天，《民立报》配合此致电，还发表了长篇报道《〈大江报〉被封记》。

不过，黎元洪对这些抗议的鸣镝置若罔闻。初秋伊始，凌大同被捕，旋即被杀害，其血淋淋的人头被悬于南楼城门洞口示众。接着，汉口《民心报》创办人、社长蒋翊武（1884—1913）、经理杨王鹏（1887—1916）分别在广西、长沙被杀，主笔毕勤武亦喋血。

8月，袁世凯在黎元洪的授意下枪杀了在京的武昌起义革命党人张振武（1877—1912）、方维（1887—1912）。当月30日，天津《民意报》发表《讨袁、黎两民贼》的文章，公开声讨袁世凯。袁世凯遂串通《民意报》所在地法租界的法国驻天津领事，将该报驱逐出法租界，并禁止其出版发行。北京《国光新报》的田桐（田梓琴，1879—1930）等致函参议院，请求查办此事。一个月后，参议院常务会议研究之后，决定向袁世凯发出咨文——"报章为舆论代表，言论自由，载在《约法》。行政机关，自应依法保护，何得任意摧残？此次《民意报》事件，如果以'言论激烈'四字封禁报馆，已属不合，乃复藉（借）托外人，禁止发行，强扶出界，尤属

违法招侮",要求"彻查究办,以专重约法而保人民权利"。(《中国新闻事业编年史》)

10月,袁世凯发表声明,否认违反《约法》(《临时约法》),拒绝"彻查究办",反而指斥《民意报》"措辞乖谬""妨害公务",乃"咎由自取"云云。

事实表明,无论是凶神恶煞的黎元洪,还是老谋深算的袁世凯,他们都以其不同手段对抗《临时约法》。由此可见,从民国元年开始,所谓《临时约法》限制不了这些独夫民贼,从而导致社会矛盾重重、危机四伏,政治斗争更是腥风血雨。如此,那时报界言论仍受到血腥的钳制,这很合乎当时的现实逻辑。

11月4日,袁世凯借口国民党参与叛乱,下令解散国民党,并取消国民党籍议员资格。

12月,由袁世凯一手操办、组织、策划的"政治会议"在北京开幕,到会委员仅六十九人,袁世凯亲临致辞。"政治会议"的使命是解散国会和修改约法,完全成为袁世凯的工具。当月,另一消息是新疆都督杨增新(1864—1928)宣布全省统一。

1913年 "宋教仁案"扑朔迷离，
汉口《大汉报》拒绝领奖

> 悲笳数声动，壮士惨不骄。
> ——［唐］杜甫《后出塞五首》

　　1913年，袁世凯窃夺大总统权力后变本加厉地钳制舆论自由，杀害诸多报人，而与袁相关的"宋教仁案"则成为舆论焦点。

　　开年伊始，1月29日，开封《自由报》便没了自由，被河南都督张镇芳（1863—1933）查禁；不久，《自由报》总编贾飞侠（贾英，1886—1913）被杀。3月6日，西安《国民新闻》因报道"指斥"军人消息，被军政府捣毁；5月，天津《新春秋报》揭露袁世凯为"杀人卖国贼王"，报纸经理被拘，报纸被禁；7月1日，开封《民立报》被封，罗飞声（罗锐青，1879—1913）、章培余（章宗裕，1884—1913）、刘绥青、敖瘦蝉、查光复等多位编辑、记者在其后相继被杀害……至12月，计有近三十家报纸被查禁，多名报人被杀害，报界血雨腥风。

　　宋教仁被刺杀一案，成为当年骇人听闻的政治谋杀案，也是报界关注的重点和焦点。3月20日，作为国内最大政党国民党的重要领袖之一、刚在议会选举中获胜的宋教仁，突然在上海火车站被暗杀。宋教仁喋血站台，举国震惊，舆论大哗。同一天，袁世凯居然冒天下之大不韪，下令"对于外交、军事秘密事件，一律不准登载"，并宣布从21日起由陆军派人"实现新闻检阅签字办法"。其欲盖弥彰之伎俩早被世人识破，也露出了幕后指使属下暗杀宋教仁的尾巴。

当时，刚回国不久的梁启超虽然与宋教仁在政见上"时有异同"（梁启超语），却于4月1日公开在《庸报》发表《暗杀之罪恶》一文，谴责暗杀者的卑鄙并盛赞宋教仁：

> 然固确信宋君为我国现代第一流政治家，歼此良人，实贻国家以不可规复之损失，匪直为宋君哀，实为国家前途哀也。比闻元凶已就获，国法所在，当难逃刑。然虽磔茧剒莽，曾何足偿国家之所丧于万一者。《诗》曰："作此好歌，以极反侧。"辄为此篇，以寄哀愤……（梁启超《饮冰室合集3·文集之三十》，中华书局，1989年，第7页）

上海《中华民报》（"横三民"之一）反应极为激烈。该报由邓家彦（邓孟硕，1883—1966）创办于1912年，刘民畏任笔政，早在创办之初就拥护孙中山，激烈抨击袁世凯。"二次革命"反袁失败后，邓家彦被捕。"宋教仁案"一出，《中华民报》在4月9日和17日连续发表《强盗政府》和《讨逆》社论，列举了袁世凯的十大罪状，并直指袁世凯是"全国人民之公敌"。

自4月26日起，上海各报纷纷公布四十四件"宋教仁案"的证据，种种迹象直指袁世凯，更逃脱不了幕后指使的嫌疑，社会反响强烈。虽然众人都想找出杀害宋教仁的元凶，可惜新闻不能取代法律，愤怒至极也无济于事。

当时,有一家报纸报道此案,"言之凿凿"地说是袁世凯下令暗杀了宋教仁:

> 应袁世凯之邀北上参加国会的宋教仁,在上海沪宁车站遭枪击受重伤,22日不治身亡。宋教仁生于一八八二年,湖南桃源人。他曾任南京临时政府法制局局长、唐绍仪内阁农林总长等职。去年8月同盟会改组国民党,宋代理理事长。国民党在国会选举中获胜后,声称将以多数党资格组阁。宋教仁遍行长沙、武汉、南京、上海等地,发表演说,批评时政,反对袁世凯专权,主张成立责任内阁,并与黄兴密谋拥戴黎元洪为正式总统。宋教仁的行动令袁世凯大为忌恨。

还说,案发后,袁世凯下令"穷究主名","按法严办"。23日,上海某捕房抓获凶手武士英(本名吴福铭)及同谋应夔丞(应桂馨,1865—1914),并从应宅搜出多件确凿证据,证明刺杀宋教仁的主谋是袁世凯,直接策划人是其爪牙赵秉钧和洪述祖(洪熙,字荫之,1855—1919)。真相大白后,全国激愤。

然而,读罢,却疑窦重重。

特别是次年(1914),"宋案"重要角色直隶总督赵秉钧也被人下毒暗杀,七孔流血暴卒。赵曾任袁世凯的国务总理,被怀疑策划谋害宋教仁而遭舆论谴责,被迫辞职后任直隶都督。再加上本年末另一被怀疑宋案之嫌犯应夔丞,也在京津线火车上被刺杀。这样,随着刺杀宋教仁的嫌犯皆莫名被杀,"宋案"的真相也无法大白于天下了。

如今,百余年匆匆过去,究竟是谁杀害了宋教仁?至今,真相仍是一个难解的谜团,虽然从逻辑推理上把罪责戴在袁世凯头上似毫无疑义,可惜定成铁案是需要真凭实据的。今天,宋教仁的铜像坐落在上海闸北公园寂寞的角落里,但其被暗杀的真相却早已湮没在历史的尘烟之中。

从1913年3月20日始,"宋教仁案"一直是社会新闻关注的焦点。到了5月,袁世凯通告全国各报,凡"碍及国家治安或滋生乱事"的新闻电报,将按"万国电报通例"一律扣发。各地报业自然要抗争,纷纷致电抗议。但是,在袁的枪杆子下,很快都归于沉寂了。

具有讽刺意味的是,中华民国的缔造者孙中山、黄兴等国民党领袖,居然在"二次革命"中成了被通缉的要犯,不得不再度流亡到海外。与此同时,汪精卫在法国创办的《社会杂志》也被禁止入境。

这年岁尾,《申报》驻京记者黄远生(黄远庸,1885—1915)发表《岁暮余闻》,称是年乃"癸丑报灾",言论界在袁世凯的枪口下一律俯首听命,舆论一片暗淡萧索。

此年春天有一花絮,值得一提。袁世凯处心积虑地血腥钳制舆论的同时,还曾扮演护花使者的角色,不过演砸了。他曾为汉口《大汉报》经理胡石庵(1879—1926)颁发"四等嘉禾章"以示表彰,结果这位"书生本色"的报人不仅不予接受,还发表《退还袁世凯所授勋章》一诗公开声明,表示不屑与同时获奖之"马贼""清寇""奸商""贪吏"及"反对共和之奸""痛杀民军之囚徒""焚烧汉口之元凶"为伍。胡石庵表现出了一介书生的风骨,给癸丑年暗淡的言论史增添了一抹亮色。

1914年　北洋政府出台《报纸条例》，《申报》发檄文批驳

> 战血流依旧，军声动至今。
>
> ——［唐］杜甫《风疾舟中伏枕书怀三十六韵奉呈湖南亲友》

1914年是甲寅年，但开年不利。1月10日，袁世凯为独揽大权，公然下令停止全体国会议员的职务，每人发给四百元饬令回籍，宣布国会解散。袁通电各省党羽，诋毁国民党人"危害国家，颠覆政府"。实际上，1913年年底，袁世凯御用的立法机构政治会议（前身为行政会议）成立，决议解散国会和修改宪法，成立"筹办国会事务局"，接收参议院和众议院，为组织新国会做准备。1月24日，政治会议议定成立约法会议，并于3月18日成立。

4月2日，北洋政府（又称北京政府）颁行《报纸条例》，实行报禁。袁世凯独掌大权特别是"宋教仁案"发生后，为巩固其独裁统治、压制言论，对报纸采取了禁锢手段：从1912年有五百家报馆，到1913年年底只剩下一百三十九家，且在实行严厉的报禁之后共有七十一家报馆被查封，四十九家受审，九家被军警捣毁，六十位报人被捕入狱，二十四位报人被

杀。由此可见，袁氏钳制舆论之手段，极为残酷。

5月1日，袁世凯撕毁《临时约法》，通过其御用的约法会议强行制定《中华民国约法》六十八条，废除责任内阁制，采用总统制，由总统总揽国家统治权。6月20日，根据《中华民国约法》设置参政院，代行"立法院"职权。

7月8日，为重建共和，孙中山在日本组建中华革命党。孙中山认为，"二次革命"失败"非战之罪"，亦"非袁氏兵力之强"，而是"同党人之心涣散"。因此，孙中山与胡汉民、陈其美等人积极筹建新党。

9月2日，日本陆军第十八师团二千余人，强行在山东龙口登陆，闯入中立区。10日，日军又侵占平度，贴出告示——"如有一人妨碍日军行动，全村处斩"。

11月7日，日、英联军攻陷青岛，德国驻军投降。

12月23日，袁世凯欲以"天意"压"民意"，重演"君权神授"的把戏，并亲自前往北京天坛举行祀天典礼。此日，新华门至天坛一路戒严并黄土垫道，袁世凯头戴爵弁，身穿云团大礼服，下身着镶有千山纹的紫缎裙，到天坛鞠躬祭天。

经历"癸丑报灾"后，无数报馆被禁，多位报人人头落地，报界一蹶不振，舆论发声寥寥。对此，报人黄远生在《忏悔录》中发出"顾其自由不及前清远甚"的慨叹。

是年1月7日，袁世凯为达到"舆论一律，举国俯首"的目的，以大总统名义通令各省查禁国民党印刷品，"如有散布或售卖该乱党各种印刷文件"，一律"从严查办"。

3月2日，又出台《治安警察法》，规定若发现报刊有"扰乱秩序之安宁"，警察可以依法予以禁止没收。

3月24日，日本人创办的《顺天时报》刊出讽刺袁世凯的可笑漫画。京师警察厅出面试图扣押当日的《顺天时报》，结果被日本人拒绝，警察厅无奈，狼狈而归。可见，《治安警察法》在日本人面前形同虚设，而这也是对此法的挑战和讽刺。

4月2日，袁世凯又紧锣密鼓地签署了《报纸条例》。其中，规定报纸发行，必须经警察署认可，并交保证金；禁止报纸刊载"淆乱政体者""妨害治安者""攻评他人阴私损害其名誉者"等内容；甚至国外报纸，若有违反条例者，也要查办。如此，报刊及言论，便被控制在了警察手里。

《报纸条例》一公布，即受到报界强烈反对。当天，就有北京英文《京报》率先发声，并在评论批评指出，"以监督报馆之权，完全委之警察"，一旦执行"将中国公民言论出版自由之权剥夺殆尽也"，并称其为"世界上报律比较之最恶者"。汉口《国民新报》随之也批评《报纸条例》，指出此乃照抄日本《新闻纸条例》，只是"去其宽平，加以苛重"而已。

针对报界之批评，4月13日，袁世凯政府就报界抨击《报纸条例》处分过严问题发表谈话，予以解释。次日，北京报界同志会推出三个人为代表，当即向内务部提出质疑，要求解释。与此同时，内务部也随即派出警政司长出面，做了似是而非的三点答复。

对此，上海公共租界喉舌之英文报纸《字林西报》发表评论，指出《报纸条例》中"多有可笑可怪之处"，接着颇有调侃意味地说"自革命之后，北京宣布之法令多矣，言者谆谆，听者藐藐，大约报律之结果，亦不外乎此也"。《申报》于1912年由史量才(1880—1934)盘进,自史任总经理后,其批判时政的锋芒更锐利了。对于袁氏的《报纸条例》,《申报》自然不能认同且一定要表态。对此,《申报》发表时评指出——"报纸天职有闻必录,取缔过严非尊重舆论之道,故应取宽大主义",并陆续报道了报界对《报纸条例》抨击的相关消息。史量才一生从事新闻工作,其与对手斗争时很讲究进退有据,故成为上海报界的巨擘。5月7日,《北京日报》等报纸联名呈文国务总理,要求详加解释《报纸条例》以咨遵守。

然而,袁政府作为回应的是陆军部公布了报纸不得登载"十三条军事秘密条款",非但毫无收敛之意,反而更为强硬。对此,报界在不安中于7月下旬再向内务部上禀帖,请求宽待。陆军部以骄横之态,非但拒绝其请求,且更增加砝码,严厉禁止转载外报外电。7月23日,陆军部勒令北京《大自由报》暂时停刊,两位编辑被捕。又两日后,北京《醒华报》因有涉及军事机密新闻被停刊三天,创办者被押送警察厅。7月底,陆军部令京师警察厅转告报界,不得登载"军事政事",连时值第一次世界大战相关的新闻"无确切根据之词"也禁止登载。

8月14日,鄂督段芝贵(1869—1925)凭借陆军部下令警察厅对报界严加控制,以《大汉报》反袁的罪名将其编辑余慈舫杀害。余慈舫"性格刚烈,嫉恶如仇"且"笔锋甚健",曾为《大汉报》等报纸撰文。例如,余慈舫写的《好恶的狗》一文暗讽乳名"贵狗"的段芝贵,再加上余的文字极为犀利,且对任何人都不畏惧,于是段对其怀恨在心,寻机杀害。段芝贵杀害余慈舫的手段极为残酷,有报道说"先后共斩八刀,始死。盖新闻记者死事之惨,慈舫实为第一人"。对余慈舫的惨死,报人胡石庵内心悲愤,并赋诗"断头台上凄凉夜,多少朋侪唤我来也"直陈愤慨。

对钳制舆论如此酷烈不甘心的报界同志会，只好联名向总统袁世凯上书，指斥陆军部干碍法律，"束缚言论，辱蔑报界，碍难遵守"。令报界大失所望的是，袁世凯毫不理睬他们的禀陈，并于是年岁末出笼了臭名昭著的《出版法》将《报纸条例》扩大到所有出版物。其中，《出版法》规定，文书图画有"淆混政体者""妨害治安者""破坏风俗者"等八条，一律"不准出版"。

对此，不屈的报界岂能俯首就范？北京报界同志会率先发声反对《出版法》，并对此予以批驳。此时，报人黄远生又一次站出来，以措辞严厉的笔锋，抨击时下袁政府对言论的钳制打压、血腥杀害报人甚至超过清廷。后在10月29日，北京《亚细亚日报》因发表文章批评袁氏独裁，旋即被警察厅控告违背《报纸条例》。黄远生以被告《亚细亚日报》所聘律师身份，出庭为该报辩护，反控警方违反宪法。与此同时，《申报》转载了黄远生的辩护词。因黄远生据理法驳斥控方有理有据，地方审判厅不得已只好判决《亚细亚日报》以无罪结案。

这是1914年报界少见的好消息吗？且慢，《亚细亚日报》竟从11月15日起连续登载劳乃宣（1843—1921）的《正续共和解》《君主民主平议》等文，为袁世凯一直梦想的恢复帝制制造舆论。由此可见，《亚细亚日报》有归顺袁氏的嫌疑。

12月，香港《真报》主笔、曾任《香山旬报》（此时名《香山纯报》）编辑的毛仲莹，因发表批评袁世凯的言论，在其返乡期间被袁氏的走卒军阀龙济光（1868—1925）诱捕杀害。这就是袁世凯疯狂压制新闻的甲寅年的尾声。

1915年　梁启超撰文"反袁称帝"，
　　　　陈独秀《青年杂志》横空出世

> 黑云压城城欲摧，甲光向日金鳞开。
>
> ——［唐］李贺《雁门太守行》

1915年，乙卯年，日本侵华步伐加快；袁世凯组建"筹安会"，为"黄袍加身"恢复帝制摇旗呐喊；陈独秀创办《青年杂志》（第二卷起改称《新青年》），新文化运动开始酝酿。

当时，武昌中华大学的恽代英（1895—1931）等写信给《新青年》："我们素来的生活，是在混沌的里面，自从看了《新青年》渐渐地醒悟过来，真是像在黑暗的地方见了曙光一样。"《新青年》是一簇在黑暗里燃烧的火，给中国新闻史带来了光明和希望。

1月18日，趁袁世凯图谋复辟帝制的时机，日本政府认为觊觎中国的时机已成熟，由驻华公使日置益（1861—1926）向袁志凯当面提出"二十一条"要求，如承认日本继承并扩大德国在山东享有的一切权利、延长租借旅顺和南满等的期限等，并恫吓袁政府"绝对保密，尽速答复"。对日本提出的旨在灭亡中国的"二十一条"，尤其是第五号文件，袁世凯政府决定先派团谈判以拖延时日等待外援，同时将"二十一条"的内容透露给了美、英、俄三国记者及国内一些报社，希求国际干涉。4月26日，日本向中国提出"二十一条"最后修正案（删除了第五号文件等）。5月9日，袁世凯政府接受日本政府的"最后通牒"，签署了丧权辱国的"二十一条"（《中日民四条约》，全部十二条）。消息传出，举国舆论哗然，民众群情激愤。各地爱国团体纷纷集会，拒不承认"二十一条"，并展开"抵制日货"等行动；全国教育联合会决定，各学校以每年5月9日为"国耻纪念日"。

是年，最重要的政治事件还有"洪宪六君子"事件。在袁世凯的授意之下，"洪宪六君子"杨度（1875—1931）、孙毓筠（1869—1924）、李燮和（1873—1927）、胡瑛（1884—1933）、刘师培和严复发起组织筹安会，为袁世凯恢复帝制摇旗呐喊。

9月15日，陈独秀在上海创办《青年杂志》。《青年杂志》创刊号上发表《敬告青年》一文，呼吁青年从消极、保守、退缩、闭塞等思想影响下解放出来，树立起积极、进取、追求实利和科学的精神，与腐败的封建意识进行战斗，并明白宣告：任何不利于个人或社会现实生活者（事物和观念），即便它是"祖宗之所遗留，圣贤之所垂教，政府之所提倡，社会之所崇尚，皆一文不值也"。陈独秀又在《青年杂志》一卷二号上发表《今日教育方针》，提出教育应贯穿"四大主义"——"现实主义、惟民主义、职业主义、兽性主义"，强调"意志顽狠、善斗不屈；体魄强健、力抗自然、信赖本能，不以他为活；顺性率真，不饰自文"。由于对教育和育人都有了新的理念，《青年杂志》深受青年喜爱。

10月8日，袁世凯正式公布《国民代表大会组织法》，规定不再召开国民议会，而由各省代表进行国体投票以制造民意，为袁称帝铺平道路。

11月20日，在刺刀恫吓下，全国各省国民代表大会进行国体投票，并在各省军政长官亲临监督下结束。

12月12日，袁世凯宣布称帝。

1915年的重大政治事件是袁世凯紧锣密鼓地准备"黄袍加身"登基称帝，因此称帝和反对倒行逆施成为本年舆论的焦点。袁氏政府控制舆论与报界和民众抗议称帝，演绎了一场血腥镇压和英勇斗争的惨烈悲剧。9月，就在两方对垒厮杀之际，陈独秀在上海创办的《青年杂志》横空出世，宣传科学与人权，使本年的中国新闻史变得色彩斑斓、内容丰富。

是年1月以来，袁世凯便下令各地政府派人员进驻当地邮局，检查往来邮件，凡有反袁的报刊书籍一律没收。成都《国民公报》，因发表有关袁氏走卒陈宧（陈宽培，1860—1943）入川任职的消息被查封。温州《瓯江报》等三家报纸，因揭露当时官场腐败被查封，主笔被捕。北京《国风报》主笔吴鼐（吴慕尧，1877—1915），因反袁被枪杀。接着，北京《民主报》创办人仇亮（仇韫存，1879—1915），因曾前往上海赞助黄兴讨袁（失败后由大连再潜入北京），被袁氏杀害。

8月，自从"洪宪六君子"的筹安会出笼以来，袁世凯便利用一切手段恢复帝制，使得舆论甚嚣尘上、沸反盈天。袁政府发布命令，禁止报纸期刊发布批判袁世凯称帝的文章，连议论国体的文电也不允。由于报界舆论受到严重钳制，经过一番裁撤，北京只剩二十家报馆，上海幸存者五家，大汉口也仅存区区两家，而全国的报纸发行量更是跌至三十多万份。

9月15日，陈独秀在上海法租界环龙路（今南昌路）老渔阳里创办《青年杂志》，是此年舆论界的重大事件。不过，如果把《青年杂志》的创刊称为"新文化运动的肇始",则是不科学的。事实是,从晚清到民初,随着老一代士大夫逐渐退出舆论舞台,新学堂培养出的学子,特别是一批留学生纷纷登上历史舞台,新的文化已在酝酿生成、发展、壮大之中,而蜂起的报业已在呼唤新文化。从《民主报》到《甲寅》再到《青年杂志》的渊源上看,后者是前者的继承与超越。

《青年杂志》在中国文化舞台的出现,是中国文化自身发展的结果,也是中西文化碰撞的结果,更是当时中国文化万分焦虑的结果。因此,《青年杂志》创刊伊始便在发刊词《敬告青年》一文中开宗明义,提出了"新青年"的六大标准——"自主的而非奴隶的;进步的而非保守的;进取的而非退隐的;世界的而非锁国的;实利的而非虚文的;科学的而非想象的",以唤醒国民特别是青年身上沉睡的公民意识及现代人格,激励他们去实现自我并可能成为英雄。1916年9月,《青年杂志》从第二卷起改名《新青年》,高扬民主、科学大旗,标志着新文化运动掀起了新的高潮。从此,陈独秀真正地登上了中国历史大舞台,当仁不让地成为中国现代思想界的领袖之一。

实际上,《青年杂志》的横空出世,与几位报人如汪孟邹及陈氏兄弟等有关。在柏文蔚(1876—1947)任安徽都督后,朋友们纷纷找到陈独秀,劝他干一番事业。此前,陈独秀在"二次革命"失败后被袁世凯亲信、安徽都督倪嗣冲作为第一"要犯"通缉,被迫流亡日本。由于袁世凯加快了称帝步伐,陈独秀决定从日本回国,到上海去找亚东图书馆老板汪孟邹商量办一份杂志,并说"只要给我几年时间,这个杂志一定会名扬天下"。

当时,汪孟邹的亚东图书馆并不景气,还承办着章士钊创办的《甲寅》(陈独秀参与编辑),已力不从心。但汪孟邹相信陈独秀的能力,便找到同业老友陈子沛和陈子寿兄弟，最后陈氏兄弟的群益书社承办了《青年杂志》。

《青年杂志》的诞生有偶然性，更有必然性。有人概括说，"当时的中国，几千年的传统文化已经走到一个亟待更新的关口，而世界各地的外来文化也已经通过各种途径与中国本土文化构成了不可阻隔的交流之势，《新青年》顺势而出，担当了与国人共同思考文化前途与民族命运的重任"，甚至说"《新青年》扛得起这个历史重任"。（李春雨、郝思聪《〈新青年〉与百年中国文化焦虑》，《中国现代文学研究丛刊》2015年第7期，第40—41页）不过，此论似乎过高地评价了《新青年》在新文化运动中的作用和地位。须知，在中国文化焦虑之际，有雨后春笋般的报刊为新文化呐喊，它们各自都尽了力量，甚至不惜流血牺牲，而《新青年》只是其中最璀璨的一家。

但需要注意的是，《新青年》的激进姿态，代表了新文化运动的激进派。《新青年》对传统文化激烈批判和否定时，不仅全盘否定了滋养我们民族成长的中国文化，也几乎破坏了中国文化。借用当代国画大家崔如琢关于传统文化的一句话说，"文化是骨子里的东西"，"什么是传统？传统就是一个民族文化的基因，我们不拒绝营养，可以壮大基因，但不能改变基因"（《北京晚报》2016年8月12日第17版）。实际上，完全否定和破坏自己民族的文化传统，企图用舶来的文化基因取代本民族的文化基因，最后将是一场民族文化的悲剧，而新文化运动所带来的消极影响让人们更理解了"传统文化是一个民族的灵魂"。

1915年，还有一个历史细节不应被忘记。是年10月20日，汪孟邹把刚刚印出来的《青年杂志》创刊号（第一卷第一号）寄给了在大洋彼岸留学的时年二十四岁的胡适，并代表主编陈独秀向这位青年才俊约稿。正因如此，这才有了拉开白话文大幕的《文学改良刍议》，也让撰稿者胡适曝得大名并成为最早以文化决绝的姿态立世及个性意识觉醒的先驱者之一。就这样，胡适与陈独秀、李大钊、蔡元培等一批知识精英，站在了北京大学这一方精神高地，发起了文学革命的鸣镝，掀起了新文化运动的滔天巨浪。

此年，上海的《中华新报》几乎与《青年杂志》同时诞生，并公开地宣称"只求公理正义所在，不为金钱势力所倾"。执笔人张季鸾（1888—1941）等人以在报上传达"真正民意""忠言报国"为己任，文章多有"反袁称帝"的宣传。不久，《中华新报》即遭到内务部禁止在租界外发行的通知。广州的《觉魂报》《通报》、上海的《时事新报》《爱国报》等报，也因指斥袁世凯称帝及袁氏政府为"叛国政府"而被禁封，主笔也遭到通缉。

在12月12日袁世凯宣布称帝的第二天，其御用报纸即经"红报"（用红色油墨印刷）、"臣记者"（北京《亚细亚日报》主编薛大可带头自称）之名纷纷鼓噪吹捧，甚至连天津《益世报》（罗马天主教会在华出版的中文日报）都支持袁世凯称帝。不过，大多数秉持公理正义的报纸、报人，一如既往地抨击袁世凯。

年底，被迫远渡重洋到美国的报人、北京知名记者黄远生，在旧金山被怀疑是袁世凯的吹鼓手（黄曾为早期北京《亚细亚日报》记者，与御用的上海《亚细亚日报》性质不同），被在美革命党人刺杀身亡。这是一桩历史悲剧。黄远生是民初知名记者，他著文评论时政大胆泼辣，尤其不囿于党派之见，敢于直言不讳地批评各党各派，得罪了各派政治势力而不能见容于国内，遂赴美国避祸。结果，黄远生成了民国时期因文字罹难异国的新闻记者，年仅三十岁。黄远生留下的《远生遗著》虽然为他的蒙冤昭了雪，但这于中国新闻史来说毕竟是一个重大损失。

黄远生被刺身亡后，梁启超在《大中华》月刊发表的"反袁称帝"檄文《异哉所谓国体问题者》，以及陈独秀的《青年杂志》诞生，构成了1915年中国新闻史上的斑斓画卷。

《四川群报》（原《四川公报》）主办人、成都商会会长樊孔周（樊起鸿，？—1917）在报馆门楣上贴的一副对联，可以作为此年的社会写照：

庆祝在戒严期间，半是欢欣，半是恐惧；
言论非自由时代，一面下笔，一面留神。

这一年，蔡锷到天津与梁启超商议讨袁计划后秘密出京，在云南通电独立。护国战争爆发，袁世凯做皇帝的黄粱美梦不会做太久了。

1916年　袁氏称帝瞬间成黄粱，
　　　　陈独秀、胡适开启"《新青年》时代"

> 三军甲马不知数，但见动地银山来。
>
> ——［宋］陆游《出塞曲》

1916年，丙辰年，袁世凯在元旦正式登基称帝，此前曾宣誓效忠的"中华民国"改为"中华帝国"，年号"洪宪"。

继乙卯岁尾唐继尧（1883—1927）、任可澄（1878—1946）、蔡锷、李烈钧（1882—1946）等通电全国宣布云南独立、反对帝制后，2月1日云南都督唐继尧发布《讨袁檄文》，历数袁氏十五大罪状，号召国民"翊卫共和，誓除国贼"。

2月20日，湖南革命党人在长沙起事，杨王鹏等数十人身怀炸弹，冲向督军署及其临近的军械所、警察厅等处。不料，杨王鹏等人刚抵辕门，原先策反的军队负约反过来帮助湖南军务督理兼巡案使汤芗铭（1885—1975），导致这场暴动惨败。最后，杨王鹏等二十七人惨遭杀害，被株连而不知姓名者达四十余人。

3月22日，在全民激烈声讨中，广西宣布独立。当时，北洋军阀内部也分崩离析，其中徐世昌（1855—1939）告老"退休"，冯国璋（1859—1919）联合北洋军阀中四个省的将军密电袁世凯"取消帝制，以安人心"，段祺瑞（1865—1936）则冷眼旁观。与此同时，日本公使公开表态承认西南护国军为交战团体，英、美等五国也对袁世凯提出警告，以致袁政府财政濒于破产。在此背景下，袁世凯于是日宣布撤销帝制。次日，颁令废止"洪宪"年号，仍以本年为"民国五年"，同时致电护国军要求停战议和。

6月6日，北京酷热难耐，由"洪宪"皇帝又改任民国大总统的袁世凯，面对各省纷纷独立、北洋将领纷纷倒戈以及众叛亲离的境况，这位曾游刃有余地横行官场多年且老奸巨猾的人物深感绝望而气急暴亡，年仅五十八岁。

7月6日，北洋军阀实力派开始权力争夺，军阀割据时代开始。至此，中华民族再次陷入动乱之中。

10月31日，民国元勋黄兴病逝。

11月8日，护国军之父蔡锷病逝日本。

12月8日，众议院举行宪法审议会议，投票表决省制入宪问题，"研究系"（全称"宪法研究会"，以梁启超、汤化龙为代表）议员与"商榷系"（全称"宪政商榷会"，以国民党议员张继、吴景濂、居正、王正廷等为代表）议员大打出手，酿成械斗，其政治乱象可见一斑。

1916年的报界和言论重点：一是围绕袁世凯称帝的相关事件。在袁氏称帝之初，袁世凯改"中华民国"为"中华帝国"，取年号"洪宪"，后在全国的谩骂声中于3月22日被迫宣布撤销帝制，废"洪宪"年号，恢复"中华民国"纪年。6月6日，在国内民众与报纸的声讨、西南各省相继宣布独立,以及北洋军阀各怀鬼胎、分崩离析、众叛亲离和日、美、英三国也提出警告的局面下,袁世凯气急暴亡。二是新文化运动的先驱成为新闻舆论重点。陈独秀、李大钊和胡适等新文化运动先驱纷纷登场亮相,在舆论上相互配合,共同拉开了"为大中华,造新文学"的序幕。

这一年,报界反袁倒行逆施、"黄袍加身"又恢复共和最为突出者,是毕业于浙江高等学堂、1912年即在杭州与人创办《汉民日报》的邵飘萍(1886—1926)。邵飘萍以辛辣文章揭露时弊,抨击袁世凯专制独裁。1914年,《汉民日报》被查封,邵飘萍逃往日本,入法政学校,创办东京通讯社。1916年春,邵飘萍回国,被特邀成为1911年在上海创办、"研究系"机关报、初名《时事报》而现名为《时事新报》的笔政,先后发表《顺逆辩》《呜呼袁世凯》等一百三十四篇时评,以及三十六篇社论。与此同时,邵飘萍还为《申报》《时报》等报撰文,以犀利的笔触写下《预吊登极》等脍炙人口的评论。特别是从8月23日起作为《申报》驻京特派记者,邵飘萍在《申报》上发表的《北京特别通讯》深受读者欢迎。此外,邵飘萍因深感中国时事新闻多被外国通讯社左右而自办新闻编译社,主编本国新闻,翻译重要外电,油印分发驻京各报馆及邮寄京外报馆,并于8月始发稿。当时,胡适在海外读了邵飘萍的文章,甚为推崇。一时间,邵飘萍成为当时最负盛名的新闻舆论达人。

袁世凯暴亡后,内务部电令撤回禁止《时事新报》行销的命令,接着各地因"反袁称帝"而被查禁的报刊,如《民国日报》《中华新报》《中国白话报》《甲寅》《正谊》等纷纷解禁。

7月,黎元洪以大总统名义,废除了袁世凯在1914年颁布的《报纸条例》。报禁一止,新报纸又陆陆续续在各地诞生,到年底时全国已有近三百种报刊。

事实上,此年从袁世凯暴亡始,中国报业得到了从未有过的宽松环境,为不久将席卷中华大地的新文化运动创造了条件。

此年2—3月,远在美国哥伦比亚大学研究院学习的胡适,指出"一部中国文学史,只是一部文字形式(工具)新陈代谢的历史,只是'活文学'随时起来代替了'死文学'的历史。文学的生命全靠能用一个时代的活的工具来表现一个时代的感情与思想,工具僵化了,必须换新的,活的,这就是文学革命"(胡适《逼上梁山——文学革命的开始》,《胡适文集1·四十自述》,北京大学出版社,1998年,第146页)。

4月5日,胡适又发表了《吾国历史上的文学革命》一文,指出"文学革命,在吾国史上非创见也。……何独于吾所持文学革命论而疑之?文亦遭几许革命矣",还说"惜乎五百余年来,半死之古文,半死之诗词,复夺此'活文学'之席,而'半死文学'遂苟延残喘,以至于今日。今日之文学,独我佛山人(吴趼人),南亭亭长(李伯元),洪都百炼生诸公之小说可称'活文学'耳。文学革命何可更缓耶?何可更缓耶"。从这些文字里,可以看到胡适已经认真思考了关于新文学革命的问题。对此,胡适不仅成竹在胸,而且态度鲜明,如他4月13日填的《沁园春·誓诗》一词便可为证:

> 文学革命何疑!且准备搴旗作健儿。要前空千古,下开百世,收他臭腐,还我神奇。为大中华,造新文学,此以吾曹欲让谁?诗材料,有簇新世界,供我驱驰。(胡适《留学日记》卷十二)

接着，胡适又在《留美学生季报》上，发表了白话论战诗《答梅觐庄——白话诗》，宣称"二十世纪的活字，胜于三千年的死字"。（胡适《留学日记》卷十四）由此可看出，胡适于次年（1917）发表在《新青年》上并掀起了"白话文运动第一声春雷"的《文学改良刍议》，在此时已经开始酝酿了。

8月15日，《晨钟报》在北京创刊，总编辑李大钊（1889—1923）撰写了发刊词《〈晨钟〉之使命——青年中华之创造》。9月1日，李大钊在《新青年》第二卷第一号上发表《青春》一文，既反复咏叹青春要创造"青春中国"，同时又气冲牛斗地表现出与黑暗社会相抗争的精神：

> 青年锐进之子，尘尘刹刹，立于旋转簸扬循环无端之大洪流中，宜有江流不转之精神，屹然独立之气魄，冲荡其潮流，抵拒其势力，以其不变应其变，以其同操其异，以其周执其易，以其无持其有，以其绝对统其相对，以其空驭其色，以其平等律其差别，故能以宇宙之生涯为自我之生涯，以宇宙之青春为自我之青春。宇宙无尽，即青春无尽，即自我无尽。
>
> …………
>
> 艰虞万难之境，横于吾前，吾惟有我，有我之现在而足恃。堂堂七尺之躯，徘徊回顾，前不见古人，后不见来者，惟有昂首阔步，独往独来，何待他人之援手，始以遂其生者，更胡为"念天地之悠悠，独怆然而涕下"哉？

10月1日，《新青年》第二卷第二号特别发表了吴稚晖（1865—1953）撰写的与李大钊同内容的关于青年的文章——《青年与工具》。就这样，吴稚晖以革命激进姿态登上了新文化运动的舞台。发表时，陈独秀还特为此文撰写了长长的按语：

…………

  吴先生稚晖，笃行好学，老而愈挚。诚国民之模范，吾辈之师资。此文竟于发热剧烈时力疾为之，以践本志之约。其诲不倦重然诺如此。全文无一语非药石。我中国人头脑中得未曾有，望读者君珍重读之，勿轻轻放过一行一句一字也。

吴稚晖的《青年与工具》介绍了英国工业、科学和物质文明，特别介绍了英国青年除学习之外还在自修室准备刨床、钻台、锯座等生产工具等，说明物质文明、科学的重要性。这与陈独秀创办《新青年》提倡"德先生""赛先生"的主旨相谐。我们知道，9月1日《青年杂志》改名《新青年》后，陈独秀推出了"伦理的觉悟，为吾人最后觉悟之最后觉悟"，决心在思想、文化上下功夫。至此，中国新闻史上最活跃、最激荡人心的"《新青年》时代"的大幕已徐徐拉开。

1917年　张勋率"辫子军"上演复辟丑剧，《新青年》炸响新文化运动春雷

> 与乾坤合其寿，与日月齐其明。
> ——［唐］卢照邻《悲人生》

　　1917年1月1日，《新青年》第二卷第五号发表胡适的《文学改良刍议》。2月，又发表陈独秀的《文学革命论》，正式提出"文学革命"的口号，发"新文学"之先声。此前的1月4日，蔡元培就任北京大学校长，着手改革北大领导体制和学科，设置学制，创办科研机构，倡导平民教育，首行男女同校。北大采取"兼容并包"方针，大量引进新派人物，不拘一格网罗众家，很快即开学术研究、思想自由之风气。

　　4月，段祺瑞意欲对德宣战，召集各省督军到北京开军事会议，讨论参加第一次世界大战的问题。最后，"督军团"以压倒性多数票主张对德宣战。

　　5月，众议院开会，审查"对德宣战案"。二千多名游民组成"陆军军人请愿团""五族公民请愿团"等包围众议院，要求通过该案。这是四年前大总统选举时的流氓政治重演，段祺瑞为其幕后推手。23日，大总统

黎元洪下令免去段祺瑞国务总理兼陆军总长职务,段祺瑞弄巧成拙。英文《京报》披露段祺瑞曾向日本借款出卖主权,全国舆论大哗。段祺瑞愤然离京赴津,就此掀起了"府院之争"的新高潮。

6月14日,张勋率"辫子军"进北京城,大总统黎元洪下令大开中华门,以黄土铺路迎接张勋。张勋早有复辟预谋,便以调停督军要求解散国会纷争为名进入北京。7月1日,张勋等人进入紫禁城,向废帝溥仪行三跪九叩之礼,并扶其重新坐上皇帝宝座。张勋的复辟之举,使北京城一片混乱。段祺瑞在天津马厂组成"讨逆军总司令部"并自任总司令,宣布讨伐张勋,直入北京。"辫子军"一触即溃,纷纷投降缴械,但张勋逃到了荷兰使馆。段祺瑞通电逼大总统黎元洪下台。

8月14日,北京政府发布冯国璋——在总理段祺瑞敦请下——就任大总统的布告,正式对德、奥宣战,加入第一次世界大战中协约国的行列。25日,广州召开非常国会,孙中山组建军政府。

9月1日,在国会非常会议上,孙中山以压倒性的八十四票当选中华民国军政府大元帅。至此,南北形成对峙局面,护法运动正式开始。

1917年伊始,《新青年》发表胡适之《文学改良刍议》、陈独秀之《文学革命论》,率先高举"文学革命"大旗。1月,陈独秀应蔡元培之邀到北京大学任文科学长,并将《新青年》带到了北京大学出版。9月,胡适回国到北京大学任教,至此李大钊、胡适、周作人等人齐聚一处。在蔡元培开创"思想自由、兼容并包"氛围的北京大学,《新青年》迅速成为中国新文化运动的思想、精神高地。至此,一个崭新的民主、科学的"《新青年》时代"正式启幕。

实际上，推动"《新青年》时代"到来的，首先是舆论的力量。《新青年》等进步报刊关注对精神文化的现代追求，从新的思想鼓动风潮、造就时势，成就了一个"觉醒年代"。

在研究新文化运动时，常常有三个不准确的观念：其一，有人把中国新闻史错误地认为是批评时政，是指斥腐败统治者的舆论史。其实，以《新青年》为代表的报刊批评时政非其倡也，其宗旨在坚持宣传现代文明为核心的新文化，并团结一大批新型知识分子登上历史舞台，开展了一场中国历史上伟大的思想启蒙运动，其意义已超越了政治层面。其二，有人把"《新青年》时代"狭隘地说成是"陈独秀的《新青年》时代"。不错，《新青年》曾发表过一些振聋发聩的言论，"以披荆斩棘之姿，雷霆万钧之势"向旧政体、旧文化、旧思想发起过全面而猛烈的攻击，站在了思想启蒙的潮头，却忽略了与《新青年》同时涌现出的一批进步报刊——它们与《新青年》一起形成合力，批判旧社会、旧思想、旧文化，大力提倡"自由、平等、独立"之说，张扬自由、自尊、自立的独立人格，又与《新青年》一样不仅仅局限在政治层面，而是全面引进新的文化和价值观，这才有了一场雷霆万钧、横扫千军的新文化运动。其三，有人过高地评价陈独秀、李大钊、胡适等新文化运动的先驱。在那个世纪之交，中国社会发生了巨大变动，催生了思想文化领域的启蒙运动，涌现了一大批"首先觉悟"的知识分子。从康有为、梁启超到陈独秀、李大钊、胡适等，他们以"鼓民力、开明智、新民德"（严复的"三民"思想）为己任，宣传民权，传播新学，鼓吹文化革命。当回溯民国初年中国文化进程时，我们不能绕过这些文化巨人，陈独秀等只是他们中的代表人物。

是年3月1日，李剑农（1880—1963）在上海创办《太平洋》杂志，并在创刊号刊载的《本志宣言》中表示其宗旨为"考证学理,斟酌国情,以求真是真非","不为何种政团张其党势,亦不自立门户,别成一新政团之机关"。《太平洋》杂志对北洋军阀各方势力为争权夺利战争不断深恶痛绝,对时局如政治、经济、财政、法律诸问题力图提供解决方案,撰稿人有《新青年》骨干李大钊、高一涵(1885—1968)等人。在北京《中华新报》以"时局濒危,纵言无益"自动宣布停刊后,北京《民国新闻》《共和新闻》等八家报纸便自己收摊关门,杭州《之江日报》、福州《民心报》也以"言论不自由"停刊,北京英文《京报》、成都《四川群报》等因发表不利于当局言论而被封禁。在报刊负责人被害、报界一度萧索的情况下,《太平洋》杂志与《新青年》虽未形成掎角之势,但其诞生无疑给《新青年》站了台、助了威。

6月14日,张勋率"辫子军"进京演出了一场拥废帝宣统帝重登皇位、重挂黄龙旗且又被迅速击溃的黄粱一梦般的短暂丑剧,虽然时间不足半个月,却搅动了原本就动荡的时局。

此年,不少报刊受到影响,遭到查封。1916年,英敛之创办的《大公报》因经营不振售与了皖系政客王郅隆(1888—1923),胡政之(1889—1949)出任总经理兼副总编辑,是为新记《大公报》。在胡政之的主持下,《大公报》从"张勋复辟"开始就公开反对,发表了不少批判文章,使这张"言论纪事,翕合人心,销路大增,一时有辛亥年上海《民立报》之目"后又衰落的报纸重焕生机,一时发行量高达万份。可见,《新青年》在反张勋复辟的战斗中,不是孤军奋战。

不过,《新青年》发表的相关文章要比《大公报》深刻得多,其文章指出:张勋之流率八千名"辫子军"进京上演复辟丑剧,虽很快土崩瓦解，但复辟反共和的隐患并未根除。那些作乱的军阀，不管扮演什么角色，都未必真的信仰共和。但是，《新青年》和进步报刊所代表的新思潮，已澎湃汹涌而来。胡适的《文学改良刍议》提出"文学改良八事"——"一曰，须言之有物。二曰，不摹仿古人。三曰，须讲求文法。四曰，不作无病之呻吟。五曰，务去烂调套语。六曰，不用典。七曰，不讲对仗。八曰，不避俗字俗语"，其核心是文学必须采用革命性的文体——白话文，必须有新感情、有新思想，从而成为新文化运动的第一声春雷。因此，《文学改良刍议》被郑振铎（1898—1958）称为"文学革命发难的信号"，被陈独秀誉为"今日中国文界之雷音"。不久，陈独秀在《新青年》第二卷第六号发表《文学革命论》，共同开创了"为大中华，造新文学"的新文化天地。

1918年　邵飘萍创办《京报》，
　　　　陈独秀、李大钊创办《每周评论》

> 勇将不怯死以苟免，壮士不毁节而求生。
>
> ——《三国演义》第七十四回

1918年1月3日，中华民国军政府大元帅孙中山命令"永丰""永翔""楚豫"三舰开炮猛烈轰炸在广州观音山的广东督军署，先后共发炮弹五十余枚，而广东督军莫荣新（1853—1930）一时未敢还击。此前，因广东督军莫荣新对孙中山及其军政府十分无礼并指令部下捕杀大元帅府六十多人，孙中山强烈要求严惩肇事者并向军政府谢罪，但莫置之不理。炮击观音山次日，孙中山召莫荣新到大元帅府，斥责其把广东弄得民不聊生。莫荣新请罪认错，并答应拨广东财政收入一部分给军政府。然而，莫荣新暗地里却安排刺客欲行刺孙中山，幸被提前侦破。

1月15日，华法教育会（中法两国在文教方面交往的总机关，创办人为蔡元培、吴玉章［1878—1966］、吴稚晖、李石曾［1881—1973］等）在北京举行会议，鼓励有志青年留法勤工俭学（如里昂中法大学），掀起了勤工俭学热潮。

2月2日，在岑春煊（1861—1933）策划下，中华民国军政府决定实行改组，孙中山受到排挤，护法色彩日淡，军阀色彩渐浓。二十多天后的2月26日，支持护法的海军总长程璧光（1861—1918）被枪击身亡，疑朱执信（朱大符，1885—1920）派人暗杀。

3月5日，孙中山电召蒋介石到广州，首次起用蒋介石。就在前一年，蒋介石曾向孙中山进《对北军作战计划》《滇粤两军对于闽浙单独作战之计划》，引起孙中山重视。

3月7日，段祺瑞皖系军阀的御用工具——"安福俱乐部"成立。很快，段祺瑞系在国会中形成了一股强大力量。

4月22日，段祺瑞南巡，在汉口召开大规模军事会议，部署对南方军政府穷兵黩武的作战计划。

5月4日，"非常国会"强行通过军政府改组。改组后，孙中山因受制于桂系军阀陆荣廷（1859—1928）等人而觉护法无望，遂愤然辞去大元帅之职，并在通电中指出："顾吾国之大患，莫大于武人之争雄，南与北如一丘之貉，虽号护法之省，亦莫肯俯首法律及民意之下。"（《孙中山文集》）

8月7日，吴佩孚（1874—1939）致电江苏督军李纯（1874—1920）反对内战，称"武力统一"是亡国之策，指斥"安福国会"（皖系御用机构）伪造民意酿成全国叛乱。

9月4日，徐世昌在大总统选举中以四百二十五票的多数票当选。因8月底冯国璋、段祺瑞相继通电下野，徐世昌在"安福系"国会议员的支持下，上位总统之职。10月，徐世昌下令赦免张勋和其他参与复辟之人。11月15日，徐世昌推行"文治"，决定与南方罢战。

12月12日，迫于中外压力，北京政府决定与南方军政府举行和谈。其中，由桂系军阀陆荣廷控制的军政府，派唐绍仪（1862—1938）为和谈代表。

当中国历史进入"《新青年》时代"，1918年（戊午年）的《新青年》顺理成章地成了中国新闻史的主角。

1月15日，《新青年》第四卷第一号出版，全部改用白话文，使用新式标点，让人耳目一新。这标志着中国文学由文言文进入白话文的时代已成不可逆转之势。早在1916年，《新青年》第二卷第一号上发表了胡适翻译的俄国泰来夏甫（Nikolai Dmitrievich Teleshov）的短篇小说《决斗》，就第一次使用了白话文。当时，胡适自己在介绍此译作时用白话文写道：

> 全篇写一极惨之情，而以慈母妪煦之语气出之，遂觉一片哭声，透纸背而出。传神之笔也。

胡适是第一个提出使用白话文并创造一种新的白话文文学的人，也是最早尝试使用白话文的人之一。在新文化运动渐渐兴起的文化语境下，胡适与陈独秀以开放的胸襟改造中国文化传统的策略不谋而合，为他们联手发动文学革命提供了契机。从上面的文字来看，胡适当时的文字虽趋于白话，也还夹杂着古文的痕迹，但白话文通过《新青年》这个小小的公共平台逐渐形成了燎原之势。

5月15日，鲁迅（本名周树人，1881—1936）的白话文小说《狂人日记》在《新青年》上发表，这是在教育部工作的周树人首次用笔名"鲁迅"发表作品。早在1913年4月25日上海《小说月报》第四卷第一号，周树人署名"周逴"发表了文言文小说《怀旧》。1936年鲁迅死后,许广平将这篇文言文小说《怀旧》编入《集外集拾遗》。其实,《怀旧》是一篇文学价值不输于《狂人日记》的作品。《狂人日记》是鲁迅第一篇白话文日记体小说,描写了一个患有被迫害恐惧症者的精神状态和心理活动,批判传统的中国社会是"人吃人"的罪恶社会,预言将来的社会必定"容不得吃人的人",并发出"救救孩子!"的呼声。

当时,《新青年》甫一问世,便惊世骇俗。这里引用周策纵《五四运动史》中的文字以概述,"陈独秀的短文激越雄健,往往为青年所喜爱。胡适文章风格清新明畅,独步一时。鲁迅的讽刺性杂文尖刻、犀利,犹如双锋利刃。周作人的文章活泼轻松,使读者感觉犹如与家人聚谈。其他一些推动新文学、新思想运动的教授和学生领袖如钱玄同、刘复、罗家伦、傅斯年等,则大多数是雄辩强劲的作家,更不用说运动中所涌现出的其他大批年轻的散文家、小说家、剧作家和诗人"(周策纵《五四运动史》,周子平译,江苏人民出版社,1999年,第80页)。就这样,一批首先觉悟的新型知识分子,聚拢在《新青年》这一新文化运动的舞台,形成了"《新青年》时代"。

与《新青年》同时活跃在新文化运动大潮中的报刊,也以强劲的姿态发挥着各自的作用。上海《时事新报》原以编译东西报章、介绍学术文化为主要内容,自3月4日起顺应新文化运动潮流增出《学灯》副刊,由宗白华(1897—1986)任主编,着重宣传新思潮以"促进教育,灌输文化"为宗旨,"摒门户之见,为社会学子立说之地",辟有教育研究、教育界消息、青年俱乐部等栏目。后来,郭沫若(1892—1978)等新文化运动的弄潮儿,曾在此报发表过文艺作品多篇。在新文化运动时期,上海《时事新报》的《学灯》副刊，与北京《晨报副刊》（前身为《晨钟报》和《晨报》第7版，1921年改版并改名为《晨报副镌》独立发行，1925年刊名改为《晨报副刊》）、上海《民国日报》的《觉悟》副刊（创刊于1919年6月16日）一起称为"新文化运动的三大副刊"，它们都积极传播新思想、新文化，与《新青年》相呼应。

10月5日，邵飘萍辞去《申报》驻京记者之职，在北京魏染胡同30号的一座两层小楼里，创办了中国现代新闻史上大名鼎鼎的《京报》。斯时，邵飘萍受蔡元培之邀，又担任了北京大学新闻研究会副会长兼导师。在《京报》创刊词《本报因何而出世乎》中，邵飘萍开宗明义地指出，"必使政府听命于正当民意之前，是即本报之所作为也"。《京报》坚持以新闻为主，遵循"凡事必力求实际真相，以'探求事实不欺阅者'为第一信条"的办报方针。后来，《京报》一直不党无派，不傍任何特殊的势力集团，自我定位为民众发表意见之平台。《京报》激烈抨击北洋政府，宣传新思想，出版《马克思纪念特刊》，为中国报刊之最早。同时，《京报》发行以戏剧、诗文、小说为主的"小京报"作为附张随报附送，深受读者喜爱，每期可销四千余份，在报界异军突起。若说《新青年》是进步期刊之大旗，那么《京报》可谓报界之明星。从章士钊攻击《京报》"良家子女，累累伺振青之声音颜色以行"看，可见其言论影响之大、之正派。

邵飘萍在后来写的《京报三年来之回顾》一文中说：

《京报》每顺世界进步之潮流，为和平中正之指导。崇拜真理，反对武力，乃《京报》持论之精神。出版不数月，颇蒙内外各界赞许，在言论上已占相当之地位。

那时，邵飘萍也给《时报》《申报》等报发电讯，但对上海各大报"都是特别保守主义的"。因此，遭到同行猜忌，如狄楚青（初名狄葆贤，号平子，1873—1941）认定"他（邵飘萍）是一位冒险人物"，史量才（1880—1934）说"他（邵飘萍）要垄断上海新闻"。

在进步报刊有所发展的同时，北洋政府并未放松对舆论的钳制。是年9月，北京新闻交通通讯社发表一篇名为《呼吁三大借款》的通讯，揭露段祺瑞政府背地里擅借日本外债的真相。与此同时，《中华新报》《国民公报》《晨钟报》《大中华日报》《大中日报》等纷纷转载。然而，此举触犯了段祺瑞，他下令拘捕北京新闻交通通讯社负责人，以"扰乱治安，颠覆政府"的罪责查禁该通讯社；又以"故意造谣，泄露机密""破坏邦交，扰乱秩序"等借口，查封《中华新报》等转载此通讯的报刊并传讯相关人员，同时《中华新报》总编张季鸾（1888—1941）再次被捕入狱。后来，这些报纸有的就消失了。

10月17日，北洋政府召开内阁会议，通过了法制局草拟的新《报纸条例》，虽口头承认报纸是表达民意、传播消息的渠道，"不可不予以自由"，但除改动了一些诸如取消办报纸要交纳保押费等规定，与袁氏于1914年颁布的《报纸条例》并无本质区别，还特加了不许"侮辱元首"一条，更严重的是"警察官署认为有重大危害时，得以警察处分，停止其发行"——意味着警察可以任意侵害新闻自由。由于新闻界及社会舆论的强烈反对，要求"将此案咨回政府，不予通过"，众议院只得将其退回法制局了事。

是年年底，《京报》在显著的位置报道了第一次世界大战结束的喜讯，而中国各派政治势力又开始了新的较量。一个叫欧战协济会（发起于美国的为第一次世界大战战后军人和劳工善后募捐的临时性组织，北京成立了欧战协济会中国委员会）的团体，在北京政府赞成捐助活动的情况下，在京举行了一次连续两天的声势浩大的集会游行。这次集会被称为游街大会，实际上变成了中国方面庆祝第一次世界大战结束的一项活动，游行队伍盛况空前。当时，毛泽东、蔡和森随邵飘萍挤在群众中采访，又听了李大钊、蔡元培在中央公园（今中山公园）分别演讲的《庶民的胜利》和《黑暗与光明的消长》。

在这样的背景下，陈独秀和李大钊在《新青年》之外又创办了《每周评论》，该刊以发表政论性文章为主。陈独秀在《每周评论》的发刊词中写道："我们发行这《每周评论》的宗旨，也就是'主张公理，反对强权'八个大字。"由此可见，《每周评论》的创办，表明了陈独秀、李大钊从文化层面向现代政治层面的转化。

在《新青年》及《每周评论》的影响下，北大进步学生也开始加入舆论宣传的行列，筹建属于自己的期刊《国民》《新潮》等。

至于北洋政府继承和延续袁世凯钳制舆论自由的《报纸条例》而通过的草拟的新《报纸条例》，又岂能阻挡汹涌澎湃的革命浪潮？

1919年 《新青年》鼓吹德赛二先生，"五四运动"催生百家报刊

请君莫奏前朝曲，听唱新翻《杨柳枝》。
——［唐］刘禹锡《杨柳枝词九首·其一》

1919年1月15日，陈独秀在《新青年》第六卷第一号发表《本志罪案之答辩书》，大力鼓吹"德先生"（Democracy，民主）与"赛先生"（Science，科学），并宣告"若因为拥护这两位先生，一切政府的压迫，社会的攻击笑骂，就是断头流血，都不推辞"。

1月21日，中国以战胜国身份，派出顾维钧（1888—1985）等组成的全权代表团，参加在法国巴黎凡尔赛宫举行的"和平会议"。但是，中国代表团提出的各项有关废除不平等条约的议案均被否决，日本代表拒绝交还德国转让的在山东的特权。顾维钧发言时，一席妙语引起美、英、法等国赞赏，使得中国收回山东似乎又有了希望。

2月，南北和平会议在上海德国总会召开。由于和谈有碍日本在华利益，有悖段祺瑞"武力统一"中国的意图，最后被迫暂停。

5月4日，凡尔赛宫的"和平会议"却"强权压倒公理"，中国外交

在巴黎和会上完全失败。这失败如同警号，唤醒了广大中国民众，并促使"五四运动"在北京猛烈爆发。北京学生举行爱国救亡的游行示威，接着天津、济南、上海、武汉、长沙等地学生也纷纷示威游行。19日，由于"外争国权，内惩国贼"的目的未达到，北京大中学校二万五千名学生再次全体罢课。

5月6日，北京学联致书总统徐世昌，提出六项要求："拒绝合约签字""严惩卖国贼""挽留蔡元培校长""收回警备命令""恢复集会、言论自由"。就这样，一场声势浩大的爱国救亡运动持续进行。

5月13日，南北议和代表全体辞职。

5月15日，李大钊在为《新青年》主编的《马克思主义研究专号》上刊出了他撰写的《我的马克思主义观》。这是中国人对马克思主义体系及其基本观点所作出的第一次系统完整的介绍，具有划时代的重要意义。

6月11日，陈独秀在北京街头散发与李大钊等合定的《北京市民宣言》时被捕入狱。

9月，在各界声援营救下，陈独秀获释。

10月10日，孙中山改组中华革命党为中国国民党，并公布《中国国民党规约》。中国国民党规定"以巩固共和，实行三民主义"为宗旨，其组织制度为总理制，设总理一人代表全党总揽党务。孙中山为该党总理，并以总理身份指定居正（1876—1951）、谢持（1876—1939）、廖仲恺（1877—1925）分任总务部、党务部、财务部主任。

12月28日，毛泽东率领湖南驱张（张敬尧，1881—1993）代表团抵达北京，当时的国务总理靳云鹏（1877—1951）接见了代表团。

1919年，己未年，中国依旧是独裁者横行的屠宰场和炼狱。但是，一个从沉寂的黑暗里突围、在涅槃中新生的真正意义的知识分子群体，以革命家和启蒙者的双重胆魄，豪迈地集体登台亮相，点燃了启蒙和救亡的烛火，轰隆隆地拉开了一个觉醒大时代的序幕，震醒了沉沉昏睡、任人宰割的国民，并在寒冷的大地引吭高歌，发出了争夺时代主角的独立宣言。从此，北洋军阀统治者再无宁日。

　　1月15日，一夜细雪之后，正当北京大学学生创办的《新潮》杂志、《国民》杂志在元旦创刊，并对全国学生产生了强烈的示范效应之际，那个从劫难中突围的盗火者陈独秀在《新青年》第六卷第一号上发表了《本志罪案之答辩书》，令人振奋：

> 　　要拥护那德先生，便不得不反对孔教、礼法、贞洁、旧伦理、旧政治；要拥护那赛先生，便不得不反对旧艺术、旧宗教。要拥护德先生又要拥护赛先生，便不得不反对国粹和旧文学。
>
> 　　…………
>
> 　　我们现在认定只有这两位先生，可以救治中国政治上道德上学术上思想上一切的黑暗。若因为拥护这两位先生，一切政府的压迫，社会的攻击笑骂，就是断头流血，都不推辞。

　　3月，以《新青年》《每周评论》《京报》《晨报》《新潮》等进步报刊为首，与旧文化、旧思想展开了新一轮的激烈论战。但是，此时我们发现，这些由知识分子创办的报刊在思想上开始分化，并以各自选择的价值观和对中国问题的理解，踏上了各自改造社会的道路。这种思想分化使论战变得极为复杂，以蔡元培与林纾（林琴南，1852—1924）的论战最为激烈。

3月18日，林纾在《公言报》发表《致蔡鹤卿太史书》。蔡元培，字鹤卿，光绪十八年（1892）进士，授翰林院庶吉士，后授翰林院编修，故林纾对蔡如此称呼。在《致蔡鹤卿太史书》一文中，指责北京大学内的新文化运动，"必覆孔孟，铲伦常为快"，"尽废古书，行用土语（白话文）为文字"。此文与前日《公言报》发表的《请看北京大学思潮变迁之近状》一文相呼应，质疑新文化运动，力反新文化运动。

蔡元培遂在《公言报》发表《致〈公言报〉函并答林琴南函》，回应林纾和《公言报》对北京大学新文化运动的攻击。蔡元培在文中申明，北京大学对一切学说均"循'思想自由'原则，取兼容并包主义"，"对于教员，以学诣为主，在校讲授，以无背于第一种之主张为界限。其在校外之言，悉听自由，本校从不过问，亦不能代负责任"。蔡元培之文平和而又犀利，在全国报界受到好评，而反林纾之文则纷纷见诸报端。例如，《每周评论》连续两期开辟"对于新旧思潮的舆论""山东问题"专栏各四版，转载各地报刊批驳林纾、支持蔡元培的文章。当时，林纾被多数报刊指斥为"学术界之大敌，思想界之蟊贼"。林纾遭此打击，已手足无措。

然而，5月，巴黎和会却"强权压倒公理"，中国外交失败，从而导致"五四运动"爆发。当然，历史常常是模糊的，会有多种复杂的阐述。

5月2日，林长民（1876—1925）将4月30日接到的梁启超从巴黎发来的电报写成《外交警报敬告国人》一文，与梁的电文一并发表在《晨报》上，舆论大哗，举国震惊。早在4月24日，当已负命在巴黎的梁启超得知巴黎和约关于山东问题的条款，即将"原来德国在山东的权益全部让给日本"，且北洋政府派出的中国赴巴黎和会代表考虑准备签字时，他起草了一份致电汪大燮（1859—1929）、林长民转外交协会的电文，建议警醒国民和政府，拒绝在和约上签字：

> 汪、林二总长转外协会：对德国事闻将以青岛直接交还，因日使力争，结果，英、法为所动。吾若认此，不啻加绳自缚。请警告政府及国民，严责各全权，万勿署名，以示决心。

汪大燮、林长民二人接到电报后，马上联合蔡元培、张謇（1853—1926）、熊希龄（1870—1937）等诸公组成国民外交协会，并立即给梁启超发去电报，委托他作为协会的代表向巴黎和会请愿。

此前，梁启超在2月11日已抵达伦敦，并开始他在欧洲的国民外交活动。与此同时，国际联盟同志会在北京大学召开，并公推梁启超为理事长（汪大燮代理），蔡元培、王宠惠（1881—1958）、李盛铎（1858—1937）、严修（1860—1929）、熊希龄、张謇等为理事。2月16日，由北京各界各团体联合组成的国民外交协会召开成立大会，推举熊希龄、汪大燮、梁启超等十人为理事。2月18日，梁启超赴巴黎，作为中国参加巴黎和会的会外顾问先后会见了美、英、法等国代表，请他们支持中国收回德国在山东的权益的立场。在此过程中，梁启超发现了段祺瑞政府与日本签订的秘密借款合同和关于山东的问题。3月中旬，梁启超致电汪大燮、林长民，报告了他所了解到的巴黎和会上关于青岛问题的情况，以及段祺瑞政府对日换文订约等密约。然而，梁启超此举被代表广州政府参加巴黎和会的专使王正廷得知，随即发回国内一封电报以致国内舆论掀起了一场针对梁的谣言风潮，甚至上海商业公团联合会还致电北京大总统、国务院说"闻梁启超在欧干预和议，倾轧专使"云云。4月5日，广州国会召开两院联合会，议决"以两院全体名义电巴黎和会中国代表，请严斥梁启超"等；9日，国会全体成员通电全国，宣布梁启超的"卖国罪状"云云。

对此，国内为梁启超辩诬者众，梁为之十分动容。其中，蔡元培、王宠惠、范源濂（1875—1927）三人联名通电表示：

> 上海《申报》《新闻报》《时报》《时事新报》并转各报馆，五十三商团鉴：阅沪商团议决事件，仍致疑于梁任公先生。梁赴欧后，迭次来电报告并主张山东问题为国家保卫主权，语至激昂。闻其著书演说激动各国观听，何至有此无视之谣？愿我国人熟察，不可自相惊扰。（《时报》）

梁启超在政坛、思想界闯荡二十多年毁誉参半，但在捍卫国家主权的态度上，从起草电文即可看到。这份电文，在国内引起巨大反响，也为五四运动添了一把薪火。

五四运动的爆发和发展，舆论界特别是报界起到了推波助澜的作用。5月1日，北京各报广泛报道了"日本在巴黎和会上攫取德国在山东的一切特权"的消息。5月4日，邵飘萍的《京报》等都及时报道了学生运动的相关消息。邵飘萍、林白水、史量才等报界闻人，一次次掀起笔底波澜，报道真实、有声有色、有血有肉，喊出了正义之声。北京《晨报》、天津《大公报》，在报道的同时还登出"北京学生全体通告"，发出"中国的土地可以征服而不可断送，中国人民可以杀戮而不可以低头"的吼声。

北洋政府与袁世凯一样，对舆论的压迫从不手软。5月20日，在京师警察厅一纸通令下，北京学生联合会主办的发行五千份之多的《五七报》，不到三天便被"禁止发行"。23日，北京《益世报》因"登载山东军人痛外交失败之通电一则"，以"煽惑军队，鼓荡风潮"罪名逮捕总编辑入狱，报纸被查封。从5月23日起到7月7日，京师警察厅在这近两个月内每晚到《晨报》检查所有稿件，未经审核者一律禁发。为此，《晨报》刊出"特别声明"，弦外有音地向读者揭露了北洋军阀压制舆论的真相："凡读者诸君所感兴味极欲闻之言论事实，不敢保其不受限制"，只能"于消极的自由范围内，期不失本报特色"。

在外国租界，洋人为了自身利益，也会与军阀政府沆瀣一气，言论也难以自由。《新青年》等进步报刊也被随意查没。戴季陶（1891—1949）等人给胡适的信中，对此表示愤慨："如果不把英租界的提议（指《印刷附律》）打消了，恐怕舆论中心的上海，要化成文字狱的监牢啊！"

6月13日，《晨报》《北京日报》率先报道了陈独秀在11日晚到北京"新世界"游艺场散发自己起草、胡适译成英文的《北京市民宣言》时被捕的消息，举国舆论哗然。随后，全国各大报如《国民日报》《时报》《申报》等都发表社论、时评等，对北洋军阀政府予以声讨。7月14日，青年毛泽东在长沙创办《湘江评论》并撰写创刊词《湘江评论创刊宣言》，同时在创刊号发表《陈独秀之被捕及营救》一文，为"思想界的明星"陈独秀大声疾呼。胡适读到《湘江评论》后，在8月21日的《每周评论》第三十六号上撰写了《介绍新出版物》一文对其高度评价："《湘江评论》的长处是在议论的一方面。《湘江评论》第二、三、四期的《民众的大联合》一篇大文章，眼光很远大，议论也很痛快，确是现今的重要文字。还有'湘江大事述评'一栏，记载湖南的新运动，使我们发生无限乐观。武人统治之下能产出我们这样的一个好兄弟，真是我们意外地欢喜。"

在全国舆论的呼声下，陈独秀在被关押九十三天后获释。值得提及的是，连反对白话文的桐城派古文家马通伯（马其昶，1854—1929）、姚永概（姚叔节，1866—1923）等人，也为营救陈独秀站出来说话。对此，胡适在给陈独秀的信中感慨道："我觉得这个黑暗社会里还有一线光明：在那个反对白话文学最激烈的空气里，居然有几个古文老辈肯出名保你，这个社会还勉强够得上一个'人的社会'，还有一点人味。"

11月，瞿秋白（1899—1935）与郑振铎（1898—1958）等人创办了《新社会》旬刊，郑振铎任主编。创刊号一出，郑振铎等就带着《新社会》到北京箭杆胡同拜访陈独秀并向其请教。陈独秀鼓励他们，认为《新社会》应办成给劳动界、商界灌输新知识、新思想的通俗性报纸。

此年，陈独秀还对恽代英（1895—1931）在武昌办的利群书社，以及次年毛泽东在长沙创办的文化书社给予实际的帮助，分别为这两个书社向东亚图书馆作了三百银元营业额的担保。

邵飘萍总是站在舆论的潮头，抨击当权的"安福系"政府（段祺瑞政府）对日借款是"祸国阴谋，借债愚策"。8月22日，《京报》遭查封，邵飘萍不得不再度流亡日本。据翻译家、报人、小说家包天笑（1876—1973）——以"教育小说"著称，对白话文推动功不可没——回忆，邵飘萍曾对他说："这些军阀，鬼鬼祟祟，捣乱世界，设计害民，我偏要撕破他们的画皮。"

从1918年到1919年，北洋军阀政府查禁了一百多家报刊。但是，随着新文化运动的发展又有四百多家报刊相继涌现，使1919年的舆论天空变得星光璀璨。

1920年 《晨报》高呼《争自由宣言》，陈独秀创办《劳动界》

> 英雄一去豪华尽，唯有青山似洛中。
>
> ——［唐］许浑《金陵怀古》

1920年，庚申年，这是"鼓革命之气"的一年。

1月18日，毛泽东率湖南驱张（张敬尧）代表团到北京宣传，为6月16日张率部逃出长沙敲响了丧钟。"安福系"倒阁，国务总理靳云鹏辞职。7月，在毛泽东等人领导下，湖南人民掀起了人民自治运动。

2月16日，在"安福系"操纵下，国务院通过"河南易督"议案，中原政局大变。

同在2月中旬，陈独秀为逃避北京政府追捕，在李大钊护送下扮作商人乘骡车逃离北京。途中，李大钊与陈独秀相约，分别在北京、上海进行筹建共产党活动。3月，李大钊在北京大学秘密组织"马克斯（马克思）学说研究会"。

3月26日，北京政府正式收到苏俄发表的《俄罗斯苏维埃联邦社会主义共和国对中国人民和中国南北政府的宣言》（又称为《加拉罕第一次对华宣言》，通称《苏俄第一次对华宣言》)，该宣言宣布"废除帝俄与日本、中国和以前各协约国缔结的一切密约；把沙皇政府独自从中国人民那里掠夺的或与别国共同掠夺的一切交还中国人民；拒绝接受庚子赔款；废除一切特权。并建议中国政府立即与苏维埃政权建立关系"。不过，该宣言所说的与中国的不平等条约是指中俄在1896年后签订的一切不平等条约，而事实上最后也并没有兑现。4月，共产国际派员来华同中国的革命组织建立联系。

5月25日，吴佩孚率陆军撤防北归。北京政府迫不得已，只好致电吴佩孚表示同意。同月，陈独秀在上海成立马克思主义研究会。

7月14日，直系军阀与皖系军阀交战，皖系土崩瓦解。与此同时，段祺瑞通电辞职，吴佩孚掌北京政府大权。

8月，陈独秀等在上海成立中国共产党早期组织，这实际上是中国共产党的发起组织。同月，陈望道（1891—1977）翻译的《共产党宣言》中文全译本在上海《星期评论》杂志上刊载；中国共产党的第一份工人刊物《劳动界》周报在上海创刊，李汉俊任主编。

10月，李大钊等在北京成立中国共产党早期组织。

11月，上海中国共产党组织制定《中国共产党宣言》。这份文件是中国共产党早期组织最早的一份重要文献，全文只有两千多字，转述和阐释了《共产党宣言》的基本思想，尤其是宣告中国要建立无产阶级政党——共产党，并第一次明确亮出了"中国共产党"的名称。同月，上海共产党早期组织创办的半公开性刊物《共产党》月刊和北京共产党早期组织创办的《劳动音》周刊出版，花开两朵，南北呼应，形成掎角之势。

11月29日，孙中山回到广州重组军政府，就任陆海军大元帅。在此前一天晚上，孙中山在欢迎宴会上发表演说，"吾国必须统一，惟以民治为统一方法，然后可期长久；武力不过辅助民治之不及，非不得已，不宜轻用"，并准备着手统一两广（第二次护法运动）和北伐。

12月15日，陈独秀应陈炯明邀请，离开上海到广州担任广东省政府教育委员长。

1920年，"五四运动"的余波仍在震荡，学生和青年走上舆论舞台，他们主办的报刊雨后春笋般在全国各地涌现，使庚申年成为"鼓天下之气"的一年。

此年，上海的《新妇女》，南京的《少年世界》，北京的《青年旬刊》《奋斗周刊》《醒农》，温州的《新学校》，杭州的《钱江评论》《曲江工潮》相继创办，还有在北京读书的外地学生创办的《新陇》（甘肃籍旅京学生创办）、《秦钟》（魏野畴、杨钟健等人创办）等报刊。对此，我们想起了《青年杂志》（《新青年》）发刊词《敬告青年》中的文字："青年如初春、如朝日、如百卉之萌动，如利刃之新发于硎，人生最可宝贵之时期也。青年之于社会，犹新鲜活泼细胞之在人身新陈代谢。"1920年，青年参与舆论，奋发昂扬之气息扑面而来。至此，一个"青春中国"，已见端倪。

新年之初，年轻的毛泽东便带着前一年7月创办的《湘江评论》来到北京。毛泽东在该刊发表《民众的大联合》，胡适看到后当即在《每周评论》上推荐，说该文"眼光很远大，议论也很痛快，确实是现今的重要文字"。陈独秀见到《湘江评论》创刊号后也给予很高的评价，李大钊称赞其为"全国最有分量、见解最深的报刊之一"。

在进步报刊风起云涌登上言论舞台的同时，北洋军阀政府钳制言论的手段也从未放松。2月,《晨报》刊载了国务院通令全国实现邮电检查的通电:"现在过激潮流深延滋蔓,妨碍地方秩序,影响于国家安宁","为防范过激意见,对此往来邮电各地方施以检查"。仅2月,国务院一次就以"宣传过激主义"为由,查禁书刊八十三种。

7月,京师警察厅又向报刊界下达第九十一号《布告》:"格外审慎,以持平之论调记载真实之事实",若"妨碍时局,摇动人心"将严加惩处。13日,天津《益世报》被禁止发行。8月,北京《公言报》因披露政坛黑幕,遭直系军阀政府查封,编辑汪世澄被捕。几天后,陈独秀等在上海创办的《劳动界》周刊,因宣传马克思主义而被当局以"煽惑劳动,主张过激"予以查禁,并秘密"缉拿查办"陈独秀。此时,报界一派肃杀之气。

然而,面对肃杀之气,新闻界、知识界并未退缩、消沉。8月1日,胡适、蒋梦麟(1886—1964)、李大钊、陶孟和(陶履恭,1888—1960)、王文伯(王徵)、张慰慈(张祖训,1890—1976)、高一涵(1885—1968)七位知识分子,联名在《晨报》发表石破天惊的《争自由的宣言》,开篇便说:

> 我们本不愿意谈实际的政治,但是实际的政治却没有一时一刻不来妨害我们……我们相信人类自由的历史没有一国不是人民费去一滴一滴的血汗换得来的,没有肯为自由而战的人民,绝不会有真正的自由出现。这几年来,军阀政党胆敢这样横行,便是国民缺乏自由思想、自由评判的真精神的表现。

该宣言提出六条要求,即要北洋军阀政府立即废止压制自由的各种蛮横的法律与条令,保障人民言论、出版、集会、结社和书信秘密等自由。

同时，该宣言还提出要实行《人身保护法》，以保障人民身体的自由。

《争自由的宣言》一经刊发，《东方杂志》等很快转载。直系军阀曹锟（1862—1938）读后，大为恼怒。很快，上海《时事新闻》即刊登了一篇名为《曹、张宴客时之趣语——忽谈"姓蔡的"》的报道，说曹锟、张作霖来京在中央公园宴请政军两界名人，"席间，张使卒然问曰：'诸公可曾听说有个姓蔡的，闹得很凶么？'曹使亦卒然应曰：'是不是那个男女同校的姓蔡的？'张使曰：'可不是。'曹使即顾王怀庆曰：'老弟何不看管他起来？'王未答，幸有某阁员以他语岔开。当时曹、张两使一唱一和，大抵卒然而至。且所言多在可解不可解之间，席间竟有相顾失色者云"。其实，众人皆知张、曹二人系冲《争自由的宣言》而来，胡适等七位知识分子皆为北京大学名人。事发后，胡适等劝蔡元培出国考察，暂避风头。

需要提及的是，在胡适、李大钊等共同署名的《争自由的宣言》刊发时，《新青年》在群体思想上已经出现分歧，各自走向了不同的道路。"多谈些问题"的陈独秀与"多谈主义"的李大钊，对主义与问题虽有不同理解，但相同的东西让他们在这之后多次一起"签名"，"分道"却未"扬镳"。直到李大钊被军阀杀害，他与胡适都一直保持着深厚的友谊。

此年8月15日，陈独秀在上海创办《劳动界》周刊，三十二开，十六页，李汉俊任主编，撰稿人有陈望道、戴季陶等人。陈独秀在《劳动界》创刊号上发表了《两个工人的疑问》：

> 劳动是什么？就是做工。劳动者是什么？就是做工的人。劳动力是什么？就是人工。……总而言之，我们吃的粮食，住的房屋，穿的衣裳，都全是人工做出来的，单靠天然的原料是不行的。人工如此重

要,所以有人说什么"劳工神圣"。但是有一个做工的人问我道,既然是劳工神圣,既然是人工如此重要,为什么大家都说做工的人是下等社会,不做工的人反来是上等社会呢?

我们为什么要做工?我们为什么要劳动?是因为不做工、不劳动,便没有粮食吃,没有屋住,没有衣穿。种田的人虽然自己【不】做屋不织布做衣,他用劳力做的米的粮食,可以供给做屋的人、做衣的人吃用,因此可以说是拿自己劳力做的粮食换来别人劳力做的房屋和衣服。做房屋做衣服的人虽不种田,他能拿自己的劳力做成的房屋和衣服去换粮食,这也是分所当然。若是我们不做工不劳动,那便是自己一无所有,拿什么去换别人劳力做成的粮食房屋和衣服呢?这样的人要想有粮食吃有屋住有衣着,除了去做强盗、扒手没有别的方法。但是又有一个做工的人问我道,有许多出力做工的人做出粮食房屋或是衣服,却仍然没得吃没得住没得着,有许多人不劳一点力不做一点工,反来吃得很阔住得很阔衣服也穿得很阔,这还不算,还要把出力做工的人压在脚底下不当人看待,这又是什么缘故呢?

《劳动界》成为上海中国共产党早期组织向工人进行革命宣传的通俗刊物。《劳动界》深受工人欢迎,有杨树浦电灯厂(杨树浦发电厂前身)工人陈文焕致函陈独秀:"现在有了你们所刊行的《劳动界》,我们苦恼的工人,有话可以讲了,有冤可以伸了,做我们工人的喉舌,救我们工人的明星啊!"

9月1日,《新青年》在陈独秀主导下迁到上海出版,有一批进步知识分子团结在其周围。陈独秀在筹建上海共产党早期组织过程中,思想也有了提升和转变。在上一年岁尾，陈独秀在《新青年》上发表《实行民治的基础》一文，说"我们现在要实行民治主义（Democracy），是应当拿英、美做榜样，是要注意政治、经济两方面"。但在此年到上海后，陈独秀当即著文《谈政治》，宣布"若不经过阶级斗争，若不经过劳动阶级占领权力阶级地位底（的）时代，德谟克拉西（德先生，即民主）必然永远是资产阶级底（的）专有物，也就是资产阶级永远把持政权抵制劳动阶级底（的）利器"，并指出中国不谈政治的学界、商界和无政府党人三派人"只有眼睛看见劳动阶级底（的）特权不合乎德谟克拉西，他们却没眼睛看见戴著（着）德谟克拉西假面的资产阶级底（的）特权是怎样。他们天天跪在资产阶级特权专政脚下歌功颂德，一听说劳动阶级专政，马上就抬出德谟克拉西来抵制，德谟克拉西倒成了资产阶级底（的）护身符了"。

11月7日，为了加强共产主义小组的宣传与交流，陈独秀、李达（李鹤鸣，1890—1966）等人在上海创办《共产党》月刊，主编李达。

12月1日，陈独秀在随感《民主党与共产党》一文里认为，"民主主义是什么？乃是资本阶级在从前拿他来打倒封建制度的武器，在现在拿他欺骗世人把持政权的诡计。在从前政治革命时代，他打倒封建主义的功劳，我们自然不能否认，……但若是要想民主政治才合乎民意，才真是平等自由，那便大错特错"。

陈独秀经历了"五四运动"后，关于民治主义、民主主义、民主政治的论述是当时最清醒的马克思主义观点，他的这一重大政治转向深刻地影响了未来中国的面貌。

从这一年11月起，中国各派知识分子就社会主义问题开展了长达一年多的激烈论战，并一直持续了多年。这是关于中国走什么路的有重大意义的论战，后来由毛泽东将中国带进了社会主义。但是，当时以陈独秀、李大钊、蔡和森（1895—1931）为代表的以《新青年》《共产党》杂志为阵地的一方，与以梁启超、张东荪（1886—1973）为代表的利用《时事新报》为载体的另一方，就中国向何处去的大辩论是纯粹理论层面的论战和各抒己见，生动而激烈，是中国言论史上最为生动的局面。然而，结果却是轰轰烈烈的那个以文化启蒙为主旨的"《新青年》时代"合乎逻辑地结束了。对此，作为自由主义者的胡适在三年后写给高一涵等人的信中有些惋惜地说："《新青年》的使命在于文学革命与思想革命。这个使命不幸中断了。"

1921年　红船在黑暗中启航，
　　　　　报界发声《不自由，毋宁死》

> 士不可以不弘毅，任重而道远。
> 　　　　　——《论语·泰伯》

1921年，辛酉年，凭借俄国"十月革命"的炮声，古老的东方诞生了中国共产党，成为这一年中国乃至世界的一件大事。

7月23日，中国共产党第一次全国代表大会在上海举行，中国共产党正式宣告成立。大会在上海法租界贝勒路树德里三号李汉俊家中秘密召开，参加会议的代表有陈独秀、毛泽东等十三人，他们代表五十多名党员。31日，大会转移到浙江嘉兴南湖的船上继续举行并在这里闭幕。

大会确定中国共产党的奋斗目标——以无产阶级革命军队推翻资产阶级，建立无产阶级专政，废除私有制，直至消灭阶级差别，以及当前的中心任务——组织工人阶级，建立工会，开办工人学校，提高工人的觉悟，开展工人运动。

大会确定民主集中制的组织原则和党的纪律。

大会还选出陈独秀、李达、张国焘（1897—1979）组成中央领导机关——中央局，陈独秀任中央局书记。

从此，一个以马克思主义学说武装的政党，把人类解放的思想第一次写在旗帜上，开始了伟大、艰难、曲折的进军历程。

5月5日，孙中山在广州德宣路督军署改设总统府，宣誓就任中华民国非常大总统。6月，因陈炯明叛变围攻总统府，孙中山离开广州经香港赴上海。

8月，中国共产党在上海成立了领导工人运动的总机关——中国劳动组合书记部。张国焘为总部主任，毛泽东为湖南分部主任，张国焘在《共产党》月刊发表宣言。20日，中国共产党又在上海创办《劳动周刊》，积极对工人进行宣传教育，力图提高其阶级觉悟，并进一步组织工会开展罢工。

年底，孙中山会见共产党国际代表马林（H.Maring，原名亨德里克斯·斯内夫利特［Hendricus Josephus Franciscus Marie Sneevliet］，荷兰人，1883—1942），决定派代表团到苏俄考察，以便在北伐胜利后实现国民党与苏俄的联盟。之前，马林曾与陈独秀会面，要求中国共产党听命于共产国际，遭到了陈独秀痛斥。

1921年，苏俄"十月革命"的炮声继续在古老中国的上空回荡，中国共产党宣告成立。同时，孙中山在广州收拾旧部，重整旗鼓，准备北伐。

这一年，也是各地大小军阀忙于争权夺利，只顾相互厮杀而无余力对舆论进行控制的一年。报刊乘机纷纷涌现并大展拳脚，其总数达一千一百三十七种。这一时期，言论获得相对自由空间，并形成强大的舆论力量，一定程度上制约着军阀政客的政治压迫。

新文化运动，是以"文学革命"为肇始，标志着古代文学的终结和现代文学的兴起，其本质上是希求中国现代化的思想启蒙运动。

1月4日，文学研究会在北京中央公园召开成立大会，参加者有郑振铎、沈雁冰（茅盾，1896—1981）、周作人等，郑振铎被推选为书记干事。

该会在各城市设分会，先后以《小说月报》《文学旬刊》为机关刊物，其宗旨为研究、介绍世界文学，整理中国旧文学，创作新文学。该会提倡"为人生而艺术"，以文学反映社会现实与人生，反对无病呻吟，"反对将文艺当作高兴时的游戏或失意时的消遣"。其会员的作品多以现实人生为题材，探索当时风靡一时的"人生究竟是什么"等问题，故被称为"人生派或写实主义派"。周作人在《人的文学》一文中提出"人的文学"，标志着新文学必须以人文主义为本，观察研究分析社会人生诸问题。周作人把新文化运动高扬的思想启蒙精神灌注于"文学革命"，把"文学革命"从偏重语言文字的变革推向思想内容的革新。

这年年底，鲁迅开始在孙伏园（1894—1966）主编的北京《晨报》上连载中篇小说《阿Q正传》。当时，《晨报》是弘扬新文化、新思潮的一个重要阵地。12月1日，在庆祝《晨报》创办三周年之际发表《我们对于"人的生活"的责任》社论时，提出"促成一般人对于'人的生活'的认识，是着手改造社会的'根本之中的根本'，也是《晨报》和学界、舆论界的责任，而不是眼前抓住什么主义来应急"。谭熙鸿（谭仲逵，1891—1956）在《晨报的三周年的纪念》一文中指出，《晨报》"已经渐渐的脱离私人式的言论机关的态度，而入手社会式的言论机关的规模"。鲁迅的《阿Q正传》从12月4日开始在《晨报》上连载，有力地支持了《晨报》弘扬新文化、新思潮的宗旨。《阿Q正传》以漫画式的讽刺笔触，通过阿Q这一人物的浮沉，写出了一个时代的悲剧、民族的悲剧，表达了作者对阿Q们"哀其不幸，怒其不争"的复杂心理；同时也写出了"人的文学"，让这一年的文学史、言论史别开生面、熠熠生辉。

是年1月1日，《商报》在上海由汤节之等创刊，其主笔是在辛亥年《天铎报》上以"畏垒"笔名发表时政评论的陈布雷（1890—1948）。《商报》虽是一份面向商界的报纸，但因报纸的时评笔锋健劲、犀利而极富魅力，具有知识分子的品格，在舆论界博得了好口碑，并受到知识界和青年读者的喜爱，发行量达上万份。

3月1日，林白水和胡政之在北京创办《新社会报》，提出"树改造报业之风气，做革新社会之前马"。

6月伊始，中华全国报界联合会第三届大会召开，并以大会名义致函国务院：

> 窃维言论、出版自由，集会自由载在《约法》，民国三年所颁行之《出版法》《治安警察法》《预戒条例》及民国八年所颁行之《管理印刷业条例》等，对于言论、出版、集会种种自由加以限制，显与《约法》冲突。征之法理，命令与法律相抵触，则命令无效；法律与宪法相抵触，则法律无效。……然自此等诸法颁行以后，言论、出版、集会种种方面居然受其制裁，且因此而罹祸灾者不知其凡几。此真吾国特有之例，无疆之羞，本会认此为切身之害。佥谓在《约法》范围内，该《出版社》等，当然无效，公同议决以后，关于言论、出版、集会等等绝不受其束缚，除通告全国报界，此后誓不承认该《出版法》《治安警察法》《预戒条例》《管理印刷业条例》有效外，理合

据情通知以免纠纷。

此函致国务院，态度强硬、措辞犀利、法理严谨，非商榷姿态，乃最后通牒。

同一天，全国报界联合会还给报界发了通告稿《不自由，毋宁死》，声明"民国三年袁世凯及民国八年安福部所新造的违背约法，侵犯人民自由之种种法令（如《出版法》《治安警察法》《预戒条例》《管理印刷业条例》等）已经全国报界联合会决议，认为无效。并通知南北两政府，以后不得再用此等非法政令，侵犯人民约法上所许各种自由权利，凡我同业以后亦幸勿再受此等非法政令拘束"，并要求将此通告"务必在各报第一版第一页刊登"。

这件尘封在历史档案中的文献，是百年言论史中为争言论自由的"20世纪中国罕有的说理透辟、掷地有声的争自由的重要文献"（袁伟时语）。不过，能响亮地为争自由而战的报界，并非总是有言论自由的机会。当北洋军阀一旦能腾出手来，他们还会凶狠地钳制言论，不会给报界自由的。例如，4月18日，哈尔滨当局以"宣传过激主义"罪名，停刊俄共（布）创办的俄文《前进报》，逮捕主编海特；5月，安徽军阀一口气查封了《社会改造原理》《社会主义史》《到自由之路》等六种刊物；6月，湖南军阀以"宣传革命"罪名，取缔《湖南通俗报》；7月，在全国报界联合会刚致函国务院要求办报自由并发表通告稿《不自由，毋宁死》不久，少年巴金（李尧棠，1904—2005）参与并撰稿的无政府主义期刊《半月》，因发表"反对四川当局不准妇女剪发"而被查禁。

10月，上海租界巡捕房，查抄《新青年》编辑部，中共中央局书记陈独秀等五人被捕。这是本年的一件大事。陈独秀被捕后关到法租界巡捕房，他自称"王坦甫"，其他四人也各报假名，巡捕房并未生疑：只是在巡捕房与被抓来的褚辅成（褚慧僧，1873—1948）相遇时，褚不小心叫了一声"仲甫"，陈独秀的真实身份才终于暴露。于是，胡适、蔡元培等发起了一场"救陈"运动。

胡适、蔡元培等社会名流联名，首先给上海法国领事发了一电报：

> 以思想和言论定罪，为中世纪封建君主国惯用手段，非民主自由的法兰西共和国行为。陈先生为中国思想界明星，磊落光明，一生倡导科学和民主，望能尽快设法开脱为盼。

次日，京、沪各大报都刊登了陈独秀被捕和胡、蔡致法国领事的电文。

李大钊接到李达电话，也设法营救陈独秀。

半个月后，陈独秀被释放。胡适和蔡元培等在已知陈独秀为共产党书记身份的情况下仍积极营救，意识形态并未横亘在他们之间，这是新文化运动的精神将他们联系在一起的。

12月，成绩卓著的《时事新报》在庆祝出满五千号之际，一贯坚持独立自由人格、"以言报国"的梁启超在该报发表《本报五千号纪念辞》：

> 吾侪从事报业者，其第一难关，则在经济之不易独立。……同人等殊不敢以清高自诩，但酷爱自由，习而成性，常觉得金钱之来，必自势力，无论受何方面金钱之补助，自然要受该方面努力之支配；即不全支配，最少也受牵掣。吾侪确认现在之中国，势力即罪恶，任何

方面势力之支配或牵掣，即从罪恶为邻。吾侪不能革涤社会罪恶，既以兹愧，何忍更假言论机关，为罪恶播种；吾侪为欲保持发言之绝对的自由，以与各方面罪恶的势力奋斗，于是乎吾侪相互自矢：无论经济若何困难，终不肯与势力家发生一文钱之关系。

梁启超上面的话看似夫子自道，宣传自己恪守的办报原则，实际上是在总结和提醒报界切莫迷失方向，失去自己独立的精神品格。与此同时，梁启超还说："吾侪又确信报馆之天职，在指导社会矫正社会，而万不容玩弄社会、逢迎社会。"

《时事新报》创刊于1911年，为"研究系"机关报。1918年，《时事新报》增设《学灯》副刊，宣传新思潮，但"五四运动"之后开始逐步抵制革命思想。因此，梁启超所论"办报要在经济上独立，不受罪恶势力支配牵掣"，解决不了办报者的政治倾向问题。

1922年 "文人参政"办《努力周报》，陈独秀创办《向导》周报

> 寄言燕雀莫相啅，自有云霄万里高。
>
> ——［唐］李白《观放白鹰二首》

  1922年，壬戌年，以香港海员工会发动罢工开年。1月10日，香港海员工人向英国雇主提出增加工资等三项要求遭拒而罢工。2月27日，香港各行各业十万工人为支持海员罢工实行总罢工，全港生产停顿、商业关门、交通断绝、城市瘫痪，而领导罢工者是海员工会代会长同盟会会员苏兆征（1885—1929）。3月8日，英国当局被迫接受雇工、工人的条件，历时五十六天的海员大罢工取得胜利。这次罢工是中国第一次工人运动高潮的起点。5月28日，因葡萄牙士兵在澳门枪杀华人，澳门华工纷纷罢工、罢市，上海等地民众及华侨团体纷纷集会、驰电声援澳门华工。9月，江西萍乡安源路矿工人在李立三（1899—1967）、刘少奇（1898—1969）指导下举行大罢工，历时五天，胜利结束。

  是年4月29日，奉系军阀张作霖下达对直系军队发动攻击令，两军在长辛店、固安、马厂一带发生激战，其中奉军十二万余人，直军约六万

人。奉军张作相（1881—1949）部支持不住，被迫全线撤退。5月26日，张作霖率部回到奉天，欲筹备东三省独立，实行"联省自治"。张作霖被推举为"东三省保安总司令"，与北京政府断绝一切关系。自此，张作霖在东北拥兵自重。

5月13日，自由主义知识分子呼吁"好人政府"，胡适、李大钊、蔡元培等十六人在《努力周刊》第二期上发表《我们的政治主张》，提出"好政府"要由"好人"来组建。

6月，南方陈炯明发动兵变炮轰总统府，孙中山苦心经营的革命基地毁于一旦；北方，徐世昌下野，黎元洪复任大总统。

7月16日，中国共产党第二次全国代表大会在上海召开。参会代表有陈独秀、张国焘、邓中夏（1894—1933）等十二人，他们代表了全国一百九十五名党员。陈独秀在大会报告中指出，中国共产党的目的是"组织无产阶级，用阶级斗争的手段，建立劳农专政的政治，铲除私有财产制度，渐次达到一个共产主义社会"。23日，大会通过了《中国共产党第二次全国代表大会宣言》以及《中国共产党章程》和九个决议案，并决定出版党中央机关刊物《向导》周报。大会选举陈独秀、李大钊、蔡和森等五人为中央执行委员会委员，陈独秀任委员长。11月5日，共产国际第四次代表大会在列宁格勒（今圣彼得堡）举行，陈独秀、刘仁静（1902—1987）等人赴俄参加会议，共产国际要求中共"走出孔夫子式的共产主义研究室，到群众中去"。陈独秀在会议结束时，当选为共产国际执行委员。

8月，根据共产国际代表马林的提议，中共中央在杭州西湖召开特别会议讨论国共合作问题，共产国际指示中共与国民党实行"党内合作"。会后，李大钊、陈独秀、张国焘等在孙中山的介绍下，先后以个人名义加入国民党。

1922年是壬戌年，知识界和舆论界争取言论自由和人权的斗争仍是主题，同时提出了《我们的政治主张》，标志着斗争已从文化层面上升到政治层面。

此年1月，经李大钊、陈独秀等人策划编辑的《新时代丛书》出现在书店。关于此书的缘起，陈独秀、李大钊在前一年6月28日的《晨报》署名文章中说得很清楚，《新时代丛书》是"以增进国人普遍知识为宗旨"，同时起意编辑这套丛书有三层意思："普及新文化运动"，"为有志研究高深些学问的人们供给下手的途径"，"想节省读书界的时间与经济"。可见，这是一套引导人们理解和参与新文化运动的丛书。

9月13日，陈独秀在上海创办了《向导》周报。早在9月6日，陈独秀便找到老报人汪孟邹商谈出版《向导》一事，汪虽然有些担心但还是同意了，并让汪原放（1897—1980）等人将成本计算出来。9月8日，陈独秀致信汪原放并派李达到亚东图书馆研究《向导》的排印事宜，"周报用最好的纸印四千份，需款若干，请向各印局询明示知"，而汪认为"照《新青年》十六开的好"。

陈独秀在《向导》发刊词《本报宣言》中说：

> 本报同人依据以上全国真正的民意及政治经济的事实所要求，谨以统一、和平、自由、独立四个标语呼号于国民之前！

《向导》先后由蔡和森、瞿秋白、彭述之（1895—1983）担任主编。陈独秀在该报发表大量文章，为撰稿者文章数量之最。

这年的3月17日,《晨报》报道了"非基督教学生同盟"的宣言,立刻在北京学界引起了争议。其实,3月11日,北京大学学生成立了"非基督教学生同盟"。当《晨报》报道同盟宣言后的3月21日,北京学界发起了"非宗教大同盟",蔡元培、胡适、陈独秀、李大钊、吴虞(1872—1949)等学界名流纷纷加入,全国各地的许多著名院校、社会团体及个人也纷纷以各种方式投入运动或者表示支持。"非宗教大同盟"的宣言说:

> 我们自誓要为人类社会扫除宗教的毒害。我们深恶痛绝宗教之流毒于人类社会,十百千倍于洪水猛兽。有宗教可无人类,有人类应无宗教,宗教与人类,不能两立。
>
> 人类本是进化的,宗教偏说"人与万物,天造地设"。人类本是自由平等的,宗教偏要说:束缚思想,摧残个性,崇拜偶像,主乎一尊。人类本是酷好和平的,宗教偏要伐异党同,引起战争,反以博爱为假面具骗人。人类本是好生乐善的,宗教偏要诱之以天堂,惧之以地狱,利用非人的威权道德。

一时间,全国学生界、知识界纷纷加入该同盟,声势颇为浩大。"非宗教大同盟"的出现,标志着新文化运动内部的继续分裂。不过,在学界众人纷纷积极入盟时,敏感的周作人意识到这是一个有组织的知识分子集体行动,故而选择了沉默。

3月31日,《晨报》以显著版面刊出由周作人撰写、钱玄同(1887—1939)等人签名的《主张信教自由宣言》一文:

> 我们不是任何宗教的信徒,我们不拥护任何宗教,也不赞成挑战

反对任何宗教。我们认为人们的信仰，应当有绝对的自由，不受任何人的干涉，除法律的制裁以外。信教自由载约法，智识阶级的人应当遵守，至少也不应该首先破坏，我们因此对于现在非基督教非宗教运动表示反对。

《主张信教自由宣言》在青年中引起了极大的震动，但也受到学界等的不满和谴责。但周作人不为所动，又撰写了《拥护宗教的嫌疑》一文，并指出"干涉宗教信仰自由，哪怕仅仅是口诛笔伐，也是要不得的，因为会为日后以强力取缔思想自由埋下祸根"。

对此，4月2日，陈独秀在《晨报》发表致周作人等的"公开信"（《致周作人钱玄同诸君的信》），质问道："公等宣言颇尊重信仰者自由，但对于反宗教者的自由何以不加以容许？宗教果真神圣不可侵犯么？……此间反基督教学生已被捕房禁止，我们的言论集会自由在哪里？……公等真尊重自由么？请尊重弱者的自由，勿拿自由、人道主义许多礼物向强者献媚"。

周作人在《晨报》发表《复陈仲甫先生信》予以回应，而陈独秀也再以《再致周作人先生信》反驳。

周作人、陈独秀等从各自的思想逻辑出发发表各自的意见，在当时极为正常。不过，陈独秀简单地将周作人等人的意见视为"向强者献媚"，就陷入了"二元论"的逻辑了。

其实，2月14日，北京《晨报》还报道了"北京大学新闻记者同志会"成立的消息，并刊出徐宝璜（1894—1930）、李大钊、胡适三人关于新闻的演说词。徐宝璜说，新闻是近代以来世界"新发明的一大武器"，是"无产阶级"对付"有枪阶级"的唯一武器。李大钊批评时下的新闻界，太多关注"督军的举动"，或"阔人的一言一行"，却对"穷人因穷自尽，或其他种种因为受环境压迫发生不幸的结果"漠视不顾。胡适呼吁新闻应讨论"社会上活的问题"，发出"有力的主张，这对社会才算有贡献……如果把活的问题与真的问题抛开……谈论盈余价值，或捧捧契诃夫、莫泊桑，对于社会上事业，一点影响都没有"。哪怕讨论"活的问题"如总统问题、国会问题有危险，"甚至封报馆、坐监牢、受枪毙"，也不能拿空洞的主义对军阀政府容予的粉饰。胡适还以创办《努力周报》为例，目的就是要关注"活的问题，真的问题"，并发出自己独立的声音，以言论影响社会、改造社会。

《努力周报》是《每周评论》在2月被封后于此年5月7日由胡适、高一涵等知识分子一手创办的政治评论期刊。至此，一向主张"不谈政治"的胡适，开始踏上一个书生论政、一个自由主义知识分子参政之路。七天后，胡适、李大钊、蔡元培、高一涵、丁文江、罗家伦（1897—1969）等十六名知识分子联名，在《努力周报》《晨报》及《民国日报》《觉悟》副刊上发表由胡适执笔的《我们的政治主张》。这十六位文化名人在政治观点上原本存在着不少分歧，但在政治改革的有限目标方面还是达成共识共同发声，声若惊雷。

在胡适、李大钊、蔡元培等人集体联署的《我们的政治主张》中，提出了"好政府"是"政治改革的惟一下手工夫"：

> 我们深信中国所以败坏到这步田地，虽然有种种原因，但"好人自命清高"确是一个重要的原因。"好人笼着手，恶人背着走。"因此，

我们深信，今日政治改革的第一步在于好人需要有奋斗的精神。凡是社会上的优秀分子，应该为自己计，为社会国家计，出来和恶势力奋斗。我们应该回想，民国初元的新气象岂不是因为国中优秀分子加入政治运动的效果吗？……民国五六年以来，好人袖手看着中国分裂，看着讨伐西南，看着安福部的成立与猖獗，看着蒙古的失掉，看着山东的卖掉，看着军阀的横行，看着国家破产丢脸到这步田地！——够了！罪魁祸首的好人现在可以起来了！做好人是不够的，须要做奋斗的好人；消极的舆论是不够的，须要有决战的舆论。这是政治改革的第一步下手工夫。

公开提出"好政府"的主张并阐释其含义："充分运用政治的机关为社会全体谋充分的福利；充分容纳个人的自由，爱护个性的发展"。为此，他们还提出政治改革的三个基本要求："第一，我们要求一个'宪政的政府'；第二，我们要求一个'公开的政府'；第三，我们要求一种'有计划的政治'"。最后，《我们的政治主张》还提出"南北两方早日开始正式议和"，"裁军"，"裁官"，"现在的选举制度有急行改良的必要"，"彻底的会计公开；根据国家的收入，统筹国家的支出"等具体主张。

《我们的政治主张》一经发表，就在死水一潭的北京乃至全国溅起层层涟漪，引起不小的震动。

知识分子利用联名方式公开表达自己的政治见解，成为当时知识分子参政的一种政治手段和重要模式。

1923年　北洋政权风雨飘摇，
　　　　　国共两党谋求合作

> 会挽雕弓如满月，西北望，射天狼。
> ——［宋］苏轼《江城子·密州出猎》

1923年，癸亥年，中国的政治局势有了新的变化。

1月1日，孙中山发表《中国国民党宣言》，发国民党改组之先声。实际上，孙中山对"三民主义"的重新解释，较1905年起提倡的"三民主义"有了重大突破。

1月26日，孙中山和苏俄派至中国的特命全权大使（驻华全权代表）越飞签署联合宣言——《孙文越飞联合宣言》，苏俄表示对孙中山全力支持，而国民党的联俄政策也公开确立。联合宣言表示，孙中山"以为共产组织，甚至苏维埃制度均不能引用于中国。因中国并无使用共产制度和苏维埃制度可以成功之情况"，而苏俄特使越飞表示同意。同时，双方认为"中国最重要最急之问题，乃在民国的统一之成功，与完全国家的独立之获得"，且越飞确切地告诉孙中山"中国当得到俄国国民最挚热之同情，且可以俄国援助为依赖"（《20世纪中国全纪录》）。

3月2日，孙中山在广州东郊农业试验场设陆海军大元帅府，就任陆海军大元帅之职；蒋介石被任命为大元帅府行营参谋长。8月16日，蒋介石率"孙逸仙博士代表团"由沪出发赴苏俄考察，受到热烈欢迎。代表团考察了苏俄的军事、政治、党务方面的情况。11月25日，代表团出席共产国际执委会会议，蒋介石作了关于中国革命状况及国民党内部情况的报告。

在北方，4月9日，北京国会众议院两派议员在议"不信任张绍曾（1879—1928）内阁"时发生械斗。

5月10日，北京国会就"黎元洪大总统任期已满，是否续任"发生纠纷。9月11日，黎元洪重谋执政不遂，从此退出政坛，称病东渡日本。10月5日，直系军阀首领曹锟，以巨额一千三百五十万贿款"买得"中华民国大总统职位。此事遭到各界反对，全国各地纷纷举行示威大会，报界频频报道。孙中山于8日明令讨伐曹锟，通缉贿选议员，通告各国使馆，否认曹为大总统。

5月24日，共产国际给中国共产党第三次全国代表大会（简称中共三大）发出指示，要求中共把土地革命和农民问题放在首位，并提出"在孙中山与北洋军阀内战的问题上，我们支持孙中山"。但是，共产国际的此项指示到7月18日才到中国，而此时中共三大已结束一个月。其实，在6月12日中共三大召开时，大会已决定与国民党合作。会上，陈独秀与共产国际代表马林坚持"中共党员加入国民党"的主张，并主张"一切工作归国民党"。大会决定，中共党员以个人身份加入国民党，同时保持共产党的独立性。大会选举了新的中央执行委员会，执委有陈独秀、李大钊、毛泽东等九人。11月20日，中共在上海召开三届一中全会，主要讨论"加入国民党及帮助其改组"问题。通过《国民运动进行计划决议案》，中共三大指出，"国民运动是我党目前全部工作。因为目前的中国劳动运动、农民运动、学生运动、妇女运动，在政治上的意义都只是国民运动"，并议定了国民运动的进行计划——"国民运动，当以扩大国民党之组织及矫正其政治观念为首要工作，因为大规模的国民运动不可无一个有力的公开的党为之号召指挥；国民运动之主要动力固然是国民党，而国民党之力量必须建设在各种人民的组织上面，必须以国民党的名义去创造或参加各种人民的组织"。关于合作之后的中国共产党与国民党的关系，"我们的同志在国民党中为一秘密组，一切政治的言论行动，须受本党之指挥；我们须努力站在国民党的中心地位……"。这次会议，陈独秀、李大钊等八人出席，毛泽东因事未出席。

11月29日，国民党右翼上书孙中山，反对改组国民党，大力批评共产党。经孙中山批评，暂时缓和了激烈反对改组者的态度。

12月24日，发表《关于粤海关关余问题宣言》，严正抗议列强以武力压制广州政府的行为，并重申：截留关余（指关税余款）乃中国内政；北京政府为非法政府，"无权处分本政府辖境之关税余款"。

1923年是癸亥年，北洋军阀政府的反动统治更加黑暗且风雨飘摇，中国共产党与国民党在积极酝酿合作，而知识分子发布与当局"绝不合作宣言"。

有趣的是，此年一开，胡适博士却成了舆论的焦点。坊间传言，胡适逃跑了，并传得沸沸扬扬。

事实是，从上一年12月29日起，胡适因为身体不适住进了协和医院。在此前几天，北洋军阀政府国会还通过了"取缔新思想"案——"决定以

《新青年》和《每周评论》成员作为他们将要迫害的对象"，因此便有消息说胡适逃到了天津租界里。

1月7日那天，鲁迅在日记上记"七日昙"——"昙"即阴天，而这天胡适却心情甚好——《努力周报》上有他于5日写的《胡适先生到底怎样》一文，对其逃跑的谣言予以回击：

> 我是不跑的。生平不知趋附时髦，生平也不知躲避危险。封报馆，坐监狱，在负责任的舆论家的眼里，算不得危险。然而"跑"尤其是"跑"到租界里去唱高调：那是耻辱！那是我决不干的！

到了6月15日，《新青年》改为季刊，瞿秋白任主编，并在该刊创刊号（"共产国际号"专刊）发表了发刊宣言——《〈新青年〉之新宣言》。宣言称，"《新青年》杂志是中国革命的产儿。中国旧社会崩坏的时候，正是《新青年》的诞辰"，"《新青年》乃不期然而然成为中国革命思想的先驱"，"《新青年》乃不得不成为中国无产阶级革命的罗针"。

10月21日，胡适又在致高一涵、陶孟和等四位的信中说，"我们今后的事业，在于扩充《努力》（《努力周报》）使他直接《新青年》三年前未竟的使命，再下二十年不绝的努力，在思想文艺上给中国政治建筑一个可靠的基础"。至此，胡适与《新青年》在政治上已彻底分开。

还是此年1月，胡适撰写的《国学季刊》发刊宣言在创刊号上刊出，宣称："古学不会沦亡"，古学（国学）经过"历史的眼光""系统的整理""比较的研究"，深信"国学的将来，定能远胜国学的过去；过去的成绩虽然未可厚非，将来的成绩一定还要更好无数倍"。

其实，在"五四运动"前后有一股全盘否定传统文化的潮流，甚至连汉字都有人提出废除的鼓噪声中，胡适关于"古学不会沦亡"的论断，给学界吹来了一股清风，不仅在内容上而且在形式上也是一场实实在在的革命。胡适系统整理"国故学"（国学）的主张，对20世纪20年代后的文化史、思想史产生了富有建设性的重要影响。时至今日，这种根本性的影响更为突出了。

3月25日，得到鲁迅关心和支持的《浅草》季刊在上海创刊，负责编辑的是鲁迅的学生陈炜谟（1903—1955）。三年后，鲁迅在《一觉》中写道，当时"一个并不熟悉的青年，默默地给我一包书，便出去了，打开看时，是一本《浅草》。就在这默默中，使我懂得了许多话。阿（啊），这赠品是多么丰饶呵"。由此可见，鲁迅对青年的喜爱与支持。当然，鲁迅对《浅草》的评价也是正面的："每一期都显示着努力：向外，在摄取异域的营养，向内，在挖掘自己的魂灵，要发见心里的眼睛和喉舌，来凝视这世界，将真和美歌唱给寂寞的人们。"（《且介亭杂文二集·〈中国新文学大系小说〉二集序》）

胡适和鲁迅，一北一南，为新文化运动呕心沥血。

5月，郁达夫（1896—1945）参与创办《创造周刊》；7月，主编"创造社号"——报纸《中华日报》副刊《创造日》。郁达夫在《〈创造日〉宣言》中说："我们想以纯粹的学理和严正的言论来批评文艺、政治、经济，我们更想以唯真唯美的精神来创作文学和介绍文学。"

郁达夫提倡"唯美唯真"的文学精神，不仅对文学，而且对新闻舆论的使命也标举"唯美唯真"，与黑幕、偏狭的东西大异其趣。为健康的文学和舆论作出了贡献。

当时，瞿秋白主要负责党的宣传工作。1922年，瞿秋白结束在苏俄考察回国后，一直主编《新青年》季刊、《新青年社丛书》、《前锋》月刊、《向导》周报、《热血日报》、《布尔什维克》等报刊。

6月，《新青年》季刊创办，创刊号被编成"共产国际号"专刊，瞿秋白题写刊名、设计封面。《新青年》季刊封面中心是一监牢铁窗，一只手从中伸出，紧握红色绸带，下面有一行文字——"革命党自狱中庆祝革命之声"。7月1日，瞿秋白、蔡和森在上海创办《前锋》月刊，这是当时中共中央的机关刊物，而瞿秋白在宣传部工作。《前锋》月刊与《新青年》季刊不同，它主要在内容上注重斗争实际，以调查材料和数据来剖析帝国主义对中国的政治、经济、文化侵略的本质和手段，也揭露北洋军阀的独裁统治，论战中国社会和革命问题，并介绍苏俄及世界各地情况。

这年还有两个话题被报界和舆论界炒得很欢实：一是周氏兄弟反目成仇，从此永成陌路；二是胡适与王国维（王静安，1877—1927）几乎是前后脚走进紫禁城，王国维进宫为"南书房行走"，享五品俸禄，而胡适是应溥仪（1906—1967）之邀进宫拜访的。其中，前者有层神秘色彩，但禁不起认真一戳；后者是各种势力借题发挥，以达到攻击之目的。

至于北洋军阀，这一年仍然一如既往地对知识分子的"不合作"施以疯狂的制裁。

是年2月初，北京亚洲通讯社社长林超然，因发了一则不利于当局的消息，被以侮辱罪逮捕入狱。

5月，众议员钱崇恺提出《质问政府违法逮捕新闻记者书》。次日，五十多家通讯社代表到国务院质问总理张绍曾："以国务院函令警察捕记者，根据何项法律？"张绍曾置之不理，遂有外国驻京记者开会声援中国通讯社。8月，北京学生联合会通电国务院，声讨非法逮捕林超然的行径。

各界联合起来，争取言论自由的呼声一浪高过一浪。

还是在此年2月8日，"二七"惨案发生第二天，军阀吴佩孚就以"鼓动罢工，扰乱社会秩序"为罪名，查封了报道"二七"大罢工之前后消息的汉口《真报》，附设的《闲话报》也被取缔。与此同时，宣传反映罢工的《京汉路罢工日刊》仅办了一周，也被禁了。

4月，林白水在《社会日报》揭露曹锟贿选总统丑闻而被监禁三个月，致使《社会日报》再度被查禁。

7月26日，京师警察厅查封了京津晚报社、民治通讯社，其社长被拘押。为此，北京报界纷纷营救。

8月1日，上海报界名人邵力子（邵仲辉，1882—1967）、戈公振（1890—1935）、张季鸾等二十多人联名致电全国各报馆、通讯社，呼吁保障人权，维护舆论。

9月，湖北宜昌《商报》未被宣布任何罪名，就被地方当局查封，其主笔被捕。宜昌报界联合会致电全国报界请求声援，《晨报》也刊出这一通电。

1924年　瞿秋白办报宣传马克思主义，《语丝》《现代评论》主张温暖民族灵魂

> 黄沙百战穿金甲，不破楼兰终不还。
> ——［唐］王昌龄《从军行七首·其四》

1924年，甲子年，是军阀混战、分裂山河的一年，也是中国国民党、中国共产党合作拉开序幕的一年。

1月20日，中国国民党第一次代表大会在广州举行，孙中山主持大会，并指定汪精卫、胡汉民（1879—1936）、李大钊、林森（1868—1943）、谢持（1876—1939）五人为大会主席团成员。会议代表共一百六十五人，其中共产党员二十三人。会议通过《第一次全国代表大会宣言》草案，重新解释"三民主义"，对外反对帝国主义，对内反对民族压迫，各民族一律平等，确立"联俄、联共、扶助农工"三大政策。大会选举产生了中国国民党中央执行委员会，其中中央执行委员有李大钊，十七名候补中央执行委员有毛泽东、张国焘、瞿秋白等七名共产党员。至此，国共合作拉开大幕。

4月12日，孙中山起草的《国民政府建国大纲》（简称《建国大纲》）

正式公布。从大纲看,孙中山的理想是把中国建设成为宪政共和国。大纲称,"国民政府本着革命之三民主义、五权宪法,以建设中华民国",其中"建设之程序分为三期:一曰军政时期;二曰训政时期;三曰宪政时期"。

5月31日,北洋政府外交总长顾维钧与苏俄代表加拉罕(全名列夫·米哈伊洛维奇·加拉罕,1889—1937)正式签订《中苏解决悬案大纲协定》,宣告北京政府与苏俄政府建交。

6月16日,国民党陆军军官学校举行开学典礼并宣告正式成立,校址在广州黄埔。早在1921年12月,孙中山与共产国际代表马林会谈时,马林就曾建议孙中山建立军校;1923年,孙中山派蒋介石赴苏俄考察,遂决定建立黄埔军校,由孙中山任校长。黄埔军校最高领导为校本部,由孙中山、蒋介石、廖仲恺组成。其时,周恩来为教官,并于11月被任命为政治部主任。

7月3日,广州农民运动讲习所正式开学。由中国国民党中央农民部主持,中国共产党直接负责,中共党员彭湃(1896—1929)任首届农民运动讲习所主任。讲习所以培养"坚韧卓绝之农民运动战斗员"为宗旨,学员毕业后即分赴各地开展农民运动。

7月13日,北京学生联合会、国民外交协会等五十多个团体的代表及各界人士二百三十多人在中央公园召开"反帝国主义运动大联盟"成立大会,大会宣言规定"以打倒帝国主义的侵略政策、废除一切不平等条约为宗旨",同时发布《告世界被压迫民族书》,号召打倒帝国主义。

9月17日,直、奉军阀矛盾白热化,两军在热河交战,第二次直奉战争爆发。10月,奉军攻入山海关,直军退到秦皇岛。10月23日,直系将领冯玉祥发动"北京政变",直奉战争急转直下。25日,冯玉祥包围总统府，囚禁曹锟，直系军阀曹锟、吴佩孚倒台。冯玉祥在北京召开政治军事会议，决议请皖系军阀段祺瑞担任中华民国临时执政，并电邀孙中山北上"共商国是"。

11月10日，孙中山在广州公开发表《北上宣言》（又名《时局宣言》），表示将应邀北上，与北京政府代表商讨国是，谋求全国统一，并宣告重申反对帝国主义和军阀宗旨。

11月24日，段祺瑞出任中华民国临时执政。不久，冯玉祥被挤出北京，北京政府由皖、奉联合掌控，实际由奉军把持。

12月31日，孙中山自天津扶病入京，受到十万各界群众的热烈欢迎。病重的孙中山见北京政局复由军阀掌控甚感失望，为做最后努力发表了书面讲话《入京宣言》，称"入京非争地位和权力，特来商讨救国"。

1924年1月，广州的局势出现了转机。

在苏俄的帮助下，国民党顺利召开"一大"。身心憔悴地登上"一大"讲台的孙中山感慨万千，其"联俄、联共、扶助农工"的三大政策拉开了国共合作的大幕，给动乱的中国带来了一派生机。此年8月，《〈晨报〉六周年纪念增刊》卷首语说，"我们对现实政局是绝望的，所以只有监督和批评，绝没有什么希望，我们以为要使政局转机，除改造社会不可"。这个论断，虽然有清醒地认识到军阀混乱和社会黑暗的可贵，但没注意到国共合作、黄埔军校的建立已经开始在改变这个黑暗的社会，就未免有些悲观短视了。

其实，从3月起，上海《民国日报》已成为国民党的机关报。此年10月，共产党创办的《中国工人》月刊，胡政之（1889—1949）创办的民间

《国内新闻》,"中国国家主义派"(中国国家主义青年团)创办的《醒狮周报》,在军阀混战的缝隙里各自宣传自己变革社会的政治主张,报界、舆论界的意识形态已经出现多元化。与此同时,军阀独霸、一家执政的专政局面,也已经发生了变化。

3月1日,共产党人瞿秋白担任《民国日报》编委,在宣传孙中山的"三民主义"的同时也宣传了马克思主义,如瞿秋白办"五一"专刊、"五四"专刊,积极宣传马克思主义和反对帝国主义。5月6日,瞿秋白在致共产国际代表鲍罗廷(全名米哈伊尔·马尔科维奇·鲍罗廷,1884—1951)的信中,报告了《民国日报》正在撰写的几篇反对帝国主义的文章——《揭露华盛顿会议》(陈独秀)、《关税问题》(瞿秋白)、《列强侵略行为一览》(恽代英)等,以及受到国民党右派有组织、有计划的攻击的情况——"我们收到了广州的报纸,其中有一家报上说,《民国日报》已经成了共产党的报纸了,因为它在俄中谈判时'维护俄国人的利益';还说这是由于瞿秋白参加了编辑部,同时这张报纸应该叫作'俄国共产党在国民党中的执行委员'"。《民国日报》与国民党右派斗争的结果是,总编辑叶楚伧(1887—1946)退出。

4月12日,印度诗人、第十三届(1913年)诺贝尔文学奖得主泰戈尔(1861—1941)应邀访华讲学,是当时中国与世界文化交流的一件大事。4月14日,《申报》发表《泰戈尔与中国新闻社记者谈话》一文,其中泰戈尔说"此次来华,……大旨在提倡东洋思想亚细亚固有文化之复活……泰西文化单趋于物质,而于心灵一方缺陷殊多",此论说与当时梁启超的论调异曲同工。4月18日,陈独秀在《中国青年》第二十七期发表《泰戈尔与东方文化》,指出"请不必多放莠言乱我思想界!泰戈尔!谢谢你罢,中国老少人妖已经多得不得了呵"。其实，早在1923年10月，早年对泰戈尔尊崇有加的郭沫若写出一篇《泰戈尔来华的我见》，认为泰戈尔宣传的主张在中国是不必要的，并讽刺泰戈尔的思想"只可以作为有产阶级的吗啡、椰子酒"。当时，年轻的学生们多受陈独秀、郭沫若等人的思想影响，因此泰戈尔此次来华所到之处不是鲜花而是抗议之声。

5月12日，在泰戈尔即将离华前，作为泰戈尔此次访华翻译的徐志摩在北京东安剧场发表演讲替其"主持公道"，质问"肮脏是在我们的政客与暴徒的心里，与我们的诗人又有什么关系？昏乱是在我们冒名的学者与文人的脑里，与我们的诗人又有什么亲属？"，并提醒年轻的学生们要正确认识泰戈尔：

> 像他的这样伟大的声音我们也许一辈子再不会听着的了。留神目前的机会，预防将来的惆怅！他的人格我们只能到历史上去搜寻比拟。他的博大的温柔的灵魂我敢说永远是人类记忆里的一次灵绩。他的无边的想象是辽阔的同情使我们想起惠德曼（惠特曼）；他的博爱的福音与宣传的热心使我们记起托尔斯泰；他的坚韧的意志与艺术的天才使我们想起造摩西像的密仡郎其罗（米开朗琪罗）；他的诙谐与智慧使我们想象当年的苏格拉底与老聃！他的人格的和谐与优美使我们想念暮年的葛德（歌德）；他的慈祥的纯爱的抚摩，他的为人道不厌的努力，他的磅礴的大声，有时竟使我们唤起救主的心像，他的光彩，他的音乐，他的雄伟，使我们想念奥林必克（奥林匹斯）山顶的大神。他是不可侵凌的，不可逾越的，他是自然界的一个神秘的现象。他是三春和暖的南风，惊醒树枝上的新芽，增添处女颊上的红晕。他

是普照的阳光。他是一派浩瀚的大水，来从不可追寻的渊源，在大地的怀抱中终古的流着，不息的流着，我们只是两岸的居民，凭借这慈恩的天赋，灌溉我们的田稻，苏解我们的消渴，洗净我们的污垢。他是喜马拉雅积雪的山峰，一般的崇高，一般的纯洁，一般的壮丽，一般的高傲，只有无限的青天枕藉他银白的头颅。

徐志摩此演讲的内容于5月19日发表在《晨报副刊·新月》，震撼了当时的中国文坛。当时，徐志摩对报章之于泰戈尔的记载可以说是很不满，故在演讲后径直宣布"罢译"——"吾人于泰戈尔之演讲，如吃甘蔗，吾之翻译，及报纸之记载，将皆成为糟粕。故不必画蛇添足，举糟粕以饷人"。由此可见，泰戈尔此次来华虽在上海、杭州、北京等地做了演讲，但实际上他是"乘兴而来，败兴而归"。5月29日，泰戈尔用苍凉的目光最后扫视了这片狂热而愚昧的土地后，提前结束了他的中国之行。

还是在4月，报人、小说家张恨水（1895—1967），加入新闻史上的"三个世界之一"的《世界晚报》。该报是老报人成舍我（1898—1991）辞去《益世报》的职务后以二百大洋创办的，特邀张恨水、余秋墨等友人帮忙。《世界晚报》还有副刊《夜光》，余秋墨负责编辑。然而，余秋墨只工作了一个月便辞职了，副刊《夜光》由张恨水接任。当然，张恨水是喜欢副刊的，他也很适合做副刊编辑。后来，张恨水说："我虽入新闻界多年了，我还是偏好文艺方面，所以在《世界晚报》所负的责任，倒是我乐于接受的。"（注：1925年，成舍我又创办了《世界日报》，附设副刊《明珠》且也交张恨水负责。）张恨水也因而实现了"自我的喉舌"——在副刊写小说连载，从而成就了报人、小说家两大事业。

《世界晚报》在创刊号上公布了四条办报宗旨——"言论公正，不畏强暴，不受津贴，消息灵确"，是一张独立的、民间的、大众的报纸，以实现"自我的喉舌"且也是"社会大众的喉舌"为办报理念。张恨水主编的副刊很有特色：一是诗词分量重；二是谈掌故，虽琐屑得近于笑谈，但犹能微言大义；三是月旦人物，每月换一个题目、人物；四是关注民生问题，有一种底层情怀和平民意识。因此，张恨水主编的副刊《夜光》《明珠》都成为有个性的报纸，"以不失圆润光亮的性质而能使别人爱惜赏玩为度"。

6月，北洋军阀不声不响地查禁了胡适的《胡适文存》。钱玄同在《晨报副刊》发表三则《零碎事情》，将此事告知世人。刘半农（1891—1934）在《晨报副刊》发表《〈胡适文存〉究竟禁止否？》等，干脆明说了北洋军阀禁《胡适文存》一事。7月6日，胡适自己也勇敢地站出来在《晨报副刊》发表了三天前他写给国务总理张国淦（1876—1959）的信，公开质疑是否抗议北洋军阀违法禁书行径。当局不敢正面回应，但禁书则一直在暗中进行。不久，周作人的《自己的园地》也被禁。

8月，创造社应《中华新报》主笔张季鸾约请为该报代编副刊《创造日》，后出版到一百期停刊。当时，郭沫若曾致信（《孤鸿》）成仿吾（1897—1984），宣称"我现在成了个彻底的马克思主义的信徒了！马克思主义在我们所处的这个时代是唯一的宝筏"，而"我从前只是茫然地对于个人资本主义怀着的憎恨，对社会革命怀着的信心，如今更得着理性的背光，而不是一味的（地）感情作用了"。本月，创造社青年作家潘汉年（1906—1977）、周全平（1902—1983）等创办的《洪水》也停刊。郭沫若是《洪水》的"推动力"，不单是做撰稿人、当编辑，还"需在经济上想办法"。创造社早期创办的《创造》(季刊)、《创造周报》和《创造日》，其办刊主旨曾在《时事新报》副刊《学灯》上刊登的《〈创造日〉发刊的预告》中说得很明白——"专以学理为根据，对文艺社会政治，下严正的批评"，"是不偏不倚的被压迫者的代言者，是新时代的创造者"。此年，创造社的成仿吾在《创造周报》最后一期发表《一年回顾》，说："环顾我们的国事，是非的论争闹得天昏地暗，此亦一是非……"对北洋军阀取缔新思想，大兴"文字狱"，概括得很恰切。

比起当时的其他报刊，创造社的副刊在政治上是激进的，但是否如郭沫若所言"杂志具有彻底的'马克思主义'属性"则另当别论，而创造社成员受到当时日本流行的所谓马克思主义(极左)的影响是明显的。到"左联"时期，他们批判、讨伐鲁迅，便是证明。

禁书、封报馆，成为此年言论史上真实而残酷的一幕。但"万恶贯盈的北京"(郁达夫语)在这年岁尾却上演了报刊界、言论史上反抗钳制舆论自由的大戏，由《语丝》和《现代评论》两个不同风格的刊物为主角。

11月17日，《语丝》问世。《语丝》是由鲁迅、周作人、林语堂(1895—1976)、刘半农、钱玄同等成立的语丝社创办的周刊。后来，周氏兄弟反目，鲁迅便只是撰稿人之一，《语丝》成员添加了冯文炳(废名，1901—1967)、孙伏园、章川岛(章廷谦，1901—1981)等人。该社主要以杂文进行社会批评和文艺批评，共出二百三十六期。在《语丝》创刊号上，主编周作人为《语丝》撰写的发刊词说：

> 我们并没什么主义要宣传，对于政治经济问题也没什么兴趣，我们所想做的只是想冲破一点中国的生活和思想界的昏浊停滞的空

气。我们个人的思想尽自不同，但对于一切专断与卑劣之反抗则没有差异。我们这个周刊的主张是提倡自由思想，独立判断，和美的生活。……周刊上的文字大抵以简短的感想和批评为主，但也兼采文艺创作以及关于文学美术和一般思想的介绍与研究，在得到学者的援助时也要发表学术上的重要论文。

11月23日，周作人在《语丝》第五十四期上发表《答孙伏园论"语丝的文体"》一文，其中写道："……除了政党的政论之外，大家要说什么都是随意，唯一的条件是大胆与诚意……我们有这样的精神，便有自由言论之资格，办一个小小周刊，不用别人的钱，不说别人的话。"后来，林语堂在《语丝》第五十七期上发表《插论〈语丝〉的文体——稳健、骂人及费厄泼赖》，对周作人概括的"语丝体"做了进一步阐发，"我主张《语丝》绝不要来做'主持公论'这种无聊的事体，《语丝》的朋友只好用此做充分表示其'私论''私见'的机关"。该刊针对时弊，提倡小品文，形成"语丝文体"。

12月23日，胡适、王世杰（王雪艇，1891—1981）、陈西滢（陈源，1896—1970）等在北京创办《现代评论》周刊。《现代评论》共出二百零九期，从第一百三十七期后移至上海出版。《现代评论》创刊号发表了简短的"启事"，称该刊的宗旨是"精神是独立的，不主附和；态度是研究的，不尚攻讦；言论趋重实际问题，不尚空谈"。

如果说《语丝》成员多以北京女子师范大学教授为班底，那么《现代评论》的成员则是以北京大学教授为主体的，即大多是自由主义知识分子。

《语丝》和《现代评论》诞生在"五四"浪潮之后,代表两个不同的知识分子群体、两种精神路向的不同价值的选择。

曹聚仁曾在《文坛五十年》一书中比较过这两个周刊,他认为《现代评论》比《语丝》更具文学意味,更有绅士的气度,也更有自由主义气氛。但秉公而论,两者并没太多的差异,都带有《新青年》争自由、争独立人格和人权的遗风流韵,都在那苦难的军阀独裁的年代曾温暖着苦难民族的灵魂。

1925年　茅盾创办《公理日报》，胡政之创办《国闻周报》

>　　乱花渐欲迷人眼，浅草才能没马蹄。
>
>　　——［唐］白居易《钱塘湖春行》

　　1925年，乙丑年，最重要的事情是革命先行者孙中山逝世。

　　3月12日，中国民主革命先驱、导师和领袖孙中山在北京铁狮子胡同十一号病逝，享年六十岁。

　　孙中山于1924年冬应邀北上，谋求"南北和平，统一中国"。至天津时，孙中山肝病发作，进京后经德、俄医生在协和医院诊断为肝癌，但手术后发现肺已坚硬如木。3月12日上午九时三十分，孙中山的心脏停止了跳动。

　　噩耗传出，举国哀恸。3月19日，孙中山的灵柩移至中央公园社稷坛，十二万北京市民在街头举迎移灵队伍。24日，在社稷坛举行公祭，临时执政段祺瑞不敢致祭，派内务总长龚心湛（1871—1943）代之，气得江西总督李烈钧（1882—1946）大骂道："死总理吓死了活执政。"这场公祭，前来吊唁公众达七十五万人。

4月2日，孙中山灵柩移往北京西山碧云寺。

孙中山逝世时虽留下"革命尚未成功，同志仍需努力"的遗言，但中国政局则变得更为复杂了。

5月1日，第二次全国劳动大会在广州召开，会上通过《中华全国总工会章程》，成立了中华全国总工会，刘少奇（1898—1969）任副委员长。随后，中国共产党领导了全国工会运动。本月30日，日商枪杀中共党员、工人顾正红，上海工人举行示威游行，英国巡捕房竟然开枪射击，当场造成数十人伤亡并逮捕了一百五十余人，史称"五卅惨案"。消息传出，中共中央召开集会，向全国委员会通告号召发动地方各界民众支持上海工人运动。全国二十个大中城市举行罢工、罢课、罢市的"三罢"运动，声援上海罢工工人。6月19日，为了声援上海工人"五卅运动"，广州和香港工人举行了省港大罢工。

7月1日，中华民国国民政府在广州正式宣告成立（广州国民政府）。国民政府委员由汪精卫、胡汉民等十六人组成，其中汪精卫等五人为常务委员，汪精卫任国民政府主席。半个月后，戴季陶倡导"纯正三民主义"（又称"戴季陶主义"），国民党右翼理论形成体系：大力宣扬"三民主义"，反对阶级斗争造成的社会阶层撕裂；主张建立一个所谓纯粹的或单纯的国民党。

8月，瞿秋白在《向导》发表了《中国国民革命与戴季陶主义》一文，深刻全面批判"戴季陶主义"。9月，中共中央集中批判"戴季陶主义"，萧楚女（1893—1927）、恽代英等发文批驳，陈独秀在《向导》杂志发表致戴季陶信。11月，国民党右翼非法在北京碧云寺集会，决议反对国共合作，要求撤掉毛泽东、李大钊、瞿秋白在国民党中的职务。随后，国民党中央执委会在广州发出通电，指责"西山会议派"（国民党内的右翼派别，代表人物有林森、居正、叶楚伧等）的分裂活动。

12月，毛泽东在《革命》半月刊发表《中国社会各阶级的分析》一文；国民党中央宣传部在广州创办《政治周报》，毛泽东任主编。

此年3月，孙中山逝世，巨星陨落，举国哀恸，使这一年早春蒙上浓重的悲怆气氛。5月初夏，"五卅惨案"激发了中华民族反帝的汹涌浪潮。至此，中国共产党领导的工人阶级成规模地登上历史舞台，显示出无穷的力量，给中国社会带来了希望。不过，身处租界的不少报纸的沉默，激怒了已经觉醒的知识分子群体。6月3日，上海商务印书馆的郑振铎、叶圣陶（1894—1988）、沈雁冰（茅盾）等文化名人，以上海学术团体对外联合会的名义创办了《公理日报》，全方位报道了"五卅运动"的真相。杨杏佛（1893—1933）在上海创办、主编《民族日报》，也积极参与斗争。6月4日，瞿秋白主编的《热血日报》创刊，这是中国共产党历史上的第一份日报。6月8日，邵飘萍的《京报》在副刊推出由清华大学学生会主编的《上海惨剧特刊》。6月11日，上海总工会机关报《上海总工会日刊》创刊，由上海总工会直接发行。7月初，《东方杂志》率先出版《"五卅事件"临时增刊》，其中有王云五（1888—1979）撰写的《"五卅事件"之责任与善后》、胡愈之（1896—1986）撰写的《"五卅"事件纪实》等文。诸报刊联合作战，让公理得到伸张。多年以后，报人王芸生（1901—1980）说："五四运动给我打下了一个做人的基础；五卅运动又使我认识了自己的国家。民族的热血，曾鼓舞着我们青年的心。"这就是当时知识分子精神的写照。

这一年，独裁的军阀政府依然霸道地我行我素，继续钳制舆论自由。

4月1日，京师警察厅受命出台《管理新闻营业规则》十二条，其苛酷甚至堪比袁氏的《报纸条例》。为此，有争舆论自由传统的知识分子，也如过往一样继续为反抗钳制舆论自由而不懈斗争，对抗的两种力量再次殊死拼杀，让这一年的言论史依旧充满了悲壮景象。4月4日，上海书刊联合会联合上海日报公会、书业商会、书业公所举行联席会议，鉴于《出版法》等相关条例钳制言论出版自由、违背宪法性质，决议分别致电北京政府法制院、内务部要求废除。四天后，上海商会也致电北京政府，要求废除《出版法》。

此年，在北洋军阀钳制言论出版自由的罪恶中，上海租界工部局等洋人与独裁军阀沆瀣一气，扮演了极不光彩的角色。3月，上海《商报》主编陈布雷、《民国日报》主笔邵力子、《中华新报》主笔张达吾，都因报道上海纱厂工人罢工事件而被工部局以"鼓动工潮""扰乱治安"等罪名拘捕。陈、邵、张三人均被罚款，不准他们再"宣传过激主义"，并逐出租界。

当时，陈布雷颇有才名。叶恭绰曾说："全国报界中，主持社论之人才，寥寥不可多得。其议论周匝，文笔雅俊者，'在北惟颜旨微在南惟陈畏垒（陈布雷）'而已。"其中，颜旨微（颜泽祺，？—1946）为北京《益世报》主笔，每日撰文从未间断。早在1923年4月，"金佛郎案"（别名"金法郎案"）发生，颜旨微连续著文，立论公正，博得大名；陈畏垒，即陈布雷，时乃《天铎报》《商报》主笔，其"如椽大笔，横扫千军"让郭沫若也为之倾慕。

4月中旬，胡适、陈西滢、钱玄同等十八位名教授联名致函当时的司法总长章士钊，表示为维护宪法赋予的言论、出版自由权利，应废除《管理新闻营业条例》等。

同月，上海租界工部局在纳税人年会上趁机提出《印刷附律》议案。上海各界纷纷抗议，有三十二个团体联合发表抗议宣言。《向导》《民国日报》和《大陆报》（中美合办的英文报纸）等不同政治背景的报纸都纷纷发声，严厉批判上海租界工部局。因受"五卅运动"影响，上海租界工部局未能得逞。但因《东方杂志》在7月多次报道"五卅惨案"，9月上海公共租界总巡捕房向公审廨起诉曾发表"五卅运动"相关文章的王云五等人，后在会审公廨不宣布"罪状"、无审理理由的情况下判令王云五等人罚款，并且一年内不得再发表同类文章。上海《民国日报》主笔也被罚款，同时查抄了《沪报》和《国耻画报》（杜宇）等。

这一年，报界反抗钳制言论者还有几位要提。先说成舍我，他不仅是靠言论，而且是靠办报而享誉报界的名人。此年2月，成舍我在北京创办《世界晚报》，他在发刊词中提出"以国民意见为意见""以党派立场争取全民福利"等主张。这种"不党不偏、不畏强暴、不受津贴、消息灵确"的办报宗旨和"言论公正，为民发声"的办报方针，是众多报人所承诺、所追求的，而成舍我是其中的佼佼者。4月8日，《世界晚报》在《晨报》上刊登出一则特别启事："京师地检厅，对于本报，一再以妨害公务，犯《出版法》第十一条第五款等罪，传召本社经理成舍我，成君因应付讼事，所有经理职务由协理龚德柏（《世界晚报》总编辑，1891—1980）兼任。"看似是一则《世界晚报》人事变动的消息，实则是对七天前京师警察厅发布《管理新闻营业条例》十二条的抗议声讨。10月，成舍我又在上海创办《世界画报》，而11月再在北京创办《世界日报》。《世界日报》甫一亮相即出手不凡，刊出《昨日十万民众对段政府大示威》的新闻，还有成舍我撰写的署名社论《哀段君祺瑞》。在军阀的血腥高压下，不屈的成舍我勇敢地站出来向黑暗的段政府发出挑战和讨伐，给民众撑腰提气，算得上是一条好汉。由于《世界日报》这种不屈的独立品格，该报获得了广大读者的信赖和喜爱，发行量由三四千份猛涨至二三万份。至此，无党无派、白手起家的成舍我笑傲于报界江湖，让一些明里暗里收受段政府贿赂的报纸相形见绌。成舍我创办的三个"世界"（《世界晚报》《世界画报》《世界日报》）自成体系，成为中国报业史上一道亮丽的风景。

瞿秋白对革命事业的贡献是多方面的，他的办报生涯也成就卓著。从1919年创办《新社会》起至1934年主编《红色中华》止，他在十五年间为中共创办过十二种报刊，主编了八种革命书籍。

此年5月，上海发生了震惊全国的"五卅惨案"。6月，由瞿秋白任主编的《热血日报》诞生，这是中共主办的发扬"民气"的通俗政治报纸。该报八开，每天四版，设有社论、本埠要闻、紧要消息等栏目，另辟副刊《呼声》刊登大众文艺作品、短时评、读者来信。该报以新闻报道为主，具有强烈的政治鼓动性和鲜明的革命态度，就是办给一般工人群众看的报纸。同时，该报还有两大鲜明特点——通俗性和题材的多样性，这样工人、群众才看得懂、喜欢看。例如，在反映"五卅运动"时，报纸编发了《罢市五更调（上海日）》《五卅纪念曲》《救国十二花名》等，力求用口语，尽量用方言等通俗文字，并且生动活泼、篇幅短小。在《罢市五更调（上海日）》前，瞿秋白加了这样的按语："我们很想收集这种平民作品，因为只有这作品里，我们才能够看见国际帝国主义压迫下的思想和情绪。我们现在得到了这一首，先发表出来。如爱读本报者肯以自己搜集所得的寄来，我们一定择优发表。"《热血日报》在林立的报界，以通俗的方式宣传政治、调动民众，为报纸的大众化开了先河。

另外，这一年4月1日，胡政之在上海创办《国闻周报》，在发刊词中说，"今日之新闻记者其职能即古之史官，而尽职之难则远愈古者"，"吾人苟欲建舆论之权威，第一当先求判断资料之事实问题。首当求真确之发现，与忠实之报道"。话虽不多，其"求真"系报纸的生命之论，却是此年最理性的声音。

1926年 报人邵飘萍、林白水喋血，《大公报》坚持"四不"主义

> 原野犹应厌膏血，风云长遣动心魂。
> ——［金］元好问《楚汉战处》

1926年，丙寅年，是动乱、杀戮、反抗与孕育希望的一年。

1月1日，为期二十天的国民党第二次代表大会在广州召开。大会重申"反帝反封建"的革命纲领及"联俄、联共、扶助农工"的三大政策。在二百五十六位代表中，共产党人占三分之一以上。不过，蒋介石挟军权入选国民党中央执行委员会常务委员（简称中常委），为他的势力发展创造了有利条件。3月20日，蒋介石制造"中山舰事件"。

2月，中共中央为解决党在当前的第一政治问题，在北京召开特别会议。会议指出，"党在现时政治上最主要的职任，是从各方面准备广东政府北伐；而北伐的政纲必须是以解决农民问题作主干"。同时，会议还决定建立中央军事委员会，以便加强党的军事工作。

3月18日，北京抗议列强无理要求的请愿民众在铁狮子胡同执政府前请愿时，遭到执政府卫队排枪射击，顿时血流遍地。这一天，鲁迅称之为

"民国以来最黑暗的一天"。4月9日，国民军鹿钟麟（1884—1966）部发动政变，包围北京执政府。后因直奉联军兵临城下，国民军退出北京，扼守南口。五天后，段祺瑞在天津通电"决定引退"。

同是4月，记者邵飘萍、林白水，被奉军先后枪杀于北京天桥刑场。

5月，广州第六届农民运动讲习所在番禺学宫开学，毛泽东任校长，主持讲习工作。

6月，国民政府派叶挺（1896—1946）的第四军独立团和钟祖培（1890—1951）的第七军第八旅，分别自两广进军湖南援助唐生智（1889—1971），揭开了北伐序幕。6月5日，国民政府为进行北伐战争，特任命蒋介石为国民革命军总司令。7月9日，蒋介石就任总司令之职，在广州举行北伐誓师典礼，北伐正式开始。

9月17日，冯玉祥在绥远五原就职誓师典礼，正式率部投身国民革命，全体将士集体加入国民党。

12月，在中共重庆地委军事委员会的杨闇公（1898—1927）、刘伯承、朱德的积极策动下，四川各地的川军相继起义。

1926年是丙寅年，军阀混战，"城头变幻大王旗"，惨案不断发生。这一年，先是发生了"三一八惨案"——段祺瑞政府悍然枪杀和平请愿的四十七名学生，后是奉系军阀张作霖及部将张宗昌率军杀入京城，不足百日内又先后杀害新闻史上熠熠闪光的报人邵飘萍和林白水，史称"萍水相逢百日间"。可见，反动军阀的猖狂与残暴。不过，即便面对残杀，报人还是为争取言论自由甘愿洒热血，赴汤蹈火而不辞。

开年之初的1月20日，在上海书刊联合会的日报公会、书业商会、书业公所等曾两次公开发表声明要求废止《出版法》之后，北京新闻界争自由大同盟即举行大会，决议两天后派代表向北洋军阀递交呈文，要求当局废除袁世凯当政时出告的《出版法》及现行的《管理新闻营业条例》十二条，并于21日在《晨报》发表了该呈文。同日，上海各公团联合会也致电北洋政府内务部、司法部，呼吁"尊重人民自由"，废止《出版法》。

经过舆论界长期不懈努力，甚至不惜抛头颅洒热血的斗争，再加上南方国民革命军北伐的威慑，北洋军阀政府被迫在国务会议上做出妥协，通过了废止《出版法》的决议。

3月12日，奉系军阀在日舰掩护下率奉军进攻天津大沽炮台，鹿钟麟下令还击。就在日本又纠集《辛丑条约》的几个缔约国向北京政府发出拆除天津大沽炮台的"最后通牒"之时，民国历史上最黑暗的一天在枪声和学生、民众的喋血中降临了。

3月18日清晨，近五千名学生、民众在金水桥畔集会，大会主席俄文法政大学校长（中俄庚款委员会主席）徐谦（1871—1940）和李大钊发表了"反对日本等八国通牒"的演讲。下午，群情激愤的游行开始，当两千名学生、民众在李大钊带领下到达铁狮子胡同执政府前要求段执政出来见面时，突然枪声大作，顿时血肉横飞、伏尸累累，包括女师大学生刘和珍、杨德群在内的四十七个和平请愿的学生、民众倒在了血泊中，史称"三一八惨案"。

惨案发生后，邵飘萍主办的《京报》刊登了《三一八惨案内幕种种》；成舍我主办的《世界晚报》等纷纷报道了惨案真相，严厉谴责这场血腥屠杀；《晨报》还公布了死难者的名单及部分照片。

全国报界也纷纷报道了这一惨案，如有国民党背景的《国民新报》连续发表《段祺瑞之大屠杀》《段祺瑞应受人民审判》等檄文。

全国知识界也纷纷发声，声讨段政府的血腥杀戮。其中，周作人、林语堂、朱自清等在《语丝》周刊、《京报》副刊、《国民新报》副刊发表文章痛斥段政府无辜杀人，并缅怀惨遭喋血的鲜活生命。4月12日，鲁迅在《语丝》周刊上署名发表《记念刘和珍君》一文，以纪念女师大的学生。

当时，正与鲁迅厮杀得难解难分的现代评论派之王世杰、高一涵等人也同时在《现代评论》周刊发文，强烈抗议"杀人政府"，强调法律追究，提出"元首犯罪"与"庶民百姓犯罪"一样应受到法律制裁的正义之声。

诗人徐志摩在《晨报副刊·诗镌》出版的"纪念三一八专号"上写下《梅雪争春》一诗，并在《自剖》一文中直接谴责那场"屠杀无辜"的"空前的血案"——"杀死的不仅是青年们的生命，我自己的思想也仿佛遭着了致命的打击……"

或许，"三一八惨案"的发生有极为复杂的背景，但谁也抹杀不了知识分子面对血案和杀戮时集体表现出的正义立场和为之赴汤蹈火的精神。

"三一八惨案"发生不久，在社会对其发出的谴责和抗议声尚绵绵不绝之际，张作霖接替段祺瑞进京执政（主要由张宗昌、张学良负责北京地面上的相关事务），但其并不比段有丝毫的收敛，并在新闻界又制造了骇人听闻的恐怖事件。不足百日，张作霖政权先后杀害了报人邵飘萍和林白水，封禁了他们创办的《京报》和《社会日报》。

实际上，邵飘萍得知奉军欲加害于他，曾先后避难于德国医院、六国饭店。4月24日，邵飘萍以为险情过去便回到《京报》，结果被埋伏多时的侦探抓获。闻讯后，在京新闻界即刻集会推选代表，请张学良网开一面，但张以"宣传共产，鼓吹赤化"为名拒绝，甚至连民国元老王士珍

（1861—1930）出面说情仍不买账。26日凌晨，邵飘萍被拉到北京天桥枪决。据当时目击者称，邵飘萍身着夹袄、马褂，面对刽子手大笑数声，被一马枪子弹射中后脑倒地。就这样，一代报界巨擘为正义和良知血溅京华。

百日之后，另一言论犀利且敢于直言的报界巨擘林白水也同样在天桥喋血，享年五十五岁。林白水年轻时以文章闻名乡里，二十四岁与大名鼎鼎的林纾（林琴南）受聘于杭州蚕桑学校执教，三年后任《杭州白话报》主笔，不久又与蔡元培赴上海创办《学生世界》并发起成立中国教育会。1903年，林白水赴日留学，归国后与蔡元培在上海创办《俄事警闻》（后改名《警钟日报》），同时又独自创办《中国白话报》，并先后撰写《中国白话报》发刊词以及《时事问答》《亡国的三大原因》等重要文章，号召爱国反帝，鼓吹"反满革命"，成为"白话文的革命"宣传家。1921—1922年，林白水在北京又先后创办了《新社会报》《社会日报》等，揭露军阀罪恶，且文章信手拈来、针针见血。林白水办报不仅鞭笞上层社会的黑暗，而且关注百姓的疾苦并反映民众呼声，曾使"都门中下社会胥为震动，报之销路飞涨"，甚至出现了"北京之中央公园，夏日晚凉，游人手报纸而诵者，皆《社会日报》也"（陈与龄《林白水先生传略》，《东方杂志》1935年第32卷第13期）的景象。林白水的报道触到军阀痛处，更是直接引发了张宗昌的不满，后被其谋害于北京天桥——百天前邵飘萍罹难处。

当时，成舍我也被张宗昌捕获，经北洋政府国务总理孙宝琦（1867—1931）出面力救，才幸免于难。

7月14日，中国共产党主办的《向导》周刊第一六三期的卷首文章鲜明指出，"帝国主义和军阀统治下的中国新闻界，日日在中外官厅控告、逮捕、罚金、监禁、枪毙，封禁报馆、干涉言论及记载的状况中生活"，道出了当时中国新闻界处世的艰难，也肯定了新闻界抗争的勇敢，希冀中国新闻界在黑暗中突围并进入一个更高的境界。

9月，被称为"新记《大公报》"者，由吴鼎昌单独出资五万元与张季鸾、胡政之在天津以"新记公司"名义续办。新《大公报》甫一复刊便发表了张季鸾执笔写的发刊词《本刊同人之志趣》，提出"四不"方针——不党、不卖、不私、不盲。其中，"不党"是指"纯以公民之地位发表意见，此外无成见，无背景。凡其行为利于国者，吾人拥护之；其害国者，纠弹之"；"不卖"是指"不以言论作交易，不受一切带有政治性质之金钱补助，且不接受政治方面之入股投资"；"不私"是指"除愿忠于报纸固有之职外，并无私图。易言之，对于报纸并无私用，愿向全国开放，使为公众喉舌"；"不盲"是指"不随声附和，不评诋激烈，昧于事实"。此"四不"方针前所未有，成为追求独立的新闻舆论的一面旗帜。至此，《大公报》也开启了它的篇章。

1927年　郁达夫创办《民众》旬刊，
　　　　周作人在《语丝》发文悼李大钊

<blockquote>
十年天地干戈老，四海苍生痛哭深。

——［明末清初］顾炎武《海上》
</blockquote>

1927年，丁卯年，仍然是杀戮和抗争并存的一年。

1月1日，上海公共租界会审公廨交还中国仪式隆重举行。经十五年交涉，西方各国被迫将会审公廨交还中国政府，改称临时法院。与此同时，广州国民政府迁到武汉。5日和10日，国民政府分别接管汉口英租界和九江英租界。

2月22日，上海工人在中国共产党领导下举行第二次武装起义，由周恩来等组织实施。但因力量薄弱，上海工人很快陷入被动，次日被迫停止，24日工人复工。3月21日，上海工人在中国共产党领导下发起第三次武装起义，打败军阀守军，夺得上海市政权。同日，上海临时市民代表大会召开，选举产生上海特别市临时政府，在十九人政府委员中有九人为中共党员。次日，国民革命军白崇禧（1893—1966）部兵不血刃，进驻上海。24日，上海总工会下达复工令，工人停止罢工。

然而，随着北伐不断胜利，蒋介石手中的权力却不断膨胀。3月10日，国民党在汉口召开二届三中全会，旨在恢复和提高党权，停止个人独裁和军事专制。全会免去蒋的中国国民党中央常务委员会主席、军人部部长、组织部部长职务，仅保留国民革命军总司令一职。

4月12日，蒋介石在上海发动"四一二"政变，大肆捕杀共产党人，同时广州等地反共势力亦随蒋实行"清党"。就在本月5日，汪精卫与陈独秀会谈，发表《汪精卫、陈独秀联合宣言》（原标题为《国共两党领袖联合宣言（告两党同志书）》）："中国所需要的，是建立一个被压迫阶级的民主独裁来对付反革命，不是什么无产阶级独裁。"蒋"清党"之时，武汉国民政府号召"打倒蒋介石"，宁汉对立形成。

4月27日，在国共合作趋于破裂、国民革命最危急的时刻，中共在武汉召开第五次全国代表大会，陈独秀、毛泽东等八十二人出席。陈独秀代表第四届中央执行委员会作了《政治与组织的报告》，认为帝国主义在东南势力太大，革命根据地应移到帝国主义势力薄弱的西北去。不过，这份报告既没有正确总结经验教训，又没有提出挽救时局的方针政策，反而为过去的错误进行辩护，并继续提出一些错误主张。在这次会议上，大会继续选举陈独秀担任中央总书记。

4月28日，阴云低垂，中国共产党的主要缔造者之一、国共两党的北方领导人李大钊，在北京被奉系军阀张作霖秘密杀害，年仅三十八岁。

7月15日，汪精卫在武汉召集国民党中央常务委员会扩大会议，正式宣布与共产党决裂。

7月12日，中共在汉口组成临时中央政治局会议，根据共产国际指示，改组中央政治局。会议决定中国共产党退出武汉国民政府，但不退出国民党。同时，制订武装反抗国民党反动派，举行南昌起义和秋收起义计划，并决定立即召开中共中央紧急会议，彻底纠正陈独秀的右倾机会主义错误。

8月1日，中国共产党在南昌发动大规模武装起义，打响了反对国民党反动派的第一枪。7日，在汉口，中共中央召开紧急会议，确定由瞿秋白主持中共中央领导工作。

9月9日，中国共产党在湘赣边界发动秋收起义。12月11日，中国共产党在广州领导工人、农民、士兵举行武装起义，最终失败。

1927年是丁卯年，从北方到南方，中华大地都弥漫着死亡和血腥的气息。共产党人李大钊在北京被奉系军阀张作霖推上绞刑架，慷慨就义；国学大师王国维自沉昆明湖，国之魂消；戊戌变法首领康有为殒命青岛。4月12日，在上海宝山路上，工人再遭屠杀，血染街头，史称"四一二"政变。共产党人萧楚女在上海狱中被杀害；李汉俊、詹大悲（1887—1927）遇难武汉；赵世炎（1901—1927）、陈延年（1898—1927）也在上海被杀。可以说，这一年，空前的杀戮遍及中华。

面对统治者的狰狞残暴，新闻界、知识界愤然诉诸笔端，揭露、批判、抗议。但是，这一年的文人之争、文化团体之争，仍闹得文坛和社会沸沸扬扬。太阳社与创造社，太阳社与鲁迅，鲁迅与顾颉刚，黄侃与陈独秀、胡适等争论，有的无聊，有的自伤，几乎贯穿文化史。

1月16日，张慰慈给在海外的胡适写信，披露奉系军阀张作霖在北京的严酷统治：

> 现在北京一般人的口都已封闭了，什么话都不能说，每天的日报、晚报甚而至于周报，都充满了空白的地位，这期《现代评论》也被删去两篇论文，这种怪现象是中国报纸的历史上第一次看见。同时一切书信与电报都受严格的检查，听说被截留的甚多。并且无故被捕的人也不少。上海的情形也与北京相同。……近来北京的局面是差不多到了法国革命时代的 Reign of terror（恐怖统治）了，健全的舆论是不可能的事。

4月26日，高梦旦（1870—1936）从上海致信胡适说，"四一二"之后，"时局混乱已极，国共与北方鼎足而三，兵祸党狱，几成恐怖世界，言论尤不能自由"（中国社会科学院近代史研究所中华民国史研究室编《胡适来往书信选·上》，社会科学文献出版社，2013年，第307页）。

胡适收到的这两封信，基本概括了当时中国时局的动荡和混乱，民众的苦难，言论的不自由，人权的丧失。当然，有压迫就有反抗，舆论是不会沉默的。

还是1月，郁达夫（1896—1945）到上海审定《创造月刊》第六期稿件，写了一篇《关于编辑、介绍以及私事等等》。3月，在创造社成立一周年之际，又创办了一种小型周报《新消息》，主要介绍进步文学。郁达夫在2月曾发表《无产阶级专政和无产阶级的文学》等文，此是中国现代文学史上最早出现的关于无产阶级文学的文字。8月，郁达夫与郭沫若和成仿吾发生不快，在《申报》和《民国日报》上刊登"退出创造社启事"。郁达夫的退出，对创造社是一重大打击。9月，郁达夫发起创办政论性很强的革命的《民众》旬刊，自任主编并撰写发刊词和《谁是我们的同伴者》一文，态度鲜明地反对蒋介石发动"四一二"政变，谴责蒋介石是"比旧官僚更恶毒的流氓新政客"，并表示拥护工农民众的革命斗争，指出没有发动农民是"失败的一个大原因"。不久，郁达夫又在《民众》发表《农民文艺的实质》一文，从理论上阐述了"农民文艺"问题。郁达夫是中国"农民文艺"最早的倡导者之一。

4月12日，在众人翘首以待北伐军收复江南之际，蒋介石却率国民革命军在上海发动大肆捕杀共产党人的"四一二"政变，并公然向手无寸铁的民众开枪射杀，其中包括妇女、儿童，把上海变成了血流成河的地狱。次日，上海《申报》如实报道了"四一二"政变的真相，给中国历史留下了可资见证的一幕。

在"四一二"政变前，不少革命者已看穿蒋介石反革命的真面目。例如，郭沫若就曾在汉口《中央日报》副刊《革命生活》（月刊）发表石破天惊的檄文《请看今日之蒋介石》，撕开了伪装革命的蒋介石的真面目。为此，郭沫若亡命日本十年。

4月13日，目睹蒋介石制造的"灭绝人道之暴行"的七位知识分子郑振铎、胡愈之等，联名写信给国民党元老蔡元培、吴稚晖等，愤然抗议"空前之屠杀惨剧"。4月15日，《商报》公开发表此抗议信。多年后的抗战时期，周恩来对夏衍说："中国知识分子是有勇气、有骨气的。'四一二'事件之后，有两件事我一直不会忘记，一是胡愈之、郑振铎他们写的抗议信；二是郭沫若写的《请看今日之蒋介石》，这是中国正直知识分子的大无畏的壮举。"

4月29日，张季鸾在《大公报》上发表社论《党祸》，"大声疾呼，极端抗议"，呼吁停止杀戮"全国有志青年"，对"所犯罪状，概不宣布，杀者何人，亦称不宣"。7月，张季鸾又发表社论《党治与人权》，抨击国民党当局滥杀无辜的丑行。11月4日，张季鸾再发表社论《呜呼领袖欲之罪恶》，大骂国民党党酋汪精卫，"特以'好为人上'之故，可以举国家利益、地方治安、人民生命财产，以殉其变化无常目标不定之领袖欲，则直罪恶而已"。12月2日，张季鸾又发表社论《蒋介石之人生观》，直击蒋介石"不学无术"，"自误而复误青年"。一个对共产主义并不信仰且抱怀疑的张季鸾，"四写"社评淋漓痛快地揭露并无情地抨击国民党及领袖的种种罪恶，让人们听到了知识分子发自人性本性的声音。

在南方流血的4月，北京的张作霖得到列强驻华使馆的默许，派兵搜查苏联使馆，逮捕了"三一八"惨案后在此避难的李大钊等国共领导人及党员六十余人。北京大学等九校代表、二十五所中学闻讯，即刻积极营救。28日，李大钊在北京西交民巷看守所内，被奉系军阀张作霖处以绞刑，后停灵于下斜街长椿寺。消息传出，《世界日报》发表张季鸾的文章《莫谈国事》，对奉系军阀杀害李大钊表示抗议。

4月29日，梁漱溟大义凛然地赶到李大钊家看望病中其夫人赵纫兰，后又赶到长椿寺吊唁李大钊，却见棺木单薄，遂与章士钊等筹集一百四十大洋购柏木棺将其葬于西山。

当时，"在苦雨斋里吃茶"的周作人，面对李大钊被害也愤怒了。在《语丝》上，周作人发表《怎么说才好》一文发出抗议之声——"无论是满清的杀革党，洪宪的杀民党，现在的杀共党，不管是非曲直，总之都是杀得很起劲……却就把杀人当作目的，借了这个时候尽量地满足他的残酷贪淫的本性"（周作人《谈虎集》)，矛头直指张作霖。当周作人看到有日本背景的《顺天时报》别有用心地说李大钊"做了主义的牺牲"时，他便写了《偶感》等文,回击《顺天时报》对李大钊的诋毁,为其崇高精神正名。

再说胡适,当1930年《胡适文存》出版时,其书扉页上的献辞是"纪念四位最近失掉的朋友",其中李大钊列首位。四年后,胡适冒着大雪到西山凭吊李大钊,见墓前无碑碣,便托请蒋梦麟补立一碑。

这年岁尾,有个在银行工作、端着金饭碗、养尊处优且前途无限的小青年章乃器(1897—1977),独自创办了一个小小的半月刊《新评论》。这虽是"一个小规模的言论机关",却敢于激扬文字、指点江山、批评时政、激浊扬清。章乃器办报,几乎全是亲力亲为,撰稿、编辑、校对、发行皆一人操办,让人不禁想起年轻时的陈独秀。不过,陈独秀是以办报为业心无旁骛,而章乃器是业余办报。目睹"四一二"政变的血腥镇压和经历过白色恐怖,章乃器是出于义愤、正义和责任,才敢于冒风险地选择了以舆论伸张正义之路,独自坚持一年多直至《新评论》被查禁。随着参与斗争的深入,章乃器后来成为进步的社会贤达。

当时,还有一位年轻人王芸生,他在天津发表一则告别政治党派的启事,从此走上了一条"文章报国"之路,与章乃器殊途同归。

杀戮在继续,斗争也在绵绵不绝,这是工农兵大众、知识分子和舆论界以鲜血和正义向黑暗专制政治抗争最惨烈的一年。

1928年　胡适、徐志摩升起一弯《新月》，《晨报》不满钳制言论被停刊

> 虚负凌云万丈才，一生襟抱未曾开。
>
> ——[唐]崔珏《哭李商隐》

1928年，戊辰年，1月7日蒋介石通电复任国民革命军总司令。2月3日，国民党二届四中全会在南京召开，蒋介石集党政军大权于一身。12月29日，张学良在奉天（今沈阳）宣布"仰承先大元帅遗志，力谋统一贯彻和平，已于即日起宣布遵守三民主义，服从国民政府，改易旗帜"，史称"东北易帜"。自此，"青天白日满地红"国旗插遍全国，一个由蒋介石控制的国民党一党专政的独裁政权诞生。与此同时，中国政局发生巨变，国共两党分裂后的斗争也越来越激烈严酷。

在限制言论自由方面，蒋介石政府远胜过清末、袁世凯时代和北洋军阀时期。

5月16日，胡适在日记中写道："上海的报纸都死了，被革命政府压死了。只有几个小报，偶然还说说老实话。"

在郁达夫、钱杏邨（阿英，1900—1977）主编的《白华》半月刊上，

郁达夫撰写的《〈白华〉的出现》一文中说："在这样的一个环境之下，还要讲乐观，还要讲理论，还要讲文学，实在是不通的事情，尤其当言论创作自由，被压缩得同针头那么纤细。"

截至9月28日，仅国民党上海警备司令部一次就公布十多家期刊为"反动刊物"，其中有《创造月刊》《流沙》《奔流》等，刊物负责人如郭沫若、成仿吾、郁达夫、潘汉年等人都被冠以"新卖国贼""第三国际的走狗"等罪名。

面对国民党的血腥镇压，中国共产党在1月先后策动了弋横（弋阳和横峰）、湘南大起义。

4月28日，朱德、毛泽东在江西宁冈县磐市会面，两军会师井冈山。会师后，两军合编为工农革命军第四军，朱德任军长，毛泽东任党代表。至此，井冈山成为红色革命根据地。

5月3日，日军无故挑起事端，在济南屠杀中国军民，酿成中国军民死亡三千二百五十四人、受伤一千四百五十人的惨案，史称"济南惨案"。

6月18日，中国共产党在莫斯科召开第六次全国代表大会。会议批判了陈独秀的右倾机会主义和瞿秋白的"左"倾盲动主义，认为党的中心是争取群众，积蓄力量，建立红军，开展游击战争。7月，彭德怀率部在湖南平江起义。8月，红军取得黄洋界大捷，保住了井冈山。12月，湘、赣边界苏区政府颁布由毛泽东起草制定的中共第一部土改法——《井冈山土地法》。

此年，在自由主义知识分子、革命知识分子与国民党反动派争言论自由时，一群年轻的自称革命作家的群体——创造社、太阳社以"革命文学"的倡导者的偏激观点，一度"围剿"鲁迅、茅盾等，上演了自家人打自家人的荒唐戏码，两败俱伤的缠斗进行了很久，而这也是1928年的一道独特风景。

3月，胡适、徐志摩主办的《新月》月刊悄然在上海面世。徐志摩在《新月》创刊号第一卷第一号上发表发刊词《〈新月〉的态度》，文章开篇直呈月刊题名的主旨："我们这月刊题名新月，不是因为曾经有过什么'新月社'，那早已消散，也不是因为有'新月书店'……新月月刊是独立的。我们舍不得新月这名字，因为它虽则不是一个怎样强有力的象征，但它那纤弱的一弯分明暗示着、怀抱着未来的圆满。"文中还着重提出《新月》月刊的两大文学原则，即健康与尊严——"尊严，它的声音可以唤回在歧路上彷徨的人生。健康，它的力量可以消灭一切侵蚀思想与生活的病菌"。围绕着胡适、徐志摩、闻一多等人，特别是围绕着《新月》月刊、《晨报副刊·诗镌》，渐渐形成了一个"新月派"诗人团体，而这在中国新诗史上具有重要价值。

4月，瞿秋白帮助中国共产党党员蒋光慈（1901—1931）、钱杏邨、孟超（1902—1976）等人在上海成立无产阶级文化团体——太阳花，支持他们开设"春野书店"，创办《太阳月刊》。同时，瞿秋白还在其主持召开中央机关刊物《布尔塞维克》的编辑委员会上，派郑超麟（1901—1998）去创造社指导工作。

《太阳月刊》从创刊号发表蒋光慈的文章《现代中国文学与社会生活》开始，便触发了太阳社和创造社的一番论战——他们各自以很片面的无产阶级文学理论，批驳对方。但令人始料未及的是，因蒋光慈的一篇批评《阿Q正传》的文章，创造社、太阳社两社却成为同盟军，又联手把斗争矛头指向了鲁迅。从1928年春到1929年年底，直到近两年后太阳社解散，彼此的论战才偃旗息鼓。

蒋光慈是太阳社的扛鼎之人，不仅在此年组建太阳社、创办《太阳月刊》，而且在1929年又先后主编《新流月报》《拓荒者》等，声称"提倡革命文学，做着建设无产阶级文学的基础工作"。蒋光慈曾于1928年创作中篇小说《短裤党》等，及时反映工人运动。在《关于革命文学》一文中，蒋光慈主张"要实实在在地从事于革命文学的建设，打倒非革命文学的势力"，指出旧式的作家——表现旧社会生活的作家——"在事实上他们的情绪已经是死去的了，然而他们不得不喊几句革命文学，不得不也来表示自己是赞成革命文学的人"，并认为革命文学是"以被压迫的群众做出发点的"，"具有反抗一切旧势力的精神"，"反个人主义的"和"要认识现代的生活，而指示出一条改造社会的新路径"的。

至于蒋光慈所说的"表现旧生活的作家"，鲁迅无疑就是其中的代表。鲁迅于前一年（1927）定居上海，此年主编《语丝》半月刊，又与郁达夫合编《奔流》。此时，鲁迅的思想尚未如瞿秋白评价的那样，成为"从进化论到阶级论，从绅士阶级的逆子贰臣进到无产阶级和劳动群众的真正的友人，以至于战士"（瞿秋白《鲁迅杂感选集·序言》）。实际上，鲁迅的思想是相当复杂的，他与太阳社、创造社的激烈笔战与马克思的辩证唯物主义文艺观毫不相干，更多的是文人意气。不过，这次双方缠斗的有益成果是双方开始认真学习马克思主义文艺观，力求从中找到武器以攻击对方。于是，双方开始比较系统地学习马克思主义书籍，翻译马克思主义文艺理论。特别是鲁迅，他开始"深刻地进行自我批判与自我教育"（《中国文学通史》）。

5月3日，日本人在济南蓄意挑衅，与北伐军发生冲突，并大肆屠杀外交人员和中国军民，造成三千多人死亡，一千五百余人受伤，制造了震惊中外的"五卅惨案"。然而，国民政府却保持沉默，也限制舆论发声。这也是5月16日胡适在日记中所写"上海的报纸都死了，被革命政府压死了。只有几个小报，偶尔还说说老实话"的原因。

就在胡适写下上述日记表达对舆论界面对日本人屠杀沉默不满的前两天，国民政府颁布了《著作权法》及《著作权法实施细则》，以法的名义封住了报刊舆论之口。

当然，"五卅惨案"是备受举国关注的。在民众强烈要了解惨案真相的压力下，国民政府总要做点花样文章，便有了组织"中外记者济案调查团"赴济南调查"五卅惨案"之举。于是，《申报》《时报》《新闻报》《时事新报》等派出五名记者前往。既然有了这样的机会，记者、报刊就可凭着正义、责任把"五卅惨案"的真相披露给国人。《新闻报》记者顾执中（1898—1995）、《申报》记者康退一合力推出了长达一万六千字的调查报告《中外记者胶济观告记》，真实详尽地呈现了日本悍然制造"五卅惨案"的真相。6月3日，上海《新闻报》以大字标题发表了顾执中撰写的独家新闻——《张作霖偕眷属今晨逃离北京》。然而，6月4日清晨，日本人在沈阳皇姑屯火车站炸死了张作霖。消息传出，举国愤慨，不仅激起了民众强烈的反日情绪，而且也为年底张学良宣布"东北易帜"助了力。

基于对北洋政府钳制言论的不满，有十年辉煌办报历史的《晨报》于6月断然宣布停刊，并在《本报停刊启事》中意味深长地说："日处不满意环境中，委曲求全，冀有所自献于社会，聊尽匹夫有责之义，乃为事实所限,所欲言者,既未及什一,而所言者,又未为各方所了解,徒求苟存,毫无意义。"这当然是对北洋军阀治下钳制新闻自由的揭露和抗议,然而又何尝不是对国民政府在5月颁布《著作权法》的回应呢?当6月国民党军队进入北京后,《晨报》做出这样的选择,同样意味深长。

其实,《晨报》停刊具有前瞻性。9月28日,国民党上海警备司令部,一次就公布众多报刊为"反动刊物",如《创造月刊》《奔流》《前线》《太阳月刊》等皆列其中。斯时,《太阳月刊》已自行停刊两个多月了。创造社、现代书局、光华书局等被指控为"共产党大本营",而郭沫若、成仿吾、蒋光慈、郁达夫等人被冠以"新卖国贼""第三国际的走狗"等。

1929年 胡适怒吼"宁鸣而死,不默而生",蒋介石假意"许诺"开放言论

> 高标逸韵君知否,正是层冰积雪时。
> ——[宋]陆游《梅花绝句·其二》

1929年,己巳年,是国民政府加强言论钳制与知识界争取言论自由和人权斗争最为激烈的一年。

1月10日,国民党中央执行委员会常务委员会通过《宣传品审查条例》,规定"凡宣传共产主义和阶级斗争者""反对或违背本党主义政纲政策及决议议案者"都是"反动宣传品",皆属查禁、查封或究办之列。

1月14日,为粉碎国民党军队对井冈山的第三次"围剿",毛泽东、朱德率红四军主力离开井冈山,向赣南、闽西进军,以吸引包围井冈山的国民党军南下。2月10日,红四军在大柏地歼灭追兵两个团,后又乘胜占领长汀建立红色政权,随后回师赣南开辟根据地,又建立闽西根据地,为以后的中央苏区奠定了初步基础。9月,中共中央发出由陈毅起草、周恩来审定的《中共中央给红四军前委的指示信》(又称"九月来信")。该信详细地分析了军阀混战的政治形势,总结红四军及各地红军的斗争经验,说

明了红军在中国革命中的重要地位和作用，强调"先有农村红军，后有城市政权，这是中国革命的特征，这是中国经济基础的产物"。同时，该信明确规定红军的基本任务是"发动群众斗争，实行土地革命，建立苏维埃政权；实行游击战争，武装农民，并扩大本身组织；扩大游击区域及政治影响于全国"，强调"党的一切权力集中于前委指导机关"。这封信对红四军党内的争论问题作出明确的结论，要求红四军前委和全体干部战士维护朱德、毛泽东的领导，明确指出毛泽东"应仍为前委书记"。这是对4月毛泽东复信责备中共中央对于时局的错误分析的答复。

1月19日，清末维新派领袖、文化名人、报界先驱梁启超因病在北京逝世，年仅五十六岁。

3月29日，国民党内部发生阋墙，蒋介石亲赴九江督师讨桂，"蒋桂战争"爆发。6月，战败的桂军首领李宗仁（1891—1969）逃往香港，"蒋桂战争"结束。

6月1日，孙中山灵柩奉安南京紫金山。

7月10日，由于苏方未履行1924年签订的《中俄协定》《奉俄协定》的约定，张学良派兵以武力强行接管中东铁路，并将苏方职员全部免职、驱逐出境。继5月27日张学良搜查苏联领馆，逮捕了正在集会的三十九人酿成外交风波（史称"中东路事件"）之后，此事再次掀起中苏外交风波。7月13日，苏方向国民政府发出最后通牒，但国民政府态度强硬，于是苏方于7月17日宣布与其断交。后双方举行会谈，但除恢复中苏交通外，其余问题毫无结果。10月，苏方陆海空三军联合开始对东北军进行全面进攻，由"中东路事件"引发的中苏边境战争拉开序幕。最后，苏军大获全胜，东北军损失惨重，以被迫签订同意恢复中东路原状的《伯力议定》而告终，中东铁路则继续由苏方掌管。

9月24日，胡适连续在《新月》等杂志发表《人权与约法》《知难行亦不易》《我们什么时候才可以有宪法》等文，批评国民党中央党委会公布的《中国国民党训政纲领》（简称《训政纲领》）并宣传西方"人权"学说，要求实施民主宪政、"保障人权"，掀起了一场前所未有的"人权运动"。然而，国民政府却以胡适"误解党义，不审社会实情，放言空论"，饬令教育部对胡适加以警告并彻查。

11月15日，中共中央政治局决定开除陈独秀党籍。

11月26日，毛泽东在陈毅陪同下回到长汀，重新主持红四军前委的工作。此前的6月，红四军七大（全称"中共红军第四军第七次代表大会"）时抛弃了毛泽东。这次陈毅带着中共中央的指示，恢复了毛泽东前委书记的职务。

11月17日，苏联军队攻占东北重镇满洲里。

12月20日，国民政府被迫派代表与苏方谈判并签订了《伯力议定》，中东铁路恢复到冲突前的状态。

1929年的舆论界，在国民党一党专政的"党天下"之下，《新月》与胡适等知识分子竟然掀起一场轰轰烈烈的"人权运动"并呼唤思想自由，在人权与法制问题上向国民党打响了第一枪。

己巳年伊始，国民党中央执行委员会常务委员会通过《宣传品审查条例》。就这样，一张钳制舆论的大网撒向报界和言论界，企图形成一党专政的局面，开启了"党天下"时代之肇端。一时间，黑云布满舆论界。

1月19日，一个时代的言论巨子梁启超与世长辞，胡适送挽联"文学收功，神州革命；生平自许，中国新民"，高度评价了这位清末维新派领袖、文化界巨擘。梁启超曾与康有为一起发动"公车上书"，参与"百日维新"，后流亡日本并创办了《清议报》《新民丛报》宣传改良、鼓吹立宪，又倾力介绍西方思想学说、抨击旧学，倡导以"兴民为兴国之本"。辛亥革命后民国创建，梁启超回国出任北洋政府司法总长。1915年，袁世凯复辟帝制，梁启超策动蔡锷组织护国军倒袁。梁启超曾大力宣传"诗界革命"，所作散文流利畅达、感情丰富、自成一体，为晚清文体解放和白话文运动首开道路。1919年，梁启超与蒋百里（蒋方震，1882—1938）负命提前到法国做中方巴黎和会代表的顾问，得知段祺瑞政府因向日方借贷一事而准备让中方代表在《凡尔赛和约》上签字而义愤填膺。于是，梁启超起草电文发回国内，经媒体刊发将段政府欲出卖主权的丑行公之于众，引得舆论大哗、国人震惊，也为"五四运动"的爆发添柴助力。1920年后，梁启超弃政从事学术研究，主张恢复"东方文化"。因此，胡适是怀着一种特别尊重的情感，用这一挽联吊唁他的老朋友梁启超的。

还是在此年1月，在《新月》连载《阿丽思中国游记》《阿金》等数十篇小说的沈从文（1902—1988），与老朋友丁玲（1904—1986）、胡也频（1903—1931）成立红黑出版社，创办《红黑》月刊和《人间》月刊，出版"红黑丛书"。沈从文的小说《龙朱》《参军》等多篇发表，均刊登在《红黑》月刊上。到了此年年末，丁玲继1928年出版了她的代表作《莎菲女士的日记》和小说集《在黑暗中》后，又完成了她的革命文学小说《韦护》并连载在《小说月报》上。

年初，还有一场震动新闻界的股权风波发生，起因是从报人史量才买下了《新闻报》六成股权开始的。史量才于1912年盘进《申报》并自任总经理，而此年他又以七十万巨款从美国人福开森手里买下《新闻报》的控股权。正当办报很有心得的史量才以为自己建立"报业托拉斯"之梦为期不远之时，始料不及地发生了股权风波，最终以他梦断结束。老到的史量才后来才知道，原来股权风波实际上是国民党在背后搞鬼。史量才曾公开表示："国有国格，报有报格，人有人格，我史量才办报历来主张言论独立，岂能受军阀反动分子操纵？"大名鼎鼎的《申报》常常批评国民党独裁专政，早已令当局不堪忍受，如果再让史量才收购一个影响也很大的《新闻报》合力对当局时不时揭露、批评一番，岂不更加被动？如此，当局岂能成全史量才的"报业托拉斯"之梦？在这场与国民党新闻控制政治的冲突中，史量才只得败下阵来。

当史量才黯然神伤之时，5月出版的《新月》第二卷第二号上赫然发表了胡适的宏文《人权与约法》，倡导人权、呼唤思想自由，批判国民党一党专政，打响了向"党天下"的当局要人权与法制的第一枪，震惊寰宇。《新月》第二卷第二号《编者的话》中称：

> 胡先生在本期特撰《人权与约法》一文，痛论现在中国人民没有法律保障，不能享受应得的自由，根据事实用严谨的态度，大无畏的精神，向国人进一个诚挚的忠告，在这个人权几乎没有丝毫余剩的时候，胡先生这篇文章应该是我们民众所不可不读的了。

接着，梁实秋（1903—1987）的《论思想统一》、罗隆基（1896—1965）的《论人权》等也直斥国民党的独裁专政，国内外报刊争相转载，一时间轰动了舆论界，为中国新闻史增添了浓墨重彩的一笔。

面对这些檄文，国民党上海特别市党部执委会第四十七次常委会决定呈请中央执行委员会咨文国民政府，令教育部将胡适撤职惩办。值得探究的是，据《中国左翼文艺定期刊编目》载，此时鲁迅、茅盾却"对于胡适博士所领导的'新月派'加以猛烈攻击"。

不久，在国民党和一些"革命"者的一片声讨中，《新月》又推出胡适抨击国民党专政的新文章《新文化运动与国民党》，把争人权运动推向高潮。年底，《新月》《申报》刊出胡适等人的文章续集《人权论集》，并由新月书店出版。一时间，关于人权运动的文章真是光芒四射，令国民党惊慌失措。

然而，在当时的环境下，胡适提出的"宁鸣而死，不默而生"不只是笔墨意气，虽然给国民党的"党治"迷信和"训政"理论以沉重一击，但最终跌得鼻青脸肿、受到伤害的是"胡适们"自己。当时，国民党中央宣传部组织党棍、枪手对胡适猛烈挞伐，并将批胡适的文章结集成《评胡适反党义近著》等图书出版。与此同时，"左"派的《自由》《光报》也纷纷向胡适放冷箭、下黑手。对此，胡适凛然冷眼相对。

当然，当"胡适们"把《新月》变成批判国民党专政、争人权和自由的政治平台时，他们并不孤立。为了配合《新月》争人权、争言自由，上海的报人戈公振等把上海学会创办的学术期刊定名为《言论自由》。5—6月，重庆《新社会日报》总编辑罗静予等因发表不利于国民党的言论，被当局抓捕。于是，重庆报界协会和其他社会团体发起请愿，明确要求言论自由，并成立了有中共地下党背景的"重庆市民众争言论自由大同盟"。"重庆市民众争言论自由大同盟"虽很快被国民党以"肆意诋毁中央"罪名查办，但同样在此年争人权、争自由大潮中掀起了波澜。

再说史量才，他混迹于报界江湖多年，几成不倒翁，自有其生存之道，从不进退失据。例如，此年7月2日，全苏州十一家报纸召开代表大会，决议自次日起全体一律停刊，以抗议当局党政军"联合检查新闻处"随意删除新闻的霸道。胡适认为，苏州报界这一集体行动"是很重大的事情"。与此同时，《申报》虽然对此做了及时报道，但胡适发现《申报》有些躲躲闪闪，语焉不详，态度暧昧。苏州十一家报纸的坚决抗争，最后迫使"联合检查新闻处"于5日撤销告终。胡适将这一切都看在眼里，他在7月3日的日记中写道："今日苏州全市十一家报纸，因为反抗新闻检查，全体停刊，这是很重大的事，而《申报》只给他这么大的地位……"后又在6日的日记中进而评论说："我为上海的报纸惭愧流汗，但史量才和戈公振诸人定不觉得！"（《胡适全集》第31卷，"日记1929年"条）

8月，无锡各报馆及新闻记者联合会等团体致电国民党中央党部，要求释放以"侮辱党部"罪名被逮捕的《新民报》记者朱冰蝶。鉴于全国舆论反对，国民政府于9月16日被迫发布通令——停止新闻检查。第二天，《大公报》发表社评《国府停止检查新闻令》，阐明言论自由的必要，并提出"宽大取缔，于政府最有利"的建议。

12月27日，重掌权柄的蒋介石为了树立自己的形象，煞有介事地发出了"《大公报》并转全国各地报馆"通电："开放言禁，欢迎各报自明年始对'党务''政治''军事'等'弊病所在……尽情批评'。"12月29日，张季鸾在《大公报》发表社论《国府当局开放言论之表示》肯定蒋开放言论，批评过去国民党对言论的钳制。如此，蒋介石利用发行量达到两万多份且在言论界赢得举足轻重地位的《大公报》，上演了一出"开放言论"之"明君"的好戏。

当然，后来的事实证明，蒋介石撒了一个弥天大谎。

1930年 《新月》发声"批评国民党的自由"，《大公报》保持独立言论揭骗局

> 世上功名兼将相，人间声价是文章。
> ——［唐］刘禹锡《同乐天送令狐相公赴东都留守》

1930年，庚午年，中共的红军不断发展壮大，而蒋介石与各地军阀矛盾加剧，阎锡山、冯玉祥、李宗仁、蒋介石在中原爆发大战。10月，从中原大战抽身的蒋介石，对中共江西苏区红军进行第一次"围剿"。

1月5日，毛泽东复信红四军一纵队司令员林彪，对其"红旗到底打得多久"的疑问做出答复，要林彪相信"红色根据地必将继续存在和发展"，并用一句话来概括其特点——"星星之火，可以燎原"。

还是在1月，鲁迅主编的《萌芽》月刊在上海创刊，内容主要为文艺理论和苏俄文学介绍，并刊登抨击社会黑暗的杂文。

3月2日，中国左翼作家联盟（简称"左联"）在上海举行成立大会，鲁迅、沈端先（夏衍，1900—1995）、冯乃超（1901—1983）、钱杏邨（阿英）、潘汉年（1906—1977）、田汉（1898—1968）、阳翰笙（1902—1993）、柔石（1902—1931）、殷夫（1910—1931）等十余人出席。

5月1日，蒋介石在南京发表"讨伐阎、冯誓师词"，称"仗义讨逆，不辞牺牲"。同日，蒋军与冯军在河南砀山交火，中原大战全面爆发。6月，失去优势的蒋介石只得"苦撑待变"。

6月11日，实际主持中共中央工作的李立三在上海召开中共中央政治局会议，通过了其起草的《新的革命高潮与一省或几省的首先胜利》决议。李立三命令红军向中心城市进攻。7月27日，彭德怀率红三军团攻克长沙。但是，"湖南王"何键（1887—1956）调集十五个团，南北夹击长沙。8月5日，红军撤出长沙。

8月15日，中共中央机关报《红旗日报》在上海创刊，并在1931年改为《红旗周报》。

9月18日，张学良发出"拥蒋和平"通电，"吁请各方即日罢兵，以纾民困"，表示"凡我袍泽均宜静候中央措置"。20日，东北军大举入关，半个月内已控制平津地区。

10月1日，根据2月13日达成的《中英威海卫交收专约》，中、英代表在威海卫举行中英交收威海卫典礼，被英人强租三十二年的中国海港威海卫终于回归中国。

12月，面对蒋介石对中共江西苏区红军的第一次大规模"围剿"，红一方面军在毛泽东的领导下采取"诱敌深入"的作战方针，从而粉碎了"围剿"。次年1月，国民党军队以失败告终。

此年，中央大学、劳动大学、中山大学等校相继发生学潮。12月6日，行政院严令教育部整饬全国学风，称不整顿学风"不惟教育破产，抑且有亡国灭种之忧"。

在1929年岁末蒋介石"开放言禁"的通电不足个把月后,《新月》和胡适们掀起的"人权运动"依旧声势浩大;而到了2月,郁达夫、鲁迅等五十一位作家、学者、文化名人发表《中国自由运动大同盟宣言》载于《萌芽月刊》第一卷第三期,使"人权运动"更加波涛汹涌。可惜,因国民党秘密逮捕、迫害同盟成员,没过多久"中国自由运动大同盟"就无疾而终。

1月,新月书店出版的《人权论集》上市,该集收录在《新月》发表的关于"人权"的文章——《人权与约法》(胡适)、《论人权》(罗隆基)、《论思想统一》(梁实秋)等。《人权论集》的序言由胡适执笔,其中有针对"国民党中的反动思想"和"孙中山的知难行易说"坚定地提出"我们所要建立的是批评国民党的自由……",并表示"我们明知小小的翅膀上滴下的水点未必能救火,我们不过尽我们的一点微弱的力量,减少良心上的一点谴责而已"。

此文甫一面世,报界、民间舆论一片叫好,有人称"自梁任公(梁启超)以后胡先生首屈一指。不特文笔纵横,一往无敌,而威武不屈,胆略过人"(傅国涌《笔底波澜:百年中国言论史的一种读法》,广西师范大学出版社,2006年,第163页)。但是,国民党却惧怕得要命。

2月5日,在国民党内一片"呈请缉办胡适"的叫嚣声中,国民党中央宣传部密令没收、焚毁《新月》第二卷第六、七期合刊。5月3日,《人权论集》也遭此命运。15日,胡适被迫辞去中国公学校长职。不过,《新月》依然在战斗,仍发表罗隆基的《我们要什么样的政治制度》、梁实秋的《孙中山先生论自由》等文,继续批判国民党的独裁。

3月2日,鲁迅在日记中记有午后"往艺术大学参加左翼作家连

（联——引者注）盟成立会"。

"左翼作家联盟",全称"中国左翼作家联盟",简称"左联",是应共产国际要求成立的由中国共产党领导的革命文学团体,并加入国际革命作家联盟成为它的中国支部。"左联"成立大会在上海中华艺术大学举行,到会者五十余人,推举鲁迅、沈端先(夏衍)、钱杏邨(阿英)三人为主席。会议通过"左联"的理论纲领及行动纲领,并选举沈端先、冯乃超、钱杏邨等中共党员及鲁迅等十人为常务委员。会上,鲁迅作了题为《对左翼作家联盟的意见》的讲话(鲁迅《二心集》)。

"左联"成立前后,一些革命作家如李初梨(1900—1994)主张"将文学作为宣传和组织群众斗争的工具",提出"文学队伍应重新按阶级属性划线排队"。他们首先拿"五四"时期资深的作家鲁迅、茅盾(沈雁冰)、叶圣陶(1894—1988)、郁达夫等祭旗,否定"五四"新文学的传统,认定鲁迅写作的那个"阿Q时代"已经过去,其作品已失去"现代意味",将鲁迅说成是"封建余孽""二重的反革命人物"。这些革命文学倡导者如周扬(1908—1989)等"四条汉子"(指阳翰笙、田汉、夏衍、周扬四人,出自鲁迅《答徐懋庸并关于抗日统一战线问题》一文)的偏激观点迅速引发争论,鲁迅、茅盾等披挂上阵予以反击。其他一些文学派别也卷入了这场争论,徐志摩代表"新月派"发表《"新月"的态度》,而梁实秋发表《文学与革命》《文学是有阶级性的吗?》等,提出"文学就是表现这最基本的人性的艺术"(《文学是有阶级性的吗?》),以反对功利派、攻击派、偏激派、标语派、主义派的立场,批评这些革命派的文学观念。

在这场争斗中,瞿秋白写了鲁迅、冰心、叶圣陶、徐志摩等人的"作家论",称鲁迅是"封建宗法社会的逆子,是绅士阶级的贰臣,而同时也是一些浪漫谛克（罗曼蒂克）的革命家的诤友"（《〈鲁迅杂感选集〉序言》）。

鲁迅在"左联"成立大会上所作的题为《对于左翼作家联盟的意见》的演说，对革命文学倡导过程中的经验和教训做了总结。他旧话重提，开门见山地批评了那种"不明白革命的实际情形"——"革命是痛苦，其中也必然混有污秽和流血，决不是如诗人所想像（象）的那般有趣，那般完美；革命尤其是现实的事，需要各种卑贱的，麻烦的工作，决不如诗人所想像（象）的那般浪漫；革命当然有破坏，然而更需要建设，破坏是痛快的，但建设却是麻烦的事"，而这自然是针对某些"抱着浪漫谛克（罗曼蒂克）的幻想"的革命文学家盲目乐观的幼稚态度而言的。他指出，"左翼"作家如果不正视现实，只抱着浪漫的幻想，"那是无论怎样的激烈，'左联'都是容易办到的；然而一碰到实际，便即刻要撞碎了"，那"倘不明白革命的实际情形，也容易变成'右翼'"。

"左联"成立后，陆续创办了《拓荒者》、《萌芽》月刊、《文学导报》、《北斗》、《文学月刊》、《文学》半月刊等杂志，接办或改组了《大众文艺》《现代小说》《文艺新闻》等刊物，并创办了多种报纸的副刊。同时，还进一步加强对马克思主义文论的翻译，培养出了丁玲、胡也频、沙汀（杨朝熙，1904—1992）、艾芜（汤道耕，1904—1992）、叶紫（余昭明，1910—1939）、刘白羽（1916—2005）、周而复（周祖式，1914—2004）、陈荒煤（陈光美，1913—1996）、唐弢（唐端毅，1913—1992）等作家和理论家。

但可悲的是，直到抗日战争爆发前奉共产国际的指示解散"左联"，周扬等"四条汉子"坚持宗派主义的"右倾"思想，一直没停止过对鲁迅、徐懋庸（徐茂荣，1911—1977）等作家的"围剿"。

3月21日，鲁迅在致章廷谦（章川岛）的信中谈到"中国自由运动大同盟"时说：

> 自由运动大同盟，确有这个东西，也列有我的名字，原是在下面的，不知怎地，印成传单时，却升为第二名了（第一是达夫）。近来且往学校的文艺团体演说几回，关于文学的。我本不知"运动"的人，所以凡所讲演，多与该同盟格格不入，然而有些人已以为大出风头，有些人则以为十分可恶，谣诼谤骂又复纷纭起来。半生以来，所负的全是挨骂的命运，一切听之而已，即使反将残剩的自由失去，也天下之常事也。

从信中可以看出，有些革命作家只拿鲁迅当招牌，却并不尊重鲁迅。但"中国自由大同盟"在短暂的日子里针对"查禁书报，思想不能自由。检查新闻，言论不能自由"的现状，喊出"不自由，毋宁死"的口号，意义深远。

4月23日，上海正为"中国自由运动大同盟""左联"的建立紧锣密鼓地忙碌之际，北方的北平（北京）却上演出了一场关于《大公报》站队的闹剧。平津新主子阎锡山警告《大公报》，指责《大公报》接受蒋介石的贿金，在言论上站到了蒋一边。事实上，《大公报》因为客观报道了中原大战，不见容于南、北军阀，在南方被蒋介石扣留，在北方被阎锡山"警告"。24日，"两姑之间难为妇"的《大公报》立刻发表《本报特别启事》，公布"警告"内容并发出声明："本报近在南方全被扣留，又于北平将遭干涉。国乱政纷，自由扫地，言之可叹。兹愿向全国读者声明，本报绝不变其独立公正之立场，决无受任何方面贿赂津贴之情事。地方政令虽愿遵守，至于官厅谅解与否，只有听其自然。"此启事变相指出军阀如狼要吃小羊总要找借口的伎俩，读之让人发笑。《大公报》在专制者的高压下，坚持其独立公正之"四不"立场，呼吁批评自由，又令人叹服。

果然，7月15日，《大公报》发表《报纸如何可以为民众说话》社评，批评国民党执政后钳制、摧残言论之酷甚于北洋军阀。24日，又发表《言论自由与立言之态度》社评，再次指出"锢闭思想，干涉言论"是政治上的怯懦和失策，表示"一方面应为言论自由奋斗，一方面亦应为言论之价值努力"。

9月1日，《大公报》发表《本报续刊四周年纪念感言》社评，表示"以言报国，论政而不从政"的立场。在国民党一党专政下，新闻自由与新闻检查对立，报纸的生存实属不易，但《大公报》仍然敢于保持独立的言论，因此赢得了尊敬。对此，胡适称赞道："中国新闻纸以天津为第一。"

继1929年9月16日国民政府发布通令声称"停止新闻检查"后，此年11月6日南京国民政府再次决定"停止检查新闻"。闻讯次日，《大公报》又如去年一样发短评称："这是新闻界的一道福音。"国民政府在前后两年两次颁布同一内容的通令，看似极为重视新闻自由，但看到实际的真实数据后结论只有一个——骗局！事实上，心虚的国民政府从未放弃对言论自由的钳制和压迫。从1927年国民党一党专政始到1930年年底，至少有七百多种书报被查禁，平均一年有二百种报刊被取缔。如此，国民政府还谈什么"停止新闻检查"，岂不自相矛盾、自欺欺人耳！

况且，12月15日，国民政府又迫不及待地公布了《出版法》，推行"出版登记许可"制度，对出版内容更有种种限制，如所谓"意图破坏中国国民党或三民主义者""意图颠覆国民政府或损害中华民国利益者"等皆严办。此《出版法》与其11月决定"停止检查新闻"大相径庭、自相矛盾，而国民党以一党之私钳制天下舆论的本质却昭然若揭。

此年6月，郁达夫创办《大众文艺》月刊，出版到第十二期后被查禁。其中，郁达夫在12月出版的《薇蕨集》中被抽去的《题辞》（后改为《薇蕨集序》，收入《断残集》中），呈现了国民党一党专政下地狱般的景象：

> 三四年来，不晓得为了什么，总觉得不能安居乐业，日日只在于逃亡窜匿的勾当。
>
> 啊啊，财聚关中，百姓是官家的鱼肉，威加海内，天皇乃明圣的至尊；于是腹诽者诛，偶语者弃市，不腹诽不偶语者，也一概格杀勿论，防患于未然也，这么一来，我辈小民，便无所逃于天地之间了。
>
> 夷齐远逝，首阳山似乎也搬了家，现世的逆民，终只能够写点无聊的文字来权当薇蕨。薇蕨之集，也不过是想收取一点到饿乡去的旅费而已。

这样犀利的妙文让柳亚子（1887—1958）深有感触，遂赋诗赠郁达夫，痛斥"文字狱"的酷烈：

> 妇人醇酒近如何，十载狂名换苎萝。
> 最是惊心文字狱，流传一序已无多。

1931年 《新月》反专政悲情陨落，《北斗》以文学干预生活

> 刑天舞干戚，猛志固常在。
> ——［晋］陶渊明《读〈山海经〉十三首·其十》

1931年，辛未年，"九一八"事变爆发，全国掀起反日浪潮。在共产国际操纵下，王明（1904—1974）进入中国共产党中央权力核心。后来，中共中央政治局主席向忠发（1880—1931）在上海被捕处决后，又是共产国际远东局提议由博古（秦邦宪，1907—1946）"负总的责任"。在此期间，国民党军队第二次"围剿"苏区，蒋介石督师第三次"围剿"红军。此年年底，蒋介石内外交困，再次下野。中华苏维埃共和国临时中央政府在江西苏区建立，毛泽东当选为主席。同时，临时中央政府发表对外宣言，主张废除一切不平等条约和外债。

这一年，国难当头，但又充满希望。

1930年岁杪（岁尾），在胡适多方营救下，因"言论反动，侮辱总理"罪名被捕入狱的罗隆基被保释。被保释后，不服的罗隆基又写《我的被捕的经过与反感》触怒当局，强令光华大学开除罗隆基。胡适代表光华大学

校长张寿镛（1875—1945）草拟一封《上蒋介石呈》为罗隆基鸣冤，说罗在《新月》主张人权，何罪之有？

1月15日，胡适致信陈布雷为《新月》的人权舆论辩护，强调"此类负责任的言论，在任何文明国家之中，皆宜任其自由发表，不可加以压迫"，"《新月》同人志在提倡这种个人签名负责的言论自由"。（《胡适书信集》上册，北京大学出版社，1995年）

1月17日，陈布雷回信给胡适，表示愿意与胡适等人建立"一个初步的共同认识"。1月18日，胡适又写信给陈布雷，托金井羊（1891—1932）将《新月》二卷全部及三卷已出的三期各两份分别送给陈布雷和蒋介石，希望二人能腾出一部分时间稍稍浏览《新月》这几期的言论，并说："该'没收焚毁'（中宣部密令中语），或该坐监枪毙，我们都愿意负责任。但不读我们的文字而单凭无知党员的报告，便滥用政府的威力来压迫我们，终不能叫我心服的。"

罗隆基最终以"言论谬妄"被轰出光华大学。罗隆基失去教职后，仍在《新月》发文批判国民党一党专政。后罗隆基北上，任天津《益世报》主笔，开启了他言论史上的另一页。

后来，政治上老谋深算的汪精卫在冷眼旁观之后，在上海《民报》发表文章说，"中国目前三个思想鼎足而立：（1）共产；（2）新月派；（3）三民主义"。实际上，新月派不是政党派别，只是一个进步的知识分子群体，但这一群体的思想力量在当时用"举足轻重"来形容似乎毫不过分。5月5日，罗隆基在给胡适的信中兴奋地说："想不到《新月》有这样重要。"

还是在1月，胡适复回北京大学执教，后经校长蒋梦麟坚请，出任北大文学院院长。一时间，北大人才云蒸霞蔚，始有"北大中兴"气象。但胡适和朋友创办并曾产生重大影响的《新月》，因友人王造时（1903—1971）博士写的《由"真命天子"到"流氓皇帝"》一文于7月被扣压，新月书店也在北平被搜查。

在这种钳制言论的高压下，那一弯清新又炽热的《新月》最终悄然陨落，就此《新月》轰轰烈烈、气象万千的"文人论政"时代也结束了。

当《新月》陨落后，无数有战斗力的报刊继续锲而不舍地抨击国民党一党专政剥夺人权和言论自由的丑恶政治。

至此年5月22日，发行五万份的《大公报》已出满一万号。在《大公报》举行的盛大庆祝活动上，众多政要名流都有祝词以贺。胡适的《后生可畏》最引人注目，文中说今之《大公报》无论从名声到影响，无疑已超越了比他历史更长的老牌报纸《申报》和《新闻报》，"不但从一个天津的地方报变成全国的舆论机关，并且安然当得起'中国最好的报纸'荣誉"，而究其原因"不过是因为他在这几年中做到了两项最低限度的报纸职务：第一是登载确实的消息；第二是发表负责任的评论。这两项都是每一家报馆应该尽的职务。只因为国中的报纸都不敢做，或不肯做，或不能做，而《大公报》居然肯努力做去，并且有不小的成功"。

当然，报刊中不只有《大公报》卓尔不群。从6月起，《生活》周刊就勇敢地连载关于交通部长、上海大夏大学校长王伯群（1885—1944）营私舞弊的丑闻的报道。王伯群企图以重金平事，遭到《生活》周刊断然拒绝。邹韬奋在《生活》周刊"信箱"栏目刊发了署名陈淡泉的《对王保（君）应作进一步的批评》一文，并在《编者附言》中发表言论将王伯群痛斥一番："在做贼心虚而自己丧尽人格者，诚有以为只须出几个臭钱，便可无人不入其彀中，以为天下都是要钱不要脸的没有骨气的人，但是钱的效用亦有时而穷。"此言论对王伯群以抨击讽刺，大快人心。

9月1日，创办六十年且历经沧桑的《申报》，也举行了庆祝活动。《申报六十周年纪念宣言》称，"以积极之行动，努力于本报之改进，努力于应负之责任，不徘徊，不推诿，不畏缩，尽我绵薄，期有以自效，是为本报同人深自体念后最大之决心"，"肩荷此社会先驱，推进时代之重责"，"使社会进入合理常规""使我民族臻于兴盛与繁荣"。11月30日，又发表《申报六十周年革新计划宣言》社论，提出具体的革新计划，力图"传达公正舆论，诉说民众痛苦"。《申报》的两个宣言抱负恢宏、决心如山，虽然多少有点自诩，但真能如此办报并成为"新闻事业为推进社会最有力的工具"可期矣。

9月20日，"左联"机关刊物《北斗》在上海出刊，由丁玲主编。这是瞿秋白自1930年8月由苏联回到上海，于此年受中共中央委托代管中央文化工作委员会（文委）的工作，担负起了领导"左翼"文艺运动的重任。瞿秋白十分重视"左联"的报刊，曾邀请"左联"行政书记沈雁冰（茅盾）交谈，希望继续办好"左联"机关刊物——已经被查禁的《前哨》，并从第二期起改名《文学导报》，重点刊登文艺理论文章。在这期间，瞿秋白犯过"左倾"错误，又努力摆脱了"左倾"影响。据沈雁冰（茅盾）后来在《"左联"前期》一文中回忆：

> 从"左联"成立到1931年11月是"左联"的前期，也是它从"左倾"错误路线影响下逐渐摆脱出来的阶段；从1931年11月起是"左联"的成熟期，它已基本上摆脱了"左"的桎梏，开始了蓬勃发展、

四面出击的阶段。促成这个转变的,应该给瞿秋白记头功。

丁玲此年在《北斗》上陆续发表《一个人的诞生》(与胡也频合著)、《水》、《夜会》、《母亲》等小说,其内容的广阔和思想倾向的进步,反映出她的迅速成长。如果说《大公报》等报是用舆论反映现实斗争,那么文学则是用鲜活的形象来干预生活,如丁玲的《水》。从此年9月至11月,《水》在《北斗》连载,以十六省特大水灾为背景,描写中国农村的悲惨景象,并暗示农民走自己解放的道路,与中共建立"人民当家作主"的红色政权相呼应。

1931年,中国大地上还发生了影响国家和民族命运的大事件——日本侵华的"九一八"事变,而此事件标志着中国人民从此进入了艰难的抗日战争时期(简称抗战时期)。

9月18日夜,日本关东军策划了"九一八"事变,悍然占领中国军队驻扎的北大营,进攻沈阳城。三天后,又占领吉林省城;仅一周之内,两万日寇在广阔的东北兵不血刃地相继占领辽宁、吉林的三十多座城池。国难当头,全国掀起反日浪潮,各地群众呼吁出兵东北,收复失地。

"九一八"事变是中国抗日战争史上的标志事件。自这一天起,直到1945年,中国人民开展了长达十四年之久的艰苦卓绝的抗日战争,并最终以中国军民的胜利结束。"九一八"事变唤醒了中国人的爱国热情和民族血性,中国的报界、舆论界也为这场战争做出了各自的贡献。

在"九一八"事变发生后,南京国民政府竟然又在10月7日公布了《出版法施行细则》,将1930年公布的《出版法》中的条款进一步具体化,使钳制言论和出版自由更变本加厉。随后,关注抗日救亡的上海商务印书馆、中华书局、世界书局、开明书店等四十九家出版社联名发起请愿,要求废除严厉钳制舆论和出版自由的《出版法》及《出版法施行细则》。早在8月3日,针对国民党假仁假义地对自己的相关部门提出的三点"卑微"要求——"一、检查电报,勿过无理取闹;二、拍发电报,务予迅速痛快;三、邮递新闻杂志,当事者多为注意,勿令动辄遗失",已经看透国民党本性的《大公报》曾发表过《新闻界何敢有奢望》社评,却不幸言中。其时,国民党相关部门对钳制言论和出版自由之责,执行得尽心尽力,哪里还管刊物损坏、报纸遗失、发电报受刁难,让报界和读者无比愤慨。

当然,报界也有害群之马,有时弄些动静配合当局。例如,有国民党背景的《时事新报》,为制造混乱一次就解雇该报记者、工人十六人之多。报馆同人集会抗议,其中又有十多人被辞退;剩下的同人愤然发表联合宣言,呼吁报界和社会支持声援。果然,上海新闻记者联合会、上海报界工会伸出援手群起声援,迫使《时事新报》当权者被迫收回成命,真是"偷鸡未成反蚀把米"。

《时事新报》把戏演砸了或许只因其并非执政当局,即使有多深的背景也不敢跳出来耍横,而反抗者面对的只是一家不大的报馆遂敢于抗争。但当面对权力当局时,一般人就会有种种顾虑了,敢于抗上者需要大智大勇。上海日报公会在12月11日毅然针对国民政府公开发表宣言,这在残酷的镇压下是需要大勇气的。宣言抗议国民党上海市党部以《出版法施行细则》为由,对《申报》《新闻报》《时报》《民国日报》等报实行"禁邮",并宣布拒检。宣言指出,多年来报界"备受横逆",国民政府统治以来更是"愈演愈烈","立言纪事,动辄牵制,黑白混淆,是非泯灭",而"言论出版自由,乃民权之大纲,垂诸遗教,明见约法,固非命令所得变更,亦非暴力所得蹂躏",当局所为已属非法。为捍卫报纸之尊严,上海日报公会决定即日起依《约法》所赋权利,"绝对不受任何检查和干涉";同时又致函国民党上海市党部,指责其禁邮各报乃"违背《约法》,闭遏言论,侵害营业"。上海日报公会的举动,可谓掷地有声。

八天之后,风波再起。12月19日,宋庆龄得知蒋介石秘密杀害政治对手邓演达(1895—1931)而悲愤欲绝,起草了《国民党已不再是一个革命集团》一文。报界达人史量才当晚在上海日报公会说:"这是孙夫人亲自签名要求发表的,不是报纸造谣,我们没有不登的道理。"次日,上海各大报如《申报》《新闻报》《时报》等(除《民国日报》外)都在重要位置刊登了这篇文章。上海报界再次以实际行动,挑战国民党实行新闻检查、"禁邮"等非法行径。

1932年 "一·二八"淞沪血战，报界"坚持独立发言"

> 利于国者爱之，害于国者恶之。
> ——《晏子春秋·内篇·谏上》

1932年，壬申年，日本变本加厉地实施侵略中国的计划。

1月2日，四万日军直逼锦州，驻辽西东北军退入山海关内，在热河长城间布防。28日，日本海军陆战队以保卫日侨为借口大举登陆上海，由租界分三路向闸北第十九路国民党军发起进攻。国民党第十九路军浴血闸北，"一·二八"事变爆发，又称淞沪抗战。2月14日，国民党第五军投入淞沪战场。3月1日，国民党第十九路军伤亡八千多人，撤到黄浦、嘉定一线。随后，第五军于3月3日奉命退守常熟、太仓一线重新布防，在淞沪抗战中伤亡将士五千余人。3月20日，据国民政府统计，淞沪抗战八十一万平民遭难，死亡六千多人，受伤两千多人，失踪一万多人，经济损失近十六亿元。

在淞沪抗战之际，3月9日日本人乘机在沈阳策划建立伪满州国，清逊帝溥仪任"政府执政"后改为"皇帝"，开始"满洲国"傀儡生涯。9月15

日，日本政府正式承认"满洲国"，并用条约的形式确定"满洲国"为日本殖民地。实际上，日政府是在前一天由美、英、法、德、意五国组成的国际联盟调查团结束在东北调查之后，全体团员签字通过《国联调查报告书》"建议东北自治"后承认"满洲国"，变非法为合法。可见，国际联盟用心之险恶。

4月15日，中国共产党领导的中华苏维埃共和国临时中央政府发布宣言，正式宣布对日作战。此举首开对日宣战先河，意义非凡。

5月5日，中日《淞沪停战协定》签字仪式在英国驻沪领事馆举行。不过，此协定偏袒日本：承认日本可留驻上海，中国军队却不能在上海至苏州、昆山一带驻军。

6月15日，行政院院长汪精卫和军事委员会委员长蒋介石在庐山召集"剿共"会议，蒋介石在会上宣布"攘外必先安内"，明确了"消灭中国共产党是目前首要任务"。

10月，中共中央代表团指责毛泽东犯有"狭隘的经验主义"等，撤销其红一方面军总前委职务。

12月12日，中苏两国恢复邦交。

12月17日，宋庆龄、蔡元培、杨杏佛、鲁迅等在上海发起组织中国民权保障同盟，通过《中国民权保障同盟宣言》，并推举宋庆龄为同盟总会主席，蔡元培为副主席，杨杏佛为总干事。

1932年是壬申年，内忧外患，但知识分子、报界继续"坚持独立发言"。

是年元旦，《中学生》月刊新年号在"贡献给今日的青年"总标题下，发表了五十二位学界名流的短简语录,他们要回答的问题是——"假如先生面前站着一个中学生,处此内忧外患交迫的非常时代,将对他讲怎样的话,作努力的方针?"其中,俞平伯告诫青年们,要相信自己的力量可以救中国,还要积极创造救国的条件,"不存此心,不得名为中国人"。鲁迅的回答是给编辑的:"请先生也许我回问你一句,就是:我们现在有言论的自由么?假如先生说'不',那么我知道一定也不会怪我不作声的。假如先生竟以'面前站着一个中学生'之名,一定要逼我说一点,那么,我说:第一步要努力争取言论的自由。"(《鲁迅全集·二心集·答中学生杂志社问》)

1月5日,鲁迅化名白舌在上海《十字街头》第三期发表《"非所计也"》,批评《申报》常以"要电"把复杂的如中日交战事件简单化、庸俗化或以假象掩盖真相。例如,"九一八"事变后,各地学生反对国民党"不抵抗"政策到南京请愿,国民党政府在12月17日学生在南京示威游行时出动军警屠杀和逮捕学生,有的学生遭刺伤后被扔到秦淮河中,而南京卫戍当局却称死难学生是"失足落水"。

1月10日,鲁迅勉励学生奋力争取言论自由,又对《申报》不痛不痒甚至歪曲事实的报道进行批评——其"双响炮"着实犀利。到5月20日,鲁迅在上海《北斗》第二卷第二期发表《我们不再受骗了》一文,断言"帝国主义是一定要进攻苏联的。苏联愈弄得好,它们愈急于要进攻,因为它们愈要趋于灭亡"。当时,这不啻是一声惊雷。

1月12日,在《新月》第三卷第一期发表《论共产主义》一文的罗隆基,又在他做主笔的《益世报》撰写社论《一国三公僵政局》《可以战矣》《"剿共"胜利不算光荣》《攘外即可安内》等,戳穿了国民党"党外无党""党内无派"的谎言，到反对当局"剿共"之罪行，再到批判"攘外必先安内"谬误，篇篇皆是响镝，直刺国民党的反动本质之要害。为此，国民党天津党部曾多次要求《益世报》解聘罗隆基，皆未如愿。

4月，在国民党第四届第一次代表大会召开之际，中华书局、商务印书馆、开明书店、《生活》周刊等四十九家出版单位联名向大会提交请愿书，要求废除《出版法》及《出版法施行细则》。这类请愿在新闻出版界已有多次，国民政府皆未正面回应，依然我行我素。

5月22日，胡适任主编的《独立评论》周刊终于顺利创刊。其实，三年前的1929年，胡适与徐志摩、梁实秋等人欲在《新月》外创办一份思想性甚至政治性的刊物《平论》并由其任主编，但最后因"组稿并不顺利""斤两似不很重"而夭折。《独立评论》是由一部分从欧美留学归来的自由主义知识分子如胡适、丁文江（1887—1936）、翁文灏（1889—1971）、蒋廷黻（1895—1965）、任鸿隽（任叔永，1886—1961）、傅斯年（1896—1950）、陶希圣（1899—1988）、杨振声（1890—1956）、陈衡哲（1890—1976）等成立的同人周刊，或可称为《平论》的姊妹刊，由同人自筹经费且不拿稿费。《独立评论》创刊号上，有胡适的《〈独立评论〉引言》和两篇政论《上海战事的结束》《宪政问题》等文。《〈独立评论〉引言》提出"永远保持一点独立的精神"，而独立的精神就是"不依傍任何党派，不迷信任何成见，用负责任的言论来发表我们各人思考的结果"。其实，胡适在1929年致信陈布雷时和许多文章里都表述过"用负责任的言论"表达各人的思考的结果和理念，受到社会各界广泛赞同。不过，《独立评论》的同人对一些问题的看法并不总是一致，甚至发生过激烈争论，如胡适和丁文江等就"民主与独裁"问题便有长达一年多的争论，但都恪守"互相戒约的负责任"态度,并未影响他们之间的友谊。

《独立评论》以评论为主,同人"各人都根据自己的知识,用公平的态度,来研究中国当前的问题"。创刊号上,胡适的《上海战事的结束》就是针对"一·二八"上海淞沪战事而发表的时评,爱国主义精神充溢其间。《宪政问题》则继续抨击国民党一党专政的独裁政治,虽语气平和却针针见血,实践了胡适"不依傍庙堂、不听命政党、不囿社会成见,不用笔名",坚持"说平实的话"的严正承诺,也是《独立评论》的特色。后来,胡适在谈到创办《独立评论》过程时说那是一个"小册子新闻事业的黄金时代",主要就当时《独立评论》的同人刊物性质和刊稿不取稿费而言。

鲁迅曾批评《申报》在报道新闻时有时未免避重就轻,但也是一家之言。从6月30日起,《申报》连发三篇由陶行知撰写的反内战主张的时评——《"剿匪"与"造匪"》《再论"剿匪"与"造匪"》《三论"剿匪"与"造匪"》,抨击国民党的黑暗政治和"攘外必先安内"的反动政策,并直接指出"举国之'匪',皆黑暗政治所造成,所剿之'匪',都是我劳苦之同胞、饥寒交迫求生不得之良民。故'匪'者是黑暗政治,剿'匪'者是政府,则'匪'不可以剿而绝","政治不清明,民生如不安定,则虽十次武力围剿,亦必无功"。与罗隆基写的《"剿共"胜利不算光荣》异曲同工,表达了对国民党"围剿"中共红军的不满。

7月3日,《申报》再发时评《中大学潮评论》,矛头直指中央大学校长朱家骅(1893—1963)挪用水灾捐款丑闻,并道出中央大学学潮真相,震惊朝野。对此,国民党当局十分愤怒,禁《申报》邮递三十五天。

国民政府黔驴技穷,"禁邮"成为其对付舆论的惯用伎俩。曾创下发行量超十五万份、由邹韬奋创办的《生活》周刊，无任何党派政治背景，但邹韬奋在《生活》上发表的《我们最近的思想和态度》一文中说："就民众的立场，对政府、对社会，都以其客观的、无所偏私的态度，作诚恳的批评或建议；论事论人，以正义为依归；正义所在，全力奔赴，生死不渝。"其实，《生活》这样的思想和态度是一贯的。例如，3月19日，《生活》发表小言论《谁荒谬？》中就有这样的言论："'言论'所以被视为'荒谬'，是因为劝'中央政府幸勿误国殃民'。劝'中央政府幸勿误国殃民'而为'言论荒谬'，则劝中央政府实行误国殃民，当为言论公正！谁是'荒谬'，记者不必下断语，任何人都可心照不宣——除了'亟应严加取缔，以正观听'的摧残言论及民意的当道。我们痛念尚在暴敌铁蹄下之东北三千万同胞，及最近淞沪惨死流离的民众，是否'误国殃民'，大可'心照不宣'！"对这样敢于仗义执言的《生活》周刊，国民党当局岂能放过，于是在8月以"言论反动，毁谤党国"罪名下令"禁止邮寄"。

对于国民党滥用"禁邮"伎俩打压敢于抗命的报刊的做法，如史量才在年底中国民权保障同盟召开的中外记者招待会上，就愤怒地抗议国民党当局"不经过法律手续而采取这种卑劣手段来限制报纸在外地的发行"，对这种"侵犯出版自由的行为，决不能容忍"。

接着，北平新闻记者公会于9月4日致函北平市政府、公安局，希望遵守《约法》，不得随意干涉《约法》赋予新闻界的言论、出版自由。24日，《导报》《益世报》因报道了第二十九军一军官骗婚行径，该军官竟指使士兵闯入《导报》报馆，殴打并欲绑架三名编辑，又派人到《益世报》抓人，但未得逞。对此恶行，北平新闻记者公会两天后通电国民党中央和南京国民政府，要求保障言论、出版自由，又通电全国各界请求声援。

此波尚未平息，10月15日，曾在1929年11月被中共中央开除党籍的陈独秀在上海公共租界被捕，并被国民党政府引渡押解到南京。引起全国舆论界的"重大关注"。北平的胡适等人呼吁各界救援，平、津、沪各大报也纷纷发表社论要求当局释放这位新文化运动的旗手。与此同时，《晨报》《大公报》等都作了追踪报道。胡适在北大发表《陈独秀与文学革命》的演说，傅斯年在《独立评论》撰写《陈独秀案》一文称陈独秀是"中国革命史上光焰万丈的大彗星"。曹聚仁在其主编的《涛声》杂志组织了有关"陈独秀案"的讨论，肯定陈独秀在新文化运动中的重要贡献。

1933年 《东方杂志》辟"新年梦想"，记者以生命换来"记者日"

> 仁者杀身以成名，君子有死而无贰。
> ——［唐］杨炯《泸州都督王湛神道碑》

1933年，癸酉年，日本加快侵略中国的步伐。这一年，国难当头，国民党昏聩，民不聊生。知识分子两面作战，一边宣传抗战，一边批判国民党之"党天下"。

1月5日，在扼辽西走廊之要津的榆关（山海关），国民党守军当天下午在日军出动飞机、坦克和海上炮舰的攻击下伤亡逾半，求援不得而不得不弃城溃退。至此，山海关落入日本人手中。

1月初，由于无法在国民党统治下的上海活动，中共临时中央迁离上海，前往江西瑞金中央苏区。以博古为首的中共中央负责人全面推行王明的路线，毛泽东遭到排斥整肃，最后未能化解国民党的"围剿"而陷入危机之中。

1月25日，国民党中央执行委员会电召冯玉祥到南京"共谋决策"。冯玉祥复电推辞，同时发表"抗日意见"十二条，主要包括"组织统一的军事指挥机构""调遣精锐部队开赴前线"等,并表示"中央有决心抗日,即刻赴京就事"。

3月4日,日军进攻承德,热河省政府主席汤玉麟(1871—1949)不战而逃,热河沦陷。11日,张学良引咎辞职。

5月31日,在塘沽举行的中日停战谈判桌上,中方代表被迫不改一字地在日本先印好的停战协议上签字,史称《塘沽协定》。

7月25日,法国政府宣布侵占南中国海的南威岛、太平岛等九个岛屿。8月1日,中国外交部照会法国驻华公使,声明中国政府对南中国海九个岛屿拥有主权。

9月,上海戏剧社为纪念"九一八"事变两周年,演出苏联铁捷克(Sergei Tret'iakov)的话剧《怒吼吧,中国》,引起轰动。此时,上海虹桥机场举行为各界捐献的五架飞机命名仪式,参观民众达十万人。

10月17日,蒋介石颁发"行动纲要"及"围剿"计划,开始对中共苏区实行第五次"围剿"。此次"围剿",国民党军队动用陆军六十一个师七个旅近百万人,空军五个大队近百架飞机。

12月,红军在江西中央苏区开展扩大红军的突击月运动。红军力量得到补充,红一军加上地方武装在内约有十万人,而赤卫队则有二十余万人,全国红军累计有三十万人。

1933年,日本加快吞并中国步伐,中国内外交困,中华民族陷入危亡之境。

1月,创刊于1904年的上海《东方杂志》,主持者胡愈之在此年出版的"新年特大号"(第三十卷第一期)中辟有"新年的梦想"专栏。为此,胡愈之在拟写的征稿信中说：

> 在这昏黑的年头，莫说东北三千万人民，在帝国主义的枪刺下活受罪，便是我们的整个国家、整个民族也都沦陷在苦海之中。沉闷的空气窒塞住每一个人，大家只是皱眉叹气挨磨自己的生命。……固然，我们对现局不愉快，我们却还有将来，我们诅咒今日，我们却还有明日。假如白天的现实生活是紧张而闷气的，在这漫长的冬夜里，我们至少还可以做一二个甜蜜的舒适的梦。梦是有我们所有的神圣的权利啊！

在胡愈之的邀请下，有一百四十二位社会名流"做"了二百四十四个"梦"，发表在《东方杂志》开辟的"新年的梦想"专栏。其中，有一些国民党的官僚，如当时的铁道部次长、后来在抗战中当了汉奸的曾仲鸣说他的"梦想"是"何处是修竹，吾庐三径"，中国银行副总裁俞寰澄则说"我只想做一个略具知识的自耕农。我最酷爱田园生活"。《东方杂志》记者在此专栏《读后感》中说："近来有些批评家（指周作人）把文学分为'载道'的文学和'言志'的文学这两类。我们的'梦'也可以同样的方法来分类：就是'载道'的梦，和'言志'的梦。"又说："'载道'的梦只是'异端'，而'言志'的梦才是梦的'正宗'，因为我们相信'梦'是个人的，而不是社会的。依据佛洛伊特（弗洛伊德）的解释，梦只是白天受遏抑的意识，于睡眠，解放出来。……所以'梦'只是代表了意识的'不公开'的部分，在梦中说教，在梦中讲道，在梦中贴标语，喊口号，这到底是不常有的梦，至少这是白日梦而不是夜梦，所以不能算作梦的正宗。只有个人的梦，表现各人心底的秘密而不带着社会作用的，那才是正宗的梦。"

胡愈之有此举应该说并无过错，无非是"想必以为言论不自由，不如来说梦，而且与其说真话之假，不如来谈谈梦中之真"（鲁迅《听说梦》）。但是，在"整个民族也都沦陷在苦海之中"的年月，这么大规模做"梦"自然是要备受"关注"的，因为这些"梦"不仅直接批评了社会现实的黑暗，而且暴露了国民党治下丑陋的一面。后来，商务印书馆深知其中利害，其负责人王云五与胡愈之沟通"少发"为宜，但胡不同意且在一急之下取消合同离开了《东方杂志》。多年后（1982年），胡愈之回忆这件事时说：

> 第二年（1933）一月里，我出了题目《新年的梦想》征稿，发表不满意国民党的文章，有些国民党人也写不满意的文章。王云五看了这个特辑，很生气，对我说，你这些东西不得了呀，商务印书馆要封门的呀！你能不能少发这样的东西？我说，不行，编辑权在我，不在你。他说，那就只好取消合同了。那时我性子急，就说，你取消就取消。这样合同就取消了。

不过，鲁迅在读到《东方杂志》"新年特大号"当天即1月1日，就写了《听说梦》一文（发表于当年4月15日上海《文学杂志》第一号）予以批评。文章开头便说："做梦，是自由的，说梦，就不自由。做梦，是做真梦，说梦，就难免说谎。"接着，又说："虽然梦'大家有饭吃'者有人，梦'无产阶级社会'者有人，梦'大同世界'者有人，而很少有人梦见建设这样社会以前的阶级斗争，白色恐怖，轰炸，虐杀，鼻子里灌辣椒水，电刑……倘不梦见这些，好社会是不会来的，无论怎么写得光明，终究是一个梦，空头的梦，说了出来，也无非教人都进这空头的梦境里面去。"

当诸位之"梦"尚未醒来之时，1月21日，镇江的一声枪响，年仅三十三岁的《江声日报》主笔刘煜生（1900—1933）死在了国民党的枪下，罪名是"共产党报纸"，"蓄意煽起阶级斗争，鼓动红色恐怖"等。与此同时，刘煜生的同人张醒愚、余水痕等也被判刑入狱。镇江新闻公会向全国新闻界披露惨案，呼吁声援。中国民权保障同盟两次发表中英文宣言，抨击暴政。不久，上海新闻记者公会召开紧急会议，做出包括联合报界公会、律师公会、市商会、市教育会等社会团体联合起来作斗争，以及设立"刘煜生专门委员会"等五项决议。南京新闻记者公会响应，呼吁全国各界奋起抗争。

就在抗议声浪骤起之时，上海《时事新报》驻南京记者王慰三竟又在光天化日之下被顾祝同指挥军人枪杀。全国报界和民众完全被激怒，北平记者公会为刘、王两位记者举行追悼活动，同时北平外勤记者协会就记者被枪杀通电全国要求国民党政府严惩凶手。2月19日，上海二百三十九位记者发表联合宣言，指责国民党政府企图以杀戮把新闻、文化界控制在其手下，剥夺《约法》所给予的言论自由、生命安全之人权保障，并指出此非刘煜生、王慰三的问题，"而值为全体人民所应严重抗议者"。全国许多报纸纷纷发表时评、社论，抨击国民党政府草菅人命的暴行。全国律师协会等社会团体，要求追究相关责任。天津、武汉、广州、杭州、香港等几十个大城市也举行集会，发表宣言通电谴责暴行，呼吁保障言论自由和人权。《申报》、《生活》周刊等报纸、杂志，对刘煜生、王慰三事件都予以详细跟踪报道。

时于右任（1879—1964）正主持国民政府监察院，出于正义感依法弹劾顾祝同，结果只无非调离了之。在全国舆论压力下，国民政府在8月、9月先后发出《保障正当舆论》《切实保障新闻从业人员》的通令。这样，国民党一党专政的国民政府终于做出让步，以此收场了这一次轰轰烈烈的争言论自由、争人权的全国运动。刘煜生、王慰三两位新闻人，他们以自己的血换来了"9月1日——记者节"，而这是中国新闻史上悲怆而又值得纪念的日子。

还值得一提的是，这年1月31日，鲁迅在《申报·自由谈》上署名何家干发表《观斗》一文，批评蒋介石对日"不抵抗"主义。文中说"'不抵抗'在字面上已经说得明明白白"——"但我们的斗士，只有对于外敌却是两样的：近的，是'不抵抗'，远的，是'负弩前驱'"，还说"还是留着国产的兵士和现买的军火，自己斗争下去罢……对于外敌，就一定非'爱和平'不可"。4月1日，鲁迅在《现代》第二卷第六期上发表《为了忘却的记念》一文，这是其为1931年2月7日被国民党杀害的"左联五烈士"——柔石、冯铿（1907—1931）、殷夫、李伟森（1903—1931）、胡也频写的就义两周年纪念文字。据当时在《现代》做编辑的施蛰存（1905—2003）说："这篇文章曾在两个杂志编辑室里搁了好几天，编辑先生不敢用，才转给我。"当时，纪念革命者的文章无疑是"炸弹"，施蛰存也"有点踌躇""不敢决断"，遂"请老板张静庐先生拿主意"，而"张读后沉吟不决，考虑了两三天"，毅然决定发表。这让我们想起《生活》杂志主编邹韬奋曾经铿锵有力地说过：

> 我们的态度是头可杀，而我的良心主张，我的言论自由，我的编辑主权，是断然不受任何方面任何个人所屈服的。

施蛰存表现出了一个有正义、有良知和有担当的报人的风骨。

这一年，施蛰存与鲁迅的革命情感，张静庐与施蛰存的胆略，成为黑暗中的一道亮色。

曾在1929年11月被开除出党的中共创始人陈独秀，于1932年10月被上海公共租界逮捕，后被国民党政府引渡押解到南京。到了此年4月，陈独秀"危害民国"案开庭审理，他在法庭上慷慨陈词驳斥所谓的"危害民国"，不减当年办《新青年》、筹建共产党时的风采。曾和陈独秀一起创办《甲寅》等报刊的章士钊，义务为其出庭做辩护律师。后法庭以"文学为叛国之宣传"为罪名，处陈独秀以八年徒刑。在此期间，《申报》《国文周报》《法制周报》等报纸详细、真实地报道了这一案件，《益世报》等还很有倾向地全文发表了陈独秀、章士钊在法庭上的精彩辩词、上诉状等。此间为声援陈独秀，汪孟邹的亚东图书馆破例重印《独秀文存》千册，又印千册章士钊汇编的《陈案书状汇录》。《陈案书状汇录》甫一出版，即被上海沪江大学、东吴大学法学系选为教材。蔡元培特为《独秀文存》第九版作序，称陈独秀的文章"即到今日，仍没有失掉青年模范文的资格"。

6月13日，胡适拒绝了汪精卫邀其出任教育部长的请求，并到南京监狱看望坐牢的老友陈独秀。当时，两位新文化运动的先驱在狱中会面，意味深长。

1934年　瞿秋白主办《红色中华》，史量才殉国留诤言

> 志士不忘在沟壑，勇士不忘丧其元。
> ——《孟子·滕文公下》

1934年，甲戌年，用夏衍的话概括便是"军事'围剿'和文化'围剿'最严酷的时期"。

1月13日，中共中央在江西瑞金召开的六届五中全会上改选了中央政治局，博古等当选为中央书记处书记。这样，王明的"左"倾错误路线继续在苏区得势。

2月19日，蒋介石在南昌行营扩大纪念周上演讲《新生活运动之要义》发起"新生活运动"，让老百姓当顺民和贱民。

3月1日，溥仪在日本导演下称帝，伪年号"康德"，"满洲国"改称"大满洲帝国"。所谓"溥仪帝"，只不过是日本人的傀儡。

4月17日，国民党军队进攻中央苏区北大门江西广昌，苏区门户洞开，是役红军伤亡四千人。8月7日，萧克（1907—2008）、王震（1908—1993）率红六军团分别由永新、遂川地区突围西征，年底到达桂东地区。

253

7月7日，中国工农红军组成抗日先遣队，红七师六千多名战士从江西瑞金出发北上抗日。10月，红七师进闽浙赣苏区时，与红十军团合编成红十军团，全军共计一万人，由方志敏（1899—1935）领导。红十军团主力在转移时，被国民党军合围而遭受重创，余部五百人在粟裕（1907—1984）领导下转入浙东。10月，中共红军主力被迫放弃江西苏区，自于都出发开始长征。

8月，吉林的东北义勇军赵尚志（1908—1942）等在东宁召开辽宁、吉林、黑龙江三省抗日义勇军代表会议，联合组成东北抗日联军协同抗日。

11月，抗日名将吉鸿昌（1895—1934）在北平被捕杀，年仅三十九岁。临刑前，吉鸿昌以树枝为笔，在地上写下了绝命诗："恨不抗日死，留作今日羞。国破尚如此，我何惜此头！"

这一年，国民政府按蒋介石"攘外必先安内"的方针，动用大炮、飞机忙着"围剿"红军，却对日本侵略我中华置若罔闻。若不是东北抗日联军在林海雪原浴血抗日，还以为国泰民安呢？！

1934年1月，瞿秋白奉命离开上海，赴苏区江西瑞金就任苏维埃大学校长一职，同时担任《红色中华》的社长兼主编。《红色中华》是中华苏维埃中央临时政府的机关报，该报刊创刊于1931年年底，开始为中央工农民主政府的机关报，后又改为中国共产党、中央工农民主政府、中华全国总工会和中国共产主义青年团合办的机关报。该报是中共在根据地的第一份中央级的铅印四开、四至六版大报，初为周报，后改为三日、双日报。王观澜（1906—1982）、李一氓（1903—1990）、沙可夫（1903—1961）相继担任过《红色中华》的主编。

《红色中华》以教育、组织群众参加根据地工农民主政权建设为革命战争的宗旨。除发表大量政权建设的政策文件、社论、消息，还设"要闻""苏维埃建设""党的生活""赤色战士通讯"等多个专栏。此外，《红色中华》还创办了不定期的文艺副刊《赤焰》，常有木刻版画、漫画刊登，若有红军大捷或党的主要活动还发行号外，而其因向各根据地发行，每期发行量多达四万份。瞿秋白在上海时就关注《红色中华》，曾在《北斗》杂志发表《关于〈红色中华〉报的意见》一文，在对该报给予鼓励的同时又提出了六点改进建议。其中，改进建议有"反映党的建设"——"各级党部的情形、各级党部在苏维埃地方政府之中的作用、各级党部的发展、各级党部的优点和错误等等，必须反映在这个报纸上"；"要展开自我批评"；"反对命令主义倾向"——"反对官僚主义恶习"等，既与国民党机关报自吹自擂、一派官腔的做派形成了鲜明的对照，也形成了中共办报的基本原则。这在中国新闻史上是独一无二的"实事求是"的精神，因此有编辑生涯十五年之久的瞿秋白被誉为"忠实的共产党员编辑"，也是红色报纸的奠基者。

同月，《大公报》开辟了"星期论文"专栏。这是专门为报社以外的名流、学者执笔写的政论时评提供的平台，开创了民间报纸与学界联合论政的新形式，不仅论得实在深刻，而且令人耳目一新。学者胡适在此专栏发表的《报纸文字应该完全用白话文》，与瞿秋白发表在《北斗》杂志的《关于〈红色中华〉报的意见》一文中所说的报纸是一种"真正通俗的、可以普及到能够勉强读得懂最浅近文字的读者群众的"精神不谋而合。

"星期论文"专栏从设立到1949年，十五年中有左、中、右身份的一百多位学者、专家发表了七百五十多篇评论文章,做到了"不群不党"且各种观念兼容并包,具有大报的气度。例如,胡适曾为"星期论文"撰写《汪蒋通电里提起的自由》一文,要求国民党当局"明令全国,凡'不以武力及暴动为背景'的结社与言论,均当予以保障而不加以防制","明令中央与各省的司法机关从速组织委员会来清理全国的政治犯,结束一切证据不充分的案件,释放一切因思想或言论犯罪的拘囚,并且应该明令一切党政军机关不得因思想言论逮捕拘禁人民","即日禁止公安与司法机关以外的一切机关随意逮捕拘押人民","明令取消一切钳制报纸言论与新闻的机关"等。胡适的借题发挥,句句直戳国民党一党专政和钳制新闻、言论自由的要害。胡政之读罢,大呼胡适此文章"痛快之至",并表示与胡适站在一起"彼此共同负责",且"为文作桴鼓之应"。胡适和胡政之的表现,体现了在黑暗时代里知识分子联手争民主、争自由、争人权的大无畏精神。当然,胡适这样的言论自然会引起国民党当局的恼怒,即使《大公报》名声显赫、如日中天,也常常受到当局"警告"甚至动粗,其办事处险些被捣毁。

还是1月,胡适冒着凛冽的北风远到北平西山凭吊老朋友李大钊。李大钊于1933年安葬,葬后不久其夫人赵氏也去世,"荒草萋萋却无碑碣",令胡适甚为哀痛。回北大后,胡适与校长蒋梦麟决定筹款为李大钊夫妇补立一碑。2月10日,趁到南京开会的时机,胡适去南京狱中看望了老友陈独秀。当时,陈独秀想要写自传,他让胡适带书信给亚东图书馆的汪原放并疏通叶楚伧等人以确定出版事宜。胡适劝勉陈独秀道:"放手写去,不必先求早出版。若此时即为出版计,写的必不得不委曲求全,反失真相。不如不作出版计,放手写去,为后人留一真迹"(《胡适日记全编6》,"1934

年2月10日"条)。到了3月,上海亚东图书馆又出《独秀文存》第十版,印行两千册。7月,南京最高法院以"文字为叛国之宣传"终审判处陈独秀八年徒刑,后《大公报》全文刊载判决书。

2月19日,国民党中央宣传委员会通令查禁涉及二十八位作家的一百四十九种书籍,引起报界强烈不满。六天后,章锡琛(1889—1969)拍案而起,由开明书店牵头,二十六家书店联合先后两次联名请愿,要求当局"体恤商艰,从轻处置"。章锡琛又找夏丏尊(1886—1946)共同给蔡元培、邵力子写信,要求其敦促当局"解除禁令"。2月28日,已有名气的沈从文写了一篇关于禁书的《禁书问题》,后于3月5日发表在《国闻周报》,对国民党肆意禁书予以质疑、抨击。在《禁书问题》一文中,沈从文调侃地说道:"如目前这种处置,在当局诸公中,竟无一个人能指出它(那一百四十九种书——引者注)的错误,实为极可惋惜的事情。(我想特别提出的,是那些曾经从轰轰烈烈的'五四运动'的过来人,当前主持文化教育的当权派。)"在国民党一意孤行并严酷钳制新闻、出版自由的黑暗时代里,章锡琛、夏丏尊、沈从文以及开明书店等的义举,值得后人尊重。

到3月20日,联名请愿的二十六家书店终于得到批复,却竟然是——"一、切实执行前令严予禁毁,以绝流者三十种;二、禁售者三十种;三、在'剿匪'严重时期内暂禁发售者三十一种;四、需加删改方准发售者二十二种;五、准予暂缓执行查禁者三十七种"。与此同时,随之而来的是更为严酷的《图书杂志审查办法》。

南京《民生报》在国民党中央宣传委员会眼皮底下,但它在5月至7月演出了一场挑战国民党当局钳制出版、言论自由的连轴好戏。5月24日,

《民生报》不惧国民党当局新闻检查，刊出了京城行政院政务处长彭学沛（1896—1948）贪赃枉法的新闻。新闻"直捣黄龙"，结果当然会有"肆意造谣，不服检查"的罪名，罚令停刊三天。《民生报》复刊当日，仍然不知"悔改"，竟又有由主笔成舍我所撰的万言长文《停刊经过敬请国人公判》刊出，以真相揭露了国民党当局钳制言论、非法禁报的丑行。仅隔一日，《民生报》又奉送读者此文单张印刷品万份。正当群情激愤之时，不识相的彭学沛又以"妨碍名誉罪"向法院控告成舍我。闻讯，北平记者公会及青岛、济南等地新闻界纷纷通电声援成舍我。在社会各界的舆论压力下，彭学沛撤诉了之。

当彭学沛案刚刚偃旗息鼓之际，7月23日，《民生报》因刊登源于民族社的消息《蒋电汪于勿走极端》。在蒋介石、汪精卫明争暗斗的复杂政治格局下，谈蒋、汪关系本已属越雷池之举，而蒋、汪谁都不愿意打破这种平衡，最后倒霉的自然是《民生报》——报纸被查封，成舍我遭拘禁。此时，国民党在1933年8月和9月被迫发布的《保障正当舆论》《切实保障新闻从业人员》通令已形同虚设、自己掌脸，全国新闻界通电营救成舍我。

8月，杭州记者公会率先通电全国新闻界，倡议为纪念前一年（1933）被国民党政府杀害的《江声日报》记者刘煜生，将定9月1日为"记者节"，立刻得到全国同业报刊积极响应。随后，各地新闻界举行各种庆祝、纪念活动，有的报馆放假一天。对此，《大公报》发表社论，指出庆祝"记者节"诞生的同时切莫懈怠并应继续："有了通令，仍然把记者压得喘不过气来，所以我们以为与其停刊纪念，还不如积极地要求解放言论，作有效的维护。"北平报界集会，决议致电北平国民党当局，要求执行1933年颁布的保障舆论自由和新闻从业人员安全的通令。

在全国新闻界集体发声要求国民党当局执行"九一"通令的强大舆论压力下，成舍我在"记者节"当天昂首走出了被关押的监狱。但是，《民生报》这个倾注了成舍我心血的刊物却被永远停刊，而且不许他今后在南京办报，更为荒唐的是还剥夺了他以本名或笔名写批评政府文章的权利，成为中国言论史上最丑陋的一幕。

当然，独裁者从不忌惮舆论，更不吝惜滥用权力。7月8日，重庆《新蜀报》《新民日报》只不过批评几句当地市政府管理的问题，报馆便遭军警搜查，相关记者吴秋影等三人被逮捕。吴秋影无端受杖责，被打得血肉模糊，几近毙命。重庆新闻界通电全国同业，呼吁主持正义、彻查此案、追究责任，且全市报业停刊四天以示抗议。几天后，《中央日报》《大公报》以及后来还有北平《晨报》相继发表评论，严厉抗议重庆当局，声援受害记者。

在钳制言论自由的黑暗残暴年代，一批有正义感的报界闻人，始终敢于直面独裁者，抨击其暴政，如《申报》的史量才等。史量才执掌下的《申报》，以独立的舆论力量让读者拍案叫好，也令独裁者闻而生畏。徐铸成（1907—1991）的《报海旧闻》曾记录了史量才与蒋介石的一段谈话：

蒋说："把我搞火了，我手下有一百万兵！"

史冷冷相对曰："我手下有一百万读者！"

黄炎培（1878—1965）在《八十年来》中有这样一段关于蒋介石、史量才和他自己的回忆：

有一天，蒋召史和我去南京，谈话甚洽。临别，史握蒋手慷慨地说:"你手握几十万大军,我有申、新两报几十万读者,你我合作还有什么问题!"蒋立即变了脸色。

徐铸成与黄炎培关于蒋、史对话的表述有些出入,但不妨碍我们看到史量才的胆识、睿智和在报界的影响力。可惜,史量才这样一位在中国新闻史上当浓墨重彩书写的人物,却在11月13日遭到国民党军统特务的暗杀。暗杀事件的地点在浙江海宁翁家埠,而史量才是乘车行进在沪杭路上被袭而丧生的。消息传出,举国哀恸。不过,国民党军统特务虽然残暴地夺去了史量才年仅五十四岁的生命,却抹不掉他留下的铿锵净言:"人有人格,报有报格,三格不存,人将非人,报将非报,国将不国。"

史量才被暗杀的血迹未干,但全国新闻界、舆论界没有在杀戮和恫吓下屈服,反而激发出了争取言论自由的更大勇气。年底,《大公报》《晨报》等二十四家报社、通讯社联合致电国民党中央,再提"取消新闻检查""反对当局对新闻机关和记者施诸非常手段""释放被关押报人"等要求。为此,《大公报》发表社论《为报界向(国民党)五中全会请命》,反对把全国报纸变成听命于国民党、清一色、千篇一律的"恭顺的文章",要求改良新闻检查办法,解除压迫新闻界的种种桎梏。上海日报公会、记者公会也致电国民党中央呼吁言论自由,提出解除借"剿匪"之名限制言论自由的处置等要求。

对此,国民党政府立刻还以颜色。例如,上海《时代漫画》因发表讽刺当局外交政策的漫画,被勒令停刊。

1935年 《新生》讽喻日本天皇遭惩办，
　　　《自由评论》抨击钳制言论被查禁

夜视太白收光芒，报国欲死无战场。

——［宋］陆游《陇头水》

1935，乙亥年，东北国土已沦陷四年，国难日益深重。

自《塘沽协定》签订后，日本即以"分离华北"为侵略中国的近程目标，挑起了"华北独立运动"。为此，日军透过军事恫吓与外交施压，不断制造或借口各种事端逼迫中国就范，而"河北事件"正是日本的一次尝试。

5月20日，北平日本使馆武官高桥坦向何应钦（1890—1987）递交书面通知，表示"华北中日关系恶化，肇因于蒋中正表面亲日、暗中排日"。同时，天津日本驻屯军参谋长酒井隆亦发表声明，指责中国"佯装亲日，实际上专事抗日活动"，并在日本参谋本部主管课及华北驻屯军司令梅津美治郎的默许下决定向中国施压，"要求国民党中央军、党务机关，及排日人物退出平津一带"。5月29日至6月9日，酒井隆与高桥坦先后三次来见何应钦并提出各种要求，日方同时增兵平津与北宁路沿线相威胁，而且酒井隆还公开表示日军随时可能发动攻势。对此,何应钦联电中央向蒋、汪请示,欲对日方迭次提出的要求先后应允并采取行动:"一、撤换人员方面:河北省主席于学忠调职……","二、解散、撤退'排日'机关方面:河北省、北平市、天津市党部停止工作……","三、军队撤离方面:五十一军撤出河北,中央军调离河北……","四、排日行为之禁止:严密取缔有害邦交之秘密团体……"。针对"排日行为之禁止",国民政府于6月10日又颁布《申儆国民对于友邦务敦睦谊令》,虽未明示"睦日",实际上是"禁止排日令"。

6月9日,何应钦用电报告知蒋介石、汪精卫:

> 今日酒井来见,对于此间已办诸事认为尚未满足,并谓以下四点仍希望即日办理,否则日军即采断然之处理:(一)河北省内一切党部完全取消(包括铁路党部在内);(二)五十一军撤退,并将全部离开河北省日期告知日方;(三)中央军必须离开河北省境;(四)全国排外排日行为之禁止。并谓(一)(二)(三)项均系决定之件,绝无让步可言。

在《申儆国民对于友邦务敦睦谊令》颁布当天即6月10日下午,何应钦得汪精卫指示后在北平居仁堂约见日本代表高桥坦,口头告之:

> (一)河北省党部之撤退,已于今日下令,即日起结束;(二)五十一军已开始移动,预定11日起。用火车向河南省输送,大约本月25日输送完毕,但如因车辆缺乏,或需延长数日;(三)第廿五师、第二师已决定他调,预定一个月内运毕;(四)关于全国排外、排日

之禁止。已由国民政府重申明令。

6月11日，高桥坦又发出自拟的"高桥觉书"（内容与"酒井文书"实际上是相同的），希望中方尽快将口头承诺加以书面文字化以增加约束力，但被中方拒绝，最后日方稍示让步并要求中方给一个表示承诺的书面通知。7月6日，何应钦经汪精卫同意，以信函形式复电高桥坦转梅津美治郎——"6月9日酒井参谋长所提各事项，均承诺之"，史称"何梅协定"。

在正式签订"何梅协定"之前，日军以张北县中国驻军拘留四名日本人为借口，要求"取消察哈尔一切国民政府机关，中国军队从该地区全部撤退，撤销宋哲元（1885—1940）的省主席职务"。随后，日军又借口其人员在张北受到中国军队盘查，于6月11日向察哈尔省代主席、民政厅长秦德纯（1893—1963）提出无理要求。6月27日，国民政府指派秦德纯与日本特务机关长土肥原贤二谈判，并以换文方式签订了"秦土协定"，满足了日本方面的要求——"从察哈尔省撤退中国驻军和国民党党部，解散抗日机关和团体，'招聘'日本人为军事和政治顾问"。

"何梅协定"和"秦土协定"的签订，实际上相当于把包括北平、天津在内的河北、察哈尔两省的大部分主权奉送给了日本，而国民党如此丧权辱国的政策也助长了日本吞并整个华北进而灭亡中国的气焰。

汪精卫同意签订"何梅协定"后，在国民党中央政治委员会（简称"中政会"）报告此事时，吴稚晖等人指责汪对日"忍辱求全"，对其"敦睦邦交令"也提出异议，要求清算汪的对日妥协政策，于是汪愤然退席。8月8日，汪精卫从青岛致电国民政府，以"宿疾未愈"为由请求辞去行政院长兼外交部长职务。

9月24日，日本更加得寸进尺，其天津驻屯军司令官多田骏召集日记者聚餐，即席散发《日本对华之基础观念》小册子，公开鼓吹"华北自治"。

11月23日，日本特务头子土肥原贤二到北平策划，成立"冀东防共自治委员会"。

不过，在1935年这个国难当头之时，从井冈山革命根据地打出来的红军，却一路高歌猛进、所向披靡。

1月15日，中共中央在贵州遵义召开会议，毛泽东成为中国共产党的实际领导人。3月20日，中央红军回师黔北，出奇兵由太平渡、二郎滩第四次渡过赤水。5月9日，中央红军渡过金沙江，将前来围追堵截的十万国民党军甩在了身后。29日，中央红军强渡大渡河，进而攻下泸定桥。6月2日，中央红军全军渡河完毕，转危为安。16日，红军一、四方面军在四川懋功（古称金川，今小金）两河口举行会师大会。8月1日，中国共产党发表《为抗日救国告全体同胞书》（又称《八一宣言》），明确提出了"停止内战，一致抗日"的口号，强调建立抗日民族统一战线，呼吁各党派、各军队、各界同胞停止内战，集中一切国力为抗日奋斗。9月17日，红军攻占岷山天险腊子口，打开了北上进入陕甘地区的通道。10月19日，毛泽东、周恩来率领的中央红一方面军主力突破腊子口，又翻越岷山、六盘山，到达陕北吴起镇与陕北红军及先期到达的红十五军团会师。至此，红军两万五千里长征胜利结束，实现了历史性的战略转移。

12月9日，北平大中学校学生联合会发起大规模示威请愿活动，反对"华北自治"，要求"停止内战，一致抗日"，史称"一二·九"运动。"一二·九"运动爆发后，全国各地学生很快纷纷响应。

1935年，日本陈兵中国，国难深重，争取抗日救国的言论响彻一整年。这一年新年伊始，还是先说瞿秋白和他主编的《红色中华》吧。

在1934年10月红军开始长征后，《红色中华》部分记者、编辑随军踏上漫漫征途，而瞿秋白则率部分同志留在苏区继续编辑出版这份中央党报。《红色中华》的内容仍以报道战争通讯为主，特别是苏区的新闻，但为保守红军机密而对红军的行动只字未提。当时，苏区形势严峻，有的编委被捕后变节，瞿秋白仍然与同志们正常编辑出版《红色中华》。当国民党军逼近苏区时，瞿秋白与同志们不得不随军转移到新的宿营地，并在油灯微弱的光亮下继续编辑、审稿，同时他自己还要写稿，常常忙通宵，但仍然保证报纸准时出版。

就在1935年1月中央政治局正式决定突围转移时，瞿秋白为《红色中华》编辑出版了最后一期报纸。2月24日，瞿秋白在随军转移时不幸被俘，于6月18日壮烈牺牲，年仅三十六岁。这位中国共产党党员除为党的建设做过贡献外，他的办报经历起于《新社会》而终于《红色中华》，杰出的编辑生涯竟有十五年之久。瞿秋白作为共产党员编辑，办报刊的精神和理念已成为一笔重要的文化遗产。

2月17日，胡适在《大公报》的"星期论文"栏目发表《从民主与独裁的讨论里求得一个共同政治信仰》。所谓"共同政治信仰"，就是"一切逐渐走向民主政治的尝试与练习"，"努力促进宪政的成功"和"以民主宪政为最高理想"。同时，这篇文章继续批评国民党的一党专政和政治独裁，"求统一而反致分裂，求救国难而反增加国家的危机"。5月5日和12日，胡适分别在《独立评论》第一百九十四号、第一百五十号相继发表《纪念

"五四"》《个人自由与社会进步——再谈五四运动》，重申"五四运动"的本质意义即"思想的解放和个人的解放"，"'思想之转变'为革命成功的条件"，强调"思想的转变是在思想自由言论自由的条件之下个人不断的努力的产儿"，反问"个人没有自由，思想又何从转变，社会又何从进步，革命又何从成功"，旨在表达只有认识到此才能真正促进社会的进步和推动革命的成功。在专制、独裁的年代，这无疑是一种挑战。

5月4日，全国不少报刊都发表纪念"五四"的文章，回忆那个张扬"自由、民主、独立"的年代，而这实际上是对国民党独裁专制的声讨。上海《新生》周刊发表署名易水（艾寒松）的文章《闲话皇帝》，以春秋妙笔讽喻日本天皇。日方以"妨碍邦交""侮辱天皇"为名问罪国民政府，提出"封闭《新生》周刊，没收这一期《新生》，惩办《新生》主持人杜重远和易水，并惩办上海图书杂志审查委员会"。国民党当局为迎合日方，除查封了《新生》周刊外，其发行人杜重远也被逮捕，并不得不"撤销"（暂停）了上海图书杂志审查委员会的工作——根据1934年6月1日国民党中央宣传委员会发布的《图书杂志审查办法》，《新生》周刊的每期稿件都是向上海图书杂志审查委员会送审后才能出版，而且每期封底上都印有"中央宣传委员会图书杂志审查委员会审查，证审字第××××号"字样。7月，杜重远以"散布文字，共同诽谤"的莫名之罪状，被判处一年两个月的徒刑。这起国民党屈服于日本压力而一手制造的"《新生》事件"，顿时轰动全国。读者自发组成了"《新生》后援会"为《新生》和杜重远鸣不平，印发了《告全体〈新生〉读者》，倡议组建"《新生》读者联合会"，声讨日寇和国民政府当局，并争取抗日救亡的言论自由要求。不过，国民政府中央宣传委员会图书杂志审查委员会的撤销却要到1937年7月。

当然，上海图书杂志审查委员会的撤销，于报界、舆论界等自然是大快人心的好消息。但好消息未过三天，7月12日，南京国民政府立法院修正通过新《出版法》，比刚刚"撤销"的上海图书杂志审查委员会对新闻出版的限制更多更苛刻，并再次激起了新闻出版界、文化界的强烈不满与抗议。13日，天津《大公报》发表社评《谈出版法》，予以痛批。30日，《大公报》再发社评《新出版法的再检讨》，指出该法"统制之方法与程度不甚合理，不仅烦琐，且过于广泛地限制新闻范围，将会让言论界为之批评动辄得咎"。对国民政府修正通过的新《出版法》，上海报业公会于7月19日开会致电南京国民政府，要求暂缓公布修正的新《出版法》，而上海记者公会直接发表宣言通电抗议此法。与此同时，南京新闻学会也通电全国同业，要求对此法复议。31日，全国各地驻南京的新闻机构代表到南京国民党总部请愿。面对这样的抗争和舆论压力，国民党中政会决定推迟公布修正的新《出版法》。

严苛的新《出版法》悬而待决，日本人在侵占东三省且又搞"何梅协定""华北自治"的同时，同样钳制着中国的新闻自由。9月1日，隶属胡文虎（1882—1954）兄弟"星系报业"的厦门《星光日报》创刊。《星光日报》曾因据实刊发一则有关日本军舰走私的新闻遭日方"严重抗议"——要求中方封报、拿人、道歉，虽然市政府要求该刊接受无理要求，但发行人兼社长的胡资周断然拒绝并据理反驳。最后，《星光日报》不得不以该报总编辑罗忒士（罗铁贤）表面上的假辞职应付，这才得以平息事端。

此年的9月1日记者节，在杭州西子湖畔举办了一场盛况空前的第一次全国报业展览，给中国新闻史增添了一份光彩。在这之前，杭州记者公会曾通电国民政府要求言论自由，力争撤销新闻检查制度，得到全国包括国民党主办的南京《朝报》《中央日报》等在内的新闻界的强烈支持。

11月10日，邹韬奋重返上海，接续《生活》和《新生》的传统又创办了《大众生活》周刊。十二天之后的11月22日，北平的文化名人梁实秋、张东荪（1886—1973）、罗隆基、冰心（谢婉莹，1900—1999）等好友，秉承"对政治并无野心，但对国事不能不问"之初心，联手创办了《自由评论》周刊。这样，南北两个周刊相互支持、彼此呼应，成为抨击国民党独裁和争取言论自由、宣传抗日救亡的阵地。

12月3日，《大公报》发表张季鸾的《勿自促国家之分裂》社评，批评国民党军将领"非但不抗日，还制造分裂"。次日，《大公报》即被国民党军方停止邮寄。南京、上海等地同业声援，迫使正在举行的国民党五届一中全会不得不做表面文章，通过了"要求行政院立刻纠正"的决定。这样，《大公报》又逃过一劫。12月5日，胡适写信给张季鸾，称他是"射雕老手，箭不虚发，一发即中伤要，佩服！佩服！"。中旬，胡适又在《独立评论》第一百八十一号《编辑后记》中表示，"我们很诚恳的（地）给《大公报》道贺"，"因为《大公报》在很困难的环境之中，独能不顾危险，登载平津各报不敢发表的言论"。

12月12日，上海文化界名人包括马相伯（1840—1939）、沈钧儒（1875—1963）、章乃器等在内的二百八十三人，集体签署了《上海文化界救国运动宣言》。这是继8月1日中国共产党发表《为抗日救国告全国同胞书》之后又一个重要的救国宣言，并刊登在12月21日《大众生活》第一卷第六期。《上海文化界救国运动宣言》提出，为了救国，人民应有"结社、集会、言论、出版之自由"等八项权利。12月17日，上海文化界名人又联名发表了《上海文化界第二次救国宣言》。

北平的《自由评论》周刊，梁实秋在创刊号上发表了《算旧账与开新张》，直抒胸臆。其文曰：

> 国民党自执政以来，最使知识分子阶级感觉惶恐不安者，即是其对思想言论的自由之取缔干涉，且其设计之工推行之广手段之严，皆远过于北洋军阀统治时代之所为。

在这样犀利的抨击国民党钳制言论自由的文字后，《自由评论》就没有自由了。不久，《自由评论》就被查禁。

12月9日，北平爆发"一二·九"运动。北平各大高校学生上街游行示威，请愿反对"华北自治"，要求当局"停止内战，一致抗日"。对此，胡适曾表示支持学生的爱国行动。于是，日本驻北平武官高桥坦向北平市长秦德纯抗议，说学生游行的主谋者是蒋梦麟和胡适。胡适在12月15日的《大公报》发表《为学生运动进一言》一文，不同意学生再罢课——"罢课是最无益的举动。在十几年前，学生为爱国事件罢课可以引起全国的同情。但是五四以后，罢课久已成了滥用的武器，不但不能引起同情，还可以招致社会的轻视与厌恶。……罢课不但不能丝毫感动抗议的对象，并且决不能得着绝大多数好学的青年人的同情"；但同时要求北平军政当局，"做出几件可以安人心的事来，最重要的是拿办殷汝耕，取消冀东自治"（《胡适简明年谱》）。

在这一年的最后一天，鲁迅在"夜半至1月1日晨"写了《且介亭杂文二集·后记》（编入《且介亭杂文二集》）。文章开头便说："凡在刊物上发表之作，上半年也都经过官厅的检查，大约总不免有些删削。"又说："被全篇禁止的有两篇：一篇是《什么是讽刺》，为文学社的《文学百题》

而作，印出来时，变了一个'缺'字；一篇是《从帮忙到扯淡》，为《文学论坛》而作，至今无踪无影，连'缺'字也没有了。"接着，抄录了被"中央党部禁止新文艺作品"的书目名单，包括郭沫若、鲁迅、茅盾、丁玲、蒋光慈、冯雪峰等百名作家的近三百部作品。在这篇后记中，鲁迅对国民党的图书杂志检查官讽刺道："为了写作者和检查者的关系，使我间接的（地）知道了检查官，有时颇为佩服。他们的嗅觉是灵敏的。"鲁迅的这篇后记看似轻松，却用数据把官府查禁图书的严酷呈现了出来，表达了对国民党政府野蛮的言论压制和对图书检查制度的不满与抗争。

1936年　报界"团结御侮"不自由，
　　　　"西安事变"促发"时局宣言"

粉骨碎身全不怕，要留清白在人间。

——［明］于谦《石灰吟》

1936年，丙子年，中国历史上重要的年份。这一年，是抗日战争全面爆发的前夕，也是"西安事变"发生的一年。

1月，国共两党恢复接触，蒋介石委派莫斯科武官邓文仪（1905—1998）与中国驻共产国际代表王明会谈。早在1935年，国民党先由宋子文（1894—1971）后由陈立夫（1900—2001）主持，以寻求与中共的联系。此次会谈，王明建议与国内的中国共产党和红军领导人建立直接联系，以便谈判具体条件。后中国共产党驻共产国际代表潘汉年回国，促成国共两党直接谈判。

2月20日，红军抗日先锋队一万余人分别从陕西省清涧县的沟口、河口东渡黄河。23日，山西省辛关镇至三交镇口之间各渡口均被红军攻占，东征胜利结束。

4月9日，周恩来以中共中央军委副主席身份代表中共到东北军驻地肤施县（延安），与张学良举行秘密会谈。

5月18日，红军西北革命军事委员会发布西征命令，决定组成中国人民抗日红军西方野战军，任命彭德怀为司令员兼政委。次日，红军西方野战军兵分三路开始西征，分别由延长县、延川县等地向甘肃、宁夏出发。后"西安事变"爆发并得以和平解决，国民党军队撤出，东北军向西安集结，历时半年的西征结束，陕甘宁边区形成。

5月31日，在宋庆龄、马相伯、章乃器、沈钧儒等的倡议下，全国各界救国联合会在上海召开成立大会，二十余省市的六十多个救亡团体的代表到沪参会。会议通过《全国各界救国联合会成立大会宣言》《抗日救国初步政治纲领》《全国各界救国联合会章程草案》等文件，以"团结全国救国力量，统一救国方策，保障领土完整，图谋民族解放"为宗旨。同时，5月6日创刊的《救亡情报》——上海各界救国联合会机关报，成为全国各界救国联合会的机关报。其中，《救亡情报》在发刊词中指出："各社会层分子的利益，只有在整个民族能够赓续存在的时候，才能谈到。在这大难当头，民族的生命已危在旦夕的时候，我们必须联合一致……"

9月1日，中共中央在党内发出《关于逼蒋抗日问题的指示》，提出"逼蒋抗日"的总方针。17日，中共中央又通过了《关于抗日救亡运动的新形势与民主共和国的决议》。

10月9日，红军三大主力会师陕甘，长征胜利结束。

10月19日，鲁迅在上海病逝，一代文坛巨星陨落，举国哀恸。

11月13日夜，国民党军傅作义（1895—1974）部在绥远东部迎战日军，18日上午红格尔图战役全胜告捷。12月4日，傅作义部乘胜进攻伪蒙军在绥远北部的据点百灵庙，击溃伪蒙军第二军第七师，收复百灵庙，史称"百灵庙大捷"。

11月23日，国民党以"危害民国"罪，下令逮捕上海全国各界救国联合会领袖沈钧儒、章乃器、李公朴（1902—1946）等七人，制造了"七君子"事件。

12月7日，中华苏维埃共和国中央政府发布命令，要求改组扩大中央革命军事委员会，以毛泽东、朱德、周恩来、张国焘、林彪等二十三人组成中央革命军事委员会，毛、朱、周等七人组成主席团，毛泽东任主席，周恩来、张国焘任副主席，朱德任中国红军总司令。

12月12日，张学良、杨虎城实行"兵谏"，在临潼华清池扣押了前来西安训话的蒋介石，以逼其"停止内战，一致抗日"，史称"西安事变"（又称"双十二事变"）。

1936年是丙子年，中华民族危亡迫在眉睫，全国各界同胞纷纷要求"团结御侮"，新闻界、文化界继续呼吁抗战、争取言论自由。

新年伊始，当国共两党在莫斯科恢复接触之时，平（北平）津（天津）新闻学会召开成立大会，并通过了"向国民党政府请愿，取消新闻检查制度"的决定。彼时，有位后来在中国新闻史上声名显赫的美国记者埃德加·斯诺（Edgar Snow，1905—1972）出现在北平，他的身份是《芝加哥论坛报》驻华记者，后兼任纽约《太阳报》、伦敦《每日先驱报》特约通讯员。斯诺以外国新闻记者的身份致函平津新闻学会成立大会，支持学会关于"开放报刊'言禁'""取消新闻检查制度"等的主张，并指出"新闻和言论自由独立是世界潮流，具有普遍意义"（《平津新闻学会贺信》）。当时，《世界日报》报道了这个消息和函件。

在南方,《大众生活》周刊第九期发表了《上海新闻记者为争取言论自由宣言》。这是由上海萨空了、顾执中、包天笑等七十一名记者、作家联名发表的宣言,他们集体发声抗议国民党政府非法剥夺言论、出版自由和反对新闻检查制度,落实在文字上便是:"一、反对新闻检查制度的继续存在;二、检查制度若不立刻撤销,一个自己认为还算舆论机关的报纸,绝对不接受检查!"(《韬奋文集》第6册,上海人民出版社,1995年)

3月,争取新闻出版和言论自由的呼声响彻大江南北,形成南北夹击之势。早在1月27日,北平的马叙伦(1885—1970)、许寿裳(1883—1948)、齐燕铭(1907—1978)等一百四十八人在《大众生活》第一卷第十四期联名发表《北平文化界救国会第一次宣言》。28日,上海各界救国联合会成立,统一领导上海的抗日救亡活动。这样,南北文化界相互呼应,形成合力。

4月1日,上海《大公报》问世,由老报人胡政之、张季鸾主持。张季鸾撰写的《今后之大公报》社评,实为上海《大公报》办报宗旨,重申"不党""不卖""不私""不盲"的"四不主义"办报方针,并以此作为"自立之本",使其"永为中国公民之独立言论机关"。次日,又发表《改善取缔新闻之建议》,反对当局的新闻检查制度。3日,再发《论统制新闻》社论,对当局"统制新闻政策"再加批驳。这三炮连响,弹无虚发,深受欢迎。到9月,复刊十年的《大公报》,仅在天津、上海即已发行十万份。当时,《大公报》在中国报界地位显赫。

6月7日,平津局势危急,胡适在《独立评论》发表悲痛欲绝之作《敬告宋哲元》,对负责保卫平津地区的国民党第二十九军将领宋哲元晓以民族大义,让他站稳民族立场,尽力稳住平津大局。9日,胡适致电李宗仁

（李德邻，1891—1969）、罗文干（罗钧任，1889—1940），反对其以抗战之名发动导致内战的"两广事变"，电文称："今日无论甚么（什么）金字招牌，都不能减轻掀动内战、危害国家之大责任。"14日，胡适在《大公报》"星期论文"栏目发表《亲者所痛，仇者所快！》（又载1936年6月21日《独立评论》第二百零六号），再次"正告两广的领袖诸公"必须"悬崖勒马"共同抗敌救国："在这个强邻威胁猛进的局势之下，无论什么金字招牌，都不能减轻掀动内战的大责任；无论怎样好听的口号，都不能赎破裂国家危害民族生存的大罪恶。"

在这一年，文艺界"左联"内部有个小插曲须提及一笔，事关鲁迅和一个"左联"的小作家。

8月，《作家》月刊（第一卷第五期）发表了一篇名为《答徐懋庸并关于抗日统一战线问题》一文，在社会上引起不小的风波。此文署名鲁迅，因"鲁迅当时在病中，本文由冯雪峰根据鲁迅意见拟稿，经鲁迅补充、修改而成"（《鲁迅全集·且介亭杂文末编》）。据此说来，文章的执笔者冯雪峰是否忠实而准确地表达了鲁迅的本意，似乎成了一个谜团。不过，鲁迅在1936年8月5日的日记中却明确有"夜治答徐懋庸文讫"（《鲁迅全集》第16卷，人民文学出版社，2005年，第615页）的记载，直接交代了"答徐懋庸文"的撰写完成时间。其实，这次风波的初始肇因起于1935年"左联"解散后，上海左翼文化运动的党内领导者周扬等提出了"国防文学"的口号，但鲁迅注意到其在宣传中有的片面强调必须以其作为共同的创作口号，有的忽视了无产阶级在统一战线中的领导作用，便提出了"民族革命战争的大众文学"的口号，从而导致革命文艺界围绕这两个口号的问题进行了尖锐的争论。就《答徐懋庸并关于抗日统一战线问题》一文而言，原本是一篇关于统一抗战的文章,结果却看到了对革命队伍中的同志进行"出离愤怒"的驳斥和批判。在1936年10月19日鲁迅去世后,徐懋庸送了一副挽联——"敌乎友乎,余惟自问;知我罪我,公已无言"。到了1978年年底,徐懋庸"终于有了明确结论"——"无辜受害"(《新文学史料》2009年第一期)。当时,很多报刊都曾"声讨"过徐懋庸,借此算是还其"清白"了。

7月和8月,沈钧儒、章乃器、陶行知、邹韬奋四人联合签名在香港《生活日报》等报刊发表公开信《团结御侮的几个基本条件与最低要求》,以敦促国民党当局团结抗日,并再提言论出版自由。7月1日,鲁迅、茅盾、巴金等七十七人共同签名在《现实文学》(第一卷第一期)发表《中国文艺工作者宣言》。10月1日,鲁迅、冰心、林语堂、周瘦鹃、包天笑、茅盾、巴金等二十一位不同立场、不同风格的作家联名发表《文艺界同人为团结御侮与言论自由宣言》,严正向国民党当局提出"即刻开放人民言论自由;凡足以妨碍人民言论自由之法规,如报纸检查、刊物禁扣等,应立即概以废止"。一个"概"字,充分表现出了作家们在大敌当前时对国民党当局的态度的务实和善意。同时,宣言呼吁全国作家、学者、记者、大众等"抗日的力量即刻统一起来",并提出"言论自由与文艺活动的自由,不是文化发展的关键,而在今日更为民族生存之所系",以达到"团结御侮"的目的。这份宣言一经刊出,《申报·每周增刊》《文学》《新认识》等报刊相继转载。

11月23日,《立报》和《华美晚报》在头条位置发表《今晨七人被捕》的消息,震惊全国,史称"七君子"事件。"七人"者,乃世人所称"七君子",他们是沈钧儒、章乃器、邹韬奋、沙千里(1901—1982)、王造时、李公朴、史良（1900—1985）七位社会贤达，因奔走呼吁抗日于23日凌晨被国民党上海当局伙同租界巡捕房逮捕，罪名是"危害民国"。三天后，宋庆龄发表《为沈钧儒等七人被捕声明》，谴责国民党当局非法逮捕救国会领袖，呼吁舆论主持公道正义。"七君子"事件爆发后，全国报界陆续追踪报道，颇有声势。

在抗日战争全面爆发前，社会各界为抗日救亡计，纷纷发表"团结御侮"宣言，其拳拳爱国之热忱感动天地。

12月12日，"西安事变"爆发，全国忧心如焚。15日；由上海《申报》牵头，全国二百多家报纸和通讯社联合发表《全国新闻界对时局共同宣言》。18日，《大公报》又发表由张季鸾执笔的社评《给西安军界的公开信》。当胡适13日刚从美国回北平后，他以各大校长的名义致电张学良："陕中之变，举国震惊。……若执迷不悟，名为抗敌，实则自坏长城，正为敌人所深快，足下当为国家民族之罪人矣。"20日，胡适又在《大公报》发表《张学良的叛国》一文，痛斥张学良"背叛国家""破坏统一"等。

当然，不管人们如何评价当时报界、知识界的态度，其爱国热忱是毋庸置疑的。

1937年 "七七"卢沟桥事变爆发，
　　　　报界发声"一不投降，二不受辱"

> 宁为义死，不苟幸生，而视死如归。
> ——［宋］欧阳修《纵囚论》

1937年，日寇在7月7日发动震惊中外的卢沟桥事变。至此，抗日战争全面爆发，国共开始合作抗战。

1月1日，杨虎城在西安阅兵并发表演说，强调决心联合红军抗日。8月，中共中央发表《为号召和平停止内战通电》。18日，中共中央和中央军委机关，由保安（今志丹县）迁入延安。西安事变前，张学良、杨虎城同意将瓦窑堡、延安等地让出，这样中共在陕北的根据地就连成一片了。

2月10日，中共中央致电国民党五届三中全会提出抗日"五项要求"和"四项保证"，同时中共也做出"四项承诺"。

2月22日，国民党五届三中全会闭幕，确定了"国内和平统一，适当扩大民主"的政策，实际上接受了中共"停止内战，一致抗日"的建议。

3月14日，红军西路军兵团进入河西走廊后受困，余部分散转入祁连山打游击战，徐向前（1901—1990）、陈昌浩（1906—1967）离队返回陕北。

23日，中共中央政治局扩大会议在西安召开，张国焘"反党反中央路线"被清算。

4月4日，国共代表共祭黄帝陵。同日，蒋介石、周恩来在杭州的会谈结束。6月15日，蒋介石、周恩来在庐山重开会谈，但仍无结果。

7月7日，日军以一名士兵"失踪"为由进攻驻守宛平卢沟桥的中国守军，悍然发动蓄谋已久的全面侵华战争，制造了震惊中外的"卢沟桥事变"。至此，抗日战争全面展开。几日之后，北平、天津相继沦陷。不久，南口一线防御溃败。

8月13日，淞沪再燃战火，国民党军组织会战。战斗中，八百中国军人死守四行仓库，英勇壮烈。11月11日，上海华界全部沦陷，租界成为战争中的孤岛。

8月23日，中共中央军委将红军正式改编为国民革命军第八路军，任命朱德、彭德怀为正副总指挥。

9月25日，林彪指挥八路军一一五师在平型关全歼日军板垣（板垣征四郎）师团一千多人，中国军队取得抗战以来首次大捷。

10月25日，平津知名大学——北京大学、清华大学、南开大学南迁长沙后成立的临时大学开学，使得中华文化和大学教育得以继续和保持。

12月13日，南京保卫战失利，首都南京沦陷。日军在南京及附近地区进行了有组织、有计划、有预谋的大屠杀和奸淫、放火、抢劫等血腥暴行，导致三十余万平民及战俘惨死在日寇屠刀之下，制造了惨绝人寰的"南京大屠杀"事件。"南京大屠杀"是侵华日军公然违反国际条约和人道准则的最突出、最有代表性的一例，《纽约时报》《中央日报》《新华日报》等中外媒体均对其进行了大量的揭露。

1937年是丁丑年，中国近现代历史上最值得铭记的一年。在这一年，国共两党就抗日问题达成共识，接着日本侵略者制造了"七七"卢沟桥事变，中国军民抗击和埋葬日本法西斯的战争全面爆发。

1月29日，为适应抗战需要，瞿秋白倾注心血的报纸《红色中华》改名为《新中华报》，《红色中华》副刊《赤焰》也改为《新中华副刊》，是中共当时最重要的报纸。1936年11月，曾创办过《北斗》杂志的作家丁玲到达苏区，并在12月28日的《红色中华》副刊《赤焰》上发表了《广暴纪念在定边》一文。当《红色中华》副刊《赤焰》更名为《新中华副刊》后，丁玲又发表了三篇文艺性很强的速写报道——《到前线去》《彭德怀速写》《论左权同志话山城堡之战》，反映了苏区红军将领们的英勇事迹和风采，深受苏区人民喜爱。如果说国民党统治下的新闻界更多的是为摆脱当局的言论钳制而不懈斗争的话，苏区的报刊阵地则为更好地发动人民抗敌救亡而呕心沥血。8月，丁玲担任"西北战地服务团"（原"战地记者团"）主任，创办团刊《战地》。

2月14日，上海《大公报》记者范长江（1909—1970）——以《中国的西北角》一文名动报界——风尘仆仆地回到上海。次日，范长江便在《大公报》发表了再谈西北的《动荡中之西北大局》，将"西北大势之实况"带给了全国民众。其实，此文能发表还颇费周折。据范长江本人后来回忆："此文本不为上海新闻检查所通过。……胡政之先生也认为此事非常重要，也当夜亲为我改稿，并坐等检查结果，检查所对此稿不敢放行，他乃决定'违检'一次，发表再说。在对这个新闻的把握和发表坚决方面，胡先生的作法，实在是可以称道的。"（《范长江新闻集》）下午，《大公报》

一到南京，正在召开国民党五届三中全会的代表闻之，遂"对西北大势之实况皆大为震撼"。因《大公报》文章与上午蒋介石所作的形势报告完全相悖，与会众人议论纷纷，以至于蒋恼羞成怒，并"把当时在南京的《大公报》总编辑张季鸾叫去大骂一顿"。

3月，靳以（章方叙，1909—1959）和巴金在上海创办《文丛》月刊，第三卷始改为半月刊。《文丛》延续1934年1月在北京创办的《文学季刊》，后者由靳以、郑振铎合编。早在1936年6月，靳以和巴金就在上海创办《文季月刊》，但不久被查封。《文季月刊》的办刊宗旨是"以民族利益为根本利益，以鲁迅的方向为办刊方向，把团结进步作家、发现培养新作家作为任务"。在此期间，巴金在他参与创办的期刊上发表过纪念"东北沦陷五周年"的文章——《我们的纪念》，对国家、民族的胜利充满信心——"我们的集合的努力，是可以将我们的命运改变而获得最后胜利的。"（《巴金全集》）

在民族面临危难之时，政府向国外"贷款救国"原本是正常之举，但以"蒋宋孔陈"为代表的"四大家族"却利用国难中饱私囊，实为国之大患。5月12日，时任国民党行政院副院长兼财政部长的孔祥熙（1880—1967），以特使身份参加英王乔治六世（George VI，1895—1952）加冕典礼。7月19日，孔祥熙再赴伦敦，以国家名义与英国有关部门商谈、签订了修筑广梅铁路和浦信铁路借款合约，并商定在伦敦发行债券3000万英镑。不过，孔祥熙与英国商定的"在伦敦发行债券3000万英镑"不是急抗日之需，而是先让其夫人宋霭龄（1889—1973）用公款在上海操控纱布市场以谋私利。此事被各报曝光之后，举国愤慨。记者龚德柏在南京其自办的《救国日报》发表社论，严词抨击孔家之丑行，呼吁蒋介石大义灭亲。蒋介石大怒，勒令《救国日报》（有国民党背景）停刊三天。实际上，从1936年11月到此年7月7日卢沟桥事变前，至少有一百三十种报刊被查禁。随后，《大公报》发表了长篇社论《论言论自由》。

"七七"卢沟桥事变后，国民党当局却连续公布《修正出版法》和《修正出版法细则》。7月21日，国民党第五届中央常务委员会会议通过了《战时图书杂志原稿审查办法》和《修正抗战期间图书杂志审查标准》，其"修正"之结果一言以蔽之——要"言论自由"，绝对没门儿！8月12日，国民党中央常委会会议修正通过了《新闻检查标准》，通过了《检查书店发售违禁出版品办法》，利用战时状态"名正言顺"地建立和健全了"战时新闻审查制度"。

与此同时，国人却以血肉之躯"筑长城"抗击日寇，保家卫国；而报界以新闻力量鼓舞国人奋勇抗敌，有些报人甚至弃笔从戎拿起枪与日寇血拼。例如，作家、报人张恨水的弟弟牧野在"七七"事变发生后，加入天津民众组织抗日保安团自卫。在此之前的1935年，张恨水和弟弟张牧野（1906—1976）关闭了兄弟俩一起创办的北平华北美术专门学校，举家南迁。到汉口后，牧野见到这里有一群热血青年也有上战场杀敌的愿望，便向兄长张恨水建议带领这群青年到大别山去打游击，而这正与张恨水保家卫国建功立业的心思相契合。后来，张恨水回忆此事时说："我不但赞助，而且非常高兴，就写了个呈文给当时的（国民政府）第六部，请求认可我们去这样办。我们不要钱，也不要枪弹，就是要第六部的认可，免得乡人发生误会，然而（这个要求）被拒绝了。"这令张恨水"非常愤慨"。实际上，张恨水的以死报国之心早就写在了《由北平到南京有感》这首诗里，并抒发了他一腔浓烈的爱国热忱和孤愤之情：

> 不动功名等白头，早将心迹托浮鸥。
> 国如用我何妨死，事总因人大可羞。
> 腹俭已遭家室累，卖文还作稻粱谋。
> 凭栏无限忧时泪，如此湖山号莫愁。

不久，没当成战士的张恨水到了"陪都"重庆主编《新民报》副刊《最后关头》，继续他的作家、报人生涯。

8月，上海市文化界救亡协会（成立于1937年7月28日）主办的《救亡日报》创刊，郭沫若任社长，夏衍任主编。《救亡日报》内容侧重文艺，以多种形式宣传抗日救亡，反映民众心声。郭沫若为该报写了报名，报纸很受欢迎，使得报摊上有"只买郭沫若"之说。《救亡日报》多发军民抗战报道，激发了民众爱国热情。因此，经常有市民送来背心等慰劳抗战士兵的物品要报社转交前线抗敌战士，一时间报馆四楼成了抗日军民的联络站。10月，该报特办《国庆慰劳将士特刊》，使《救亡日报》扩大了影响。由于淞沪战局不可逆转，11月12日上海沦陷，郭沫若忧愤地为《救亡日报》写下沪版终刊词——《我们失掉的只是奴隶的镣铐》：

> 我们决不是放弃了上海，也决不停止战斗。我们是希图我们的战斗更有效……我们目前所失掉的并没有什么，只是奴隶的镣铐而已。

因奔走呼吁抗日的"七君子"沈钧儒、章乃器、邹韬奋、李公朴、沙千里、王造时、史良等在1936年11月23日被捕，各报连续追踪报道此事件，给国民政府构成了不小的压力。此年，《大公报》和文摘刊物《月报》

等刊载了"七君子"的长篇辩护词,义正词严地驳斥国民党当局为他们罗织的各种罪名。当时,《新闻报》《妇女生活》等报刊记者,纷纷到关押"七君子"的苏州监狱中采访邹韬奋和史良。7月31日,国民党当局在社会压力下,被迫释放了"七君子"。8月3日,"七君子"等救国会诸领袖到马相伯老人家中相聚并合影留念,各报皆予以报道。

8月4日,天津落入日军魔掌。《大公报》当即发表"暂行停刊"启事,而《益世报》在意租界继续出版,坚持抗日乃是其主调。日本特务绑架了《益世报》经理生宝堂,但其在酷刑下宁死不屈服,最后惨遭杀害。

9月,武汉《大公报》创办,主持人张季鸾虽时不时有病缠身,却笔走龙蛇地先后撰写《中国民族的严重考验》《置之死地而后生》《最低调的和战论》等檄文,气势如虹,振奋人心。

10月,抗日烽火正炽烈,美国记者艾格尼斯·史沫特莱(Agnes Smedley,1892—1950)走进山西五台山八路军总部,见到了八路军总司令朱德——后来成了其传记作品《伟大的道路——朱德的生平和时代》中的主人公。一直到1938年1月,史沫特莱跟随八路军四处转战,完成了日记体通讯作品《中国在反击》,以亲眼所见反映了当时华北地区如火如荼的抗日形势。史沫特莱的《中国在反击》是继《大公报》记者范长江于2月15日发表的《动荡中之西北大局》之后,对八路军管辖的华北地区的抗日形势又做了一次更全面更真实的报道。此外,史沫特莱还写道,她把"一捆上海出版的外文、中文的报纸、杂志"带给八路军总部,因而成了理所当然"受欢迎的人"。可见,八路军当时对外界的新闻是多么重视。

10月5日,上海租界出版了一份宣传积极抗战的《战时日报》,而其是由数家专登社会花边新闻来取悦读者赚钱的小报联合组成。由传播低级趣味，到庄严呼吁抗日救国，这一转变让人耳目一新，更可以看到报人在民族存亡之际的正确选择。两个月后，《战时日报》被惧怕日本的上海租界工部局强令停刊。当上海全部沦陷后，《战时日报》主编冯梦云（1901—1944）遭逮捕枪杀，以身殉国。

11月28日，日军占领了国民党中央宣传部的上海新闻检查所。在南京失守后的12月13日，日军占领了原上海国民党当局的新闻检查所，向上海《申报》《大公报》等发出通令，令各报从14日晚起将所有稿件小样必须送给日本人审查，否则不准登载。如此可见，此时的日本侵略者与彼时国民党当局之新闻检查之举何等相似乃尔，而这让国民党当局情何以堪！不过，报界依然没变，如《大公报》《申报》断然不从命，自动宣布停刊以保住清白。

12月14日，上海《大公报》在停刊号发表总编辑王芸生撰写的两篇社评《不投降论》和《暂别上海读者》。其中，《不投降论》表示：

> 我们是报人，生平深怀文章报国之志。在平时，我们对国家无所赞襄，对同胞无所贡献，深感惭愧。到今天，我们所能自勉，兼为同胞勉者，惟有这三个字——不投降！

在《暂别上海读者》中，王芸生表示："我们是中国人，办的是中国报，一不投降，二不受辱！"此言掷地有声，豪气干云。

12月15日，上海《大公报》发表《本报沪版停刊宣言》。面对日本侵略者的屠刀，中国报人表现出了浩然正气和铮铮风骨。这种爱国精神，正是中国新闻史的精神底色。

1938年 《大公报》"尽言论界一兵卒之任务"，邹韬奋携《全民抗战》成言论明星

> 每愤胡兵入，常为汉国羞。
> ——［唐］陈子昂《感遇诗三十八首·其三十四》

1938年，戊寅年，抗日战争进入相持阶段的历史关口，中国军民奋力抵抗日本侵略者，战争极为惨烈。

1月4日，根据国共达成的协议，新四军军部在江西南昌成立。随后，江西、安徽等八个省十三个地区的红军游击队，相继统一集结整编为新四军，下辖四个支队，全军一万零三百人，军长叶挺。

3月10日，日军进攻山东临沂受阻，双方伤亡惨重。17日，经过血战，滕县失守，时任四十一军一二二师师长王铭章（1893—1938）饮弹殉国。

4月3日，日军精锐师团溃败，中国军队在台儿庄取得大捷，歼灭日军万余人，缴获大批辎重武器。这是中日自开战以来中国军队取得的一次最大的胜利。

5月15日，日军对徐州完成包围，集结在徐州一带的六十万中国军队在第五战区张自忠（1891—1940）军团掩护下突围。19日，徐州失守。

6月初，第一战区十五万中国军队精锐在河南开封、商丘与日军交火，由攻势转为守势。12日，日军攻陷安徽安庆，武汉会战序幕拉开。下旬，冀东八路军第四纵队组织农民、矿工进行抗日暴动，组成了冀东抗日联军。

8月，冀东抗日联军与八路军第四纵队在遵化胜利会师，但第四纵队主力在西撤平西过程中遭遇敌人围追堵截，人员大部失散，致使冀东抗战形势受挫。

9月，中共中央在延安举行六届六中全会，重申"独立自主"原则。会议批准以毛泽东为首的中央政治局的政治路线，撤销了王明的职务。

10月，华南、华中重镇广州和武汉相继失守，日本在中国战场的战局扩大、战线延长，由此抗日战争转入相持阶段。

11月，日军攻陷岳阳，进逼长沙。蒋介石令湖南省主席张治中（1890—1969）"长沙如沦陷，务将全城焚毁"，于是张焚长沙以焦土抗战。20日，汪精卫派代表与日本代表在上海秘密会谈，于是有了12月18日由重庆飞越南河内之行。

12月18日，汪精卫、周佛海等亲日分子在越南河内会合。29日，汪精卫公开发表"艳电"，这为其1940年3月投日建立汪伪"国民政府"做好了铺垫。

1938年是戊寅年，虎年，抗战也有了虎虎生气。继1937年9月平型关首胜以来，4月又有了台儿庄大捷，增强了中国军民的抗战信心，也挫伤了日本侵略者的锐气。当然，战争不仅仅是军事的较量，也是文化的对决。这一年，各地大学纷纷向抗战大后方西南地区转移，形成了中国乃至全世界文化教育史上悲壮、浩大的迁移景观。与此同时，舆论界也积极投入这场关乎国家、民族存亡的爱国抗战运动中。

此年新年伊始，广州《救亡日报》与读者见面。据该报主编夏衍后来在《知公此去无疑恨——痛悼郭沫若同志》(《夏衍全集》)一文中回忆，郭沫若说办《救亡日报》"一切听恩来同志的指示"；又根据夏衍写的《巨星永放光芒——纪念周恩来同志诞辰八十周年》一文，说《救亡日报》是由国共两党合办的，"办成像国民党的报纸一样当然不行，办得像《新华日报》一样也不合适。办成《中央日报》一样，人家不要看"，必须以"宣传抗日、团结、进步"为方针，要办成"左中右三方面的人都要看，都喜欢的报纸"，"通俗易懂，精辟动人，讲人民大众想讲的话，讲国民党不肯讲的，讲《新华日报》不便讲的"。一句话，《救亡日报》是按照中国共产党的方针办的报纸。

1月11日，中国共产党在武汉公开出版中共中央机关报《新华日报》。对此，国民党政府当然要设法破坏，七天后便有一群暴徒在光天化日之下捣毁了《新华日报》营业部，排字房也被悉数破坏殆尽。直到19日，一则说明《新华日报》此事原委的《启事》方才登出。但是，不管怎么样，国民政府所玩弄的破坏伎俩不得人心。在全国军民团结抗日的压力下，国民党政府也只好让《新华日报》——中国共产党第一张公开发行的报纸——持续存在了九年之久（1938—1947年）。

2月10日，胡愈之主持的上海复社翻译出版了美国记者埃德加·斯诺的著作《西行漫记》——怕过于直露，更改了原书的中文译名《红星照耀中国》(*Red Star Over China*)。斯诺原为《芝加哥论坛报》等报驻华记者，后到大西北寻访红军，与毛泽东、朱德等红军领导人建立了深厚的友谊，最终写出了具有划时代意义的关于中国革命的著作——《红星照耀中国》，向世界宣传了中国共产党和红军，其影响无法估量。

3月18日，《密勒氏评论》增刊发表一篇题为《中国之毁灭》的报道。根据编者注，本文作者在华已侨居三十余年，其姓名因当时的时局不便公布。文章写的是1937年11月第二个星期日本侵略者对苏州惨绝人寰的毁灭性轰炸，然后写到了日军占领苏州的情况：

> "我们所目睹的死亡和毁灭，悲惨得任何笔墨都不可能形容"。他们疯狂抢劫和杀人，"日军对各阶层妇女的侮辱，兽欲横流的日本兵到底奸污了多少妇女，恐怕没有人能够数得清"。然而，"控制着通讯的日本人竟向世界宣称，他们正在让中国人民重返故居，以恢复和平而美满的生活，这真是无耻的欺骗"。

这些外国报纸对日本侵略者残暴屠杀中国人的真实报道，与国内报纸对日本侵略者残暴行为的揭露相互印证，让国人和世界了解了这场罪恶的侵略战争的真相。与此同时，他们对中国共产党和红军的相关报道，也戳穿了国民党反动势力对其污蔑和攻击的真相。

由于抗日战争全面爆发，很多外国记者涌入中国，并带着各自不同的目的积极报道中国这个世界最大的反法西斯战场。例如，埃德加·斯诺秘密探访红区（主要是陕甘宁边区），史沫特莱亲历"西安事变"，白修德（Theodore Harold White，1915—1986，代表作《中国的惊雷》）写湘桂大溃退，石川达三（1905—1985，代表作《活着的士兵》）写南京陷落，阿·斯蒂尔写日军南京大屠杀等，大凡关于抗战的事件他们都亲临现场去采访报道。他们与中国新闻报界一起，共同将当时中国半个多世纪的风云特别是抗日战争尽收眼底并诉诸笔端,给这段历史保存了宝贵的历史案卷。

其中,一位叫哈罗德·伊罗生(Harold Robert Isaacs)的美国记者在此年完成了论述国共第一次合作曲折过程的经典著作——《中国革命的悲剧》(*The Tragedy of the Chinese Revolution*),同时他又写了一篇报道性文章《赛珍珠与〈大地〉》——介绍了这位在中国生活四十多年,并以中国农村生活为背景的长篇小说《大地》而获得第三十五届(1938年)诺贝尔文学奖的美国作家赛珍珠。在硝烟弥漫的抗战中,《大地》这朵文学之花给残酷的生活带来了一丝温暖。

伊罗生于1931年来到中国,在上海任《大晚报》(*Shanghai Evening Post*)、《大陆报》(*China Press*)的记者和编辑,而此前他于1930年毕业于哥伦比亚大学,曾任《檀香山广告报》(*Honolulu Advertiser*)编辑。1932年1月,他在上海创刊了《中国论坛》周刊,并在该刊是年5月出版的增刊上发表了《国民党反动统治的五年》(*Five Years of Kuomintang Reaction*)一书。一时间,伊罗生成为当时外国记者中的风云人物。《国民党反动统治的五年》一书,是伊罗生根据当时来自各方,主要来自中共地下党员和进步人士提供的信息综合编写而成。与此同时,《中国论坛报》周刊还刊登"左联"作家的作品。1932年年底,中国民权保障同盟成立时,伊罗生成为八名执行委员之一,并担任同盟的执行干事。

还是在3月,已是"西北战地服务团"主任的丁玲,在创办了团刊《战地》之后又在西安为服务团成立了文学组织"战地社",而"战地社"创办了《西北文艺》文学期刊——这是当年西安唯一的文学期刊。不久,丁玲又创办了一个小型的《诗建设》,推动了街头运动。丁玲还主编了一

套"西北战地服务团丛书",其中包括《战地歌声》《突击》等多个集子。西安生活书店出版这一丛书时,特意对这套书做了评价:

> 丁玲女士是现代中国最勇敢的女战士之一。自全面抗战爆发以后,她组织了西北战地服务团,辗转在山西等前线,作艰苦的斗争。她们(他们)这种为国效劳的精神实使我们感奋。本书的内容,就是他们在战地的各种工作各种生活的反映。这里面有血有肉,可歌可颂。(《丁玲写作生涯》)

当时,沦陷区、国统区与红区的报刊都是新闻舆论的阵地,它们正如鸟之两翼让我们立体、全面地了解了抗日战争的全景。

5月1日,巴金来到广州,将1937年停刊的《烽火》(初名《呐喊》)复刊。在敌人不停地轰炸下,《烽火》艰苦惨淡地出版了四期,但在短暂的时间里仍按原来的宗旨办刊:"沪战发生,文学、文丛、中流、译文等四刊物暂时不能出版,四社同人当此非常时期,思竭绵薄,为我前方忠勇之将士,后方义愤之民众,奋其舌笔,呐喊助威,援集群力,合组此小小刊物。"刊物虽小,但撰稿者众多且多为大家耳熟能详的作家,如茅盾、郑振铎、靳以、王统照(1897—1957)等人。《烽火》的文章形式有小说、诗歌、散文、报告文学、论文、政论、短评,内容多是反映抗日战争的如上海抗战、日寇轰炸、民众伤亡,也报道八路军、游击队的战斗生活和英雄人物,使这一小小的刊物在上海、广州、重庆等地博得广泛喜爱,产生了广泛的影响。书生抗战也结硕果,何止一例。

8月13日,香港《大公报》创刊。其时,身为"言论重镇"的《大公报》在天津、上海两地的报纸都因相继沦陷停刊,只有汉口的还在正常出刊，不免显得形单影只。香港《大公报》创刊后，胡政之亲拟发刊词郑重说道："虽然备历艰危，而一枝（支）秃笔，却始终在手不放。"12月1日，张季鸾主持重庆《大公报》，其创刊词豪言"在民族抗战大旗下，尽言论界一兵卒之任务"。胡政之、张季鸾二人的创刊词两相对应，彰显了《大公报》的爱国热忱和正义担当。

但是，在国难深重、民族危急的关头，独裁的国民党当局仍不想放松对言论的操控。

7月10日，国民政府参政会刚刚通过邹韬奋等二十二人提出的提案《具体规定检查书报标准并统一执行案》，反对对图书杂志的任意查抄，反对原稿审查。但刚刚过去十天，国民党当局便于7月31日还以颜色，通过了《战时图书杂志原稿审查办法》和《修正抗战期间图书审查标准》。战时，管控敌人的反华宣传天经地义，但对爱国者的批评言论进行钳制，则未免蛮横得敌我不分了。

8月初，邹韬奋——成为此年言论出版自由的明星——将7月针对战时国民党仍坚持钳制言论自由的提案对外公布，并对国民党当局拟于9月执行的《战时图书杂志原稿审查办法》《修正抗战期间图书杂志审查标准》予以尖锐批驳。在7月7日创刊的汉口《全民抗战》（由沈钧儒的《全民》周刊和邹韬奋的《抗战》三日刊合并而来，邹韬奋任主编）上，邹韬奋三天内相继发表了《审查书报的严重性》《再论审查书报的严重性》等社论。接着，商务印书馆、中华书局、开明书店等二十多家出版单位，也联合发出抵制《战时图书杂志原稿审查办法》及《修正抗战期间图书杂志审查标准》的呼吁，要求当局收回成命，保障言论、出版自由。9月，《全民抗战》和《群众》周刊都报道了这个消息。

10月1日，在重庆，出笼了由国民党中央宣传部、社会部、内务部、军事委员会政治部等组成的"中央图书杂志审查委员会"。一个月后，邹韬奋以参政员身份向国民参政会一届二次会议提出——《请撤销图书杂志原稿审查办法，以充分反映舆论及保障出版自由案》，共六条，仅举其第三条：

> 政府对于广开言论，听取公意，原以注意，但为更增效率起见，有便舆论得到充分反映之必要，审查原稿办法，因奉命审查者往往以过于小心拘泥或怕多事，即对于政府原定之许可范围内亦尚须大打折扣，以致舆论得不到充分的反映，减少贤明政府的耳目效用。(《国民参政会纪实》)

此提案并未全盘否定或抨击《图书杂志原稿审查办法》，而是指出下面"奉令审查者"的掌握尺度有问题。这种有力、有节、实事求是的策略，符合全面抗战的形势。特别是，该提案还善意地提出"实行出版后审查""对出版界加强领导""加强思想领导"等三个办法，得到了七十四位参政员的赞同并联署，其中参政员罗隆基以"桴鼓相应"赞许，为此案通过铺平了道路。

然而，国民党当权者，岂能真正听取民意？结果，邹韬奋等参政者还是以"忙得一场空"收场。

1939年 上海"孤岛"报界继续抗战，老舍办《抗战文艺》宣传延安

> 与死人同病者，不可生也；与亡国同事者，不可存也。
>
> ——《韩非子·孤愤》

  1939年，己卯年，全面抗战进入第三年，坏消息却不断传来：2月，日军登陆海南岛；3月，日军又袭占华东重镇南昌；4月，"雾都"重庆遭日军狂轰滥炸；年底，日军又攻破广西钦州湾。与此同时，国民党在年初的五届五中全会确定了"溶共、防共、限共、反共"的反动方针，国共摩擦加剧。6月11日，国民党袭击冀中深县八路军后方机关，残杀四百余人；一天后，又包围新四军湖南平江通讯社，杀害军官六人。针对国民党的挑衅，中共领导人毛泽东以"人若犯我，我必犯人"针锋相对。不过，这一年也有好消息，如抗战运输大动脉滇缅公路贯通，长沙会战重创施放毒气的日军。11月7日，八路军在河北涞源将日本独立混成第二旅团旅团长、陆军中将阿部规秀所率一千六百人包围，该旅团人员损失过半，阿部规秀重伤后死亡。对此，日本哀叹："名将之花，凋谢在太行山上。"12月4日，在桂南血战中，中国军队夺回昆仑关。

这年10月30日，汪精卫在上海与日本人秘密签订一系列条约，内容涉及承认"满洲国"，确保日方在将成立的所谓"中央政府"中的支配地位，承认日本在其占领区内的开发权、驻兵权，禁止一切抗日活动等。至此，汪精卫的卖国"国民政府"即将粉墨登场。

也是在这一年，为支援国内抗日，海外侨胞踊跃捐款达一亿元之巨。陶行知在四川创办育才学校，提倡国难教育运动，力求联系抗日实际。8月，新疆民众向政府捐献十架战斗飞机，并在成都机场隆重举行命名典礼。10月19日，汪精卫函邀吴佩孚参加伪政府，但吴拒拆来信，只在信封上批道："公离重庆，失所凭依；如虎出山入柙，无谋和之价值！果能再回重庆，通电往来可也。"（《日本帝国主义侵华档案选编汪伪政权》）日本人又提划湘、鄂、赣、皖、豫、鲁、冀七省归吴佩孚管理，请其就职，但吴仍坚拒之。两个月后，吴佩孚被日本人谋害，暴卒。在国家危亡之际，吴佩孚的爱国精神，莫不令人感佩。

1939年是己卯年，也是兔年，国民党政府对言论自由的钳制丝毫没有放松，以致几成荒凉萧瑟之景。"兔从狗窦入，雉从梁上飞"（《乐府诗集·十五从军中行》）写战后荒凉之景象，如若将"兔""雉"比作国民党钳制言论自由，并以"战时"为遮羞布频频颁布各种条法之乱象，倒也贴切。

甫一开年，周作人"下水"做了汉奸，但钱玄同拒绝事敌，改回原名"钱夏"而不做顺民。

1月12日，周作人一直猫在苦雨斋，拒绝了友人苦苦相劝共同南下。在这天的日记中，周作人写有"下午收北大聘书"寥寥七字，就迈出了关系民族大义也关乎个人命运的决定性的一步——走向了"汉奸"的深渊，成了民族的罪人。就在周作人"下水"第五天，被周称为"畏友"的钱玄同因突发脑溢血去世。据当时的《晨报》载，"九一八"事变后，钱玄同拒绝与日本人来往，凡有日本人参加的活动坚决不出席。"七七"事变后北平沦陷，钱玄同拟与任教的北京师范大学西迁陕西汉中，但其因高血压未能成行。回北平后，钱玄同便恢复其原名"钱夏"，表示不做顺民。对这位新文化运动中的健将、学者的病逝，《申报》等都做了报道，以示哀悼。

2月16日，国民党中央常务委员会通过《修正印刷所承印未送审图书杂志原稿取缔办法草案》及《修正检查书店售违禁品出版品办法草案》，后于4月20日颁布了《修正印刷所承印未送审图书杂志原稿取缔办法》《修正检查书店售违禁品出版品办法》。26日，国民党中央宣传部又秘密传达《禁止或减少共产党书籍邮运办法》《查禁新知、互助及生活等书店所出书刊办法》。国民党政府钳制言论出版的"办法"之细，频率之快，让人眼花缭乱。一直到年底，又出笼了《图书杂志原稿审查工作纲要》《壁报检查条例》《战时新闻检查办法》《邮电检查实施规则》《修正战时新闻禁载标准》《战时新违检惩罚办法》等，真是多如牛毛、数不胜数。

但是，早已与之过招的新闻出版界并没有在严酷的压制面前屈服，而是继续坚持斗争。2月14日，桂林生活书店、新知书店、北新书局、中华书局等二十五家书店、出版社、杂志社及其他文化团体集会，致电国民政府中央宣传部和参政会，要求撤销"原稿审查"。

继2月20日邹韬奋在国民参政会第三次大会上提出《请撤销增加书籍印刷品寄费，以使普及教育、增强抗战力量案》获得通过后，又在7月4

日再次严正拒绝当局要求生活书店与正中书局独立出版社合并的建议,并说:"我五十五个分店可以不要,但方针必须坚持,不能有丝毫的改变。"当国民党拉拢邹韬奋入党时,他托词拒绝,保住了"读书人的气节"。9月17日,邹韬奋联络二十二位参政员,提出《改善审查书报办法及实行撤销增加书报寄费,以解救出版界困难而加强抗战文化事业案》,谴责乱出各种审查办法,即使通过审查也得不到保障的问题;又批评因缺乏统一的检察机构,又无一定标准,宪兵、警察、党部都随便介入拘捕报人,且不送交法院依法处置,并对此提出四条解决办法。国民参政会虽表决通过此案,但实际上国民党当局根本不会去施行。

此年夏天,老舍(舒庆春,1899—1966)参加前线慰问团北路团,先后奔赴河南、陕西、甘肃等七省二十多个地区。早在1938年3月27日,老舍在武汉中华全国文艺界抗敌协会成立大会上被选为常务理事,而作为实际负责人的理事会中还有大名鼎鼎的文艺界名人邵力子、郭沫若、茅盾、胡风(张光人,1902—1985)、郁达夫、楼适夷(1905—2001)、陈西滢、张恨水等。《抗战文艺》(1938年5月4日创刊于汉口)是该协会创办的会刊,甫一出刊便一炮打响,很快就发行达到上万份。同年5月14日,老舍、郁达夫、胡风、丁玲等十位作家联名,在《抗战文艺》第四期上发表《致周作人的一封公开信》给以忠告,希望其"幡然悔悟,急速离平,间道南来,参加抗敌建国工作"。在此年夏天这次到前线慰问的过程中,老舍写了诗作《过乌纱岭》《别凉州》发表在《新蜀报》副刊,告诉人们他看到的日本侵略带来的无尽苦难。与此同时,老舍在此慰问过程中还有幸到了延安,他看到了"崭新的天地、崭新的人,真是大开眼界,也大开心窍呀"(臧克家《老舍永在》)。

郁达夫在新加坡主编《星洲日报》的早版《晨星》副刊和晚版《繁星》副刊，而他是在1938年年底应《星洲日报》社邀请赴狮城的。郁达夫办《晨星》和《繁星》两个副刊的宗旨是"《星洲文艺》的使命，是希望与祖国取得联络，在星洲建树一文化站，作为抗战建国的一翼，奋向前进的"，以宣传抗日救亡、发动侨胞捐款支援国内抗战为主要内容。因此，这两个副刊经常发表郁达夫的老朋友茅盾、老舍、楼适夷、艾芜、萧红（1911—1942）等人的文章，促进了两地文艺界之间的交流。

这一年是鲁迅逝世三周年，郁达夫写了纪念文章，又致函许广平希望她写关于鲁迅的回忆。同时，郁达夫特意在副刊开辟"纪念鲁迅三周年专号"，连载萧红的《鲁迅先生生活散记》；还积极组织募捐帮助延安鲁迅艺术学院活动。

自上海沦陷至1941年太平洋战争爆发，上海的美、英等国租界尚未被日军占领，被称为"孤岛"。留在上海的新闻机构和作家群，如巴金、郑振铎、周瘦鹃、杨绛等利用"孤岛"开展各种抗日活动，成为抗战新闻、文艺战线的一朵奇葩。

9月1日，邵洵美（1906—1968）在"孤岛"创办了《自由谭》。作为上海绿社成员，邵洵美办过金屋书店，主编过《金屋月刊》，提倡唯美文学。上海沦陷后，邵洵美带领一批爱国作家进行了"真正的战争文学"创作，积极投入抗日救国运动。据《申报》载，三年前萧伯纳（George Bernard Shaw，1856—1950）访问上海，"民权保障同盟会林语堂、邵洵美，中外新闻记者二十余人，亦鹄候萧氏莅临访问"。

《自由谭》着重发表的内容有"孤岛"文人之生存状态和文化活动，反映抗战的文艺作品，"孤岛"军民的抗战斗争，讨论中日战争问题等。

邵洵美撰写了《战争文学》《安置战时妇女和儿童》,还写了他熟悉的在"孤岛"的林徽因、郑振铎、孙大雨(1905—1997)、阿英(钱杏邨)等人的一篇调查报告——《中国新文人统一的力量:留守在上海的文人消息》。其中,《中国新文人统一的力量:留守在上海的文人消息》写道:

> 上海最近的出版界,又渐渐地有了生气,这遗留下的作家们确有镇守在上海的必要。上海的文化生命,将完全依靠在他们身上;我们希望他们对于行止的决定,都应当有极郑重的考虑……
>
> 总之,这次抗战中,文人所表现的态度,使人对中国文化前途抱莫大乐观。至于他们在平日的态度,不论是和平的或是奋勇的,但是现在却都持着积极的论调,更使外人莫不惊异这统一运动的迅速和彻底。这的确是这次抗战的最大的成绩。人们的眼光每每着重在军队的联合,政党的合作;而对于这更大的力量却不大有人提起。新文人和他们的读者看了这篇文章,我相信他们一定都会更宝贝和利用这一个光荣的成就……

邵洵美此文号召文人团结起来共赴国难,同时文人要保持独立的人格和气节。其中,所阐述的关于战争不仅仅是军力的较量,也是文化的对决;中国文化不死,"士"的精神不死,抗战争胜的观念都极为精辟,为他人所不能道者。

还是在"孤岛",3月,日本人企图收买《文汇报》,遭到社长严宝礼(1900—1960)的断然拒绝。4月,《华美晨报》,发表抨击汉奸的文字,被上海租界工部局勒令停刊。5月,《中美日报》《大晚报》《文汇报》等,也被工商局吊销执照。徐铸成与《文汇报》同人二十六人联名在《申报》《新闻报》刊登《文汇报编辑部全体同仁紧急启事》揭露真相，为抗争宁为玉碎，决不屈服。就这样，《文汇报》这颗报界明星如当时人们叹息的那样——"像是一颗彗星掠过黑暗的天空"，陨落在了茫茫宇宙之中。6月，日本臭名昭著的特务机关"76号"投恐吓信并暗杀了《申报》记者瞿绍伊，《中美日报》编辑夏仁麟等相继被威胁，但《大美晚报》副刊《夜光》却仍敢于发表《民族正气——中华民族英雄专辑》《汉奸史话》《改汪精卫诗》等文。收到恐吓信后，《大美晚报》主编朱惺公凛然发表《将被"国法"宣判"死刑"者之自供》将那帮不齿的民族败类骂得畅快淋漓，大略如下：

  余固中国之一人耳，贵部即能杀余一人，其如中国尚有四万万五千万人何？余不屈服，亦不乞怜，余之所为，必为内心所安，社会之同情，天地之可容！如天道不灭，正气犹存……余生为庸人，死为鬼雄，死于此时此地，诚甘之如饴矣。(《中国新闻事业史文选》)

  没想到的是，朱惺公这篇豪气干云并表现文人正义风骨的文章竟成了他的遗嘱，也可视为他的墓志铭。8月30日，朱惺公在上海被"76号"特务狙击，壮烈牺牲。

1940年　邹韬奋"宁为玉碎，不为瓦全"，《新华日报》开天窗抗议当局

> 道高益安，势高益危。
> ——《史记·日者列传》

1940年最重要的言论，莫过于毛泽东1月发表在延安《中国文化》创刊号上的著作《新民主主义论》。毛泽东认为，中国革命的第一步是民主主义革命，第二步是社会主义革命，这是两个前后衔接又性质不同的革命过程。

也是1月，中共为了减少华北抗日战场与国民党方面的军事摩擦，争取两党继续联合抗战，提出了"两方会谈"的方针。6月，中共希望"在不妨碍其阶级利益即政权的范围内，延长合作抗日时间"，因此同意为减少军事摩擦与国民党进行划界谈判。但谈判未有结果，7月16日，国民党却将所谓《中央提示案》交予中共代表，遭到拒绝。

3月，汪精卫率一帮汉奸宣布"中华民国国民政府"傀儡政府成立，史称"汪伪国民政府"。同月，近现代史上最重要的名人之一蔡元培在香港病逝，终年七十二岁。

4月,南洋华侨陈嘉庚率领回国慰劳视察团一行四十四人抵达重庆,受到热烈欢迎。

5月1日,日军进攻鄂北、豫南地区,中国军队进行枣(阳)宜(昌)会战。16日,国民党高级将领第三十三集团军总司令张自忠将军率部在湖北宜城截击日军,不幸中弹殉国。在为张自忠举行国葬时,蒋介石手书"忠烈千秋",并追授陆军上将,入祀忠烈祠。6月12日,鄂西重镇、入川门户宜昌失守。宜昌一失,川省告急,重庆压力倍增。

6月,日寇"扫荡"晋西北。日军调集第二十六师团等主力和伪军二万五千人,采取"分进合击"战术对晋西北抗日根据地进行"扫荡"。7月,贺龙指挥一二〇师展开"反扫荡"斗争。这是晋西北抗日根据地历史上的第一个"反扫荡"战役,作战二百五十次,歼敌四千五百人,收复众多城镇,以胜利结束。

8月20日夜,八路军一百零五个团在总部的统一指挥下开始同时向正太路、同蒲路、平汉路的日伪军据点发起攻击,史称"百团大战"。12月5日,"百团大战"基本结束。在一百零八天里,八路军共进行了一千八百多次战斗,毙伤二万多日军、五千伪军,俘虏日军二百八十一人、伪军二万人,破坏铁路近五千公里、公路一千五百公里,炸毁桥梁二百余座,拔掉日伪据点三千个,大大提高了八路军的声望。

10月1日,以郭沫若为首的军事委员会政治部文化工作委员会在重庆成立,郭沫若为主任委员,阳翰笙、谢仁钊(1905—1978)为副主任委员,茅盾(沈雁冰)、洪深、田汉等为专任委员,老舍、陶行知(1891—1946)、侯外庐(1903—1987)等为兼职委员。周恩来认为,文化工作委员会可将文化人团结起来发挥其巨大作用。

10月4日，国民党韩德勒（1892—1988）部队进攻泰兴以东黄桥地区新四军，陈毅、粟裕率新四军将其主力吃掉，其残部逃往兴化。

11月30日，汪精卫与日本驻汪伪政权特派大使阿部信行、伪满洲国总理臧式毅在南京签署了卖国的《中日基本关系条约》及《中日满共同宣言》，南京国民政府宣布此卖国"条约"非法。

12月30日，蒋介石向第三战区司令顾祝同（1893—1987）和第三十二集团军下达命令，指示其对新四军"一网打尽，生擒叶（叶挺）项（项英）"。

1940年是庚辰年，龙年，日军继续大规模向内地深入，遭到中国军队的顽强阻击。其中，八路军还出动一百零五个团同时向正太路、同蒲路、平汉路的日伪军发动攻击，让日伪军受到惨重伤亡，史称"百团大战"。

1月9日，毛泽东在陕甘宁边区文化协会第一次代表大会上发表演讲《新民主主义的政治与新民主主义的文化》，并于2月15日发表在延安《中华文化》创刊号上，后在2月20日又发表于《解放》第九十八、九十九期合刊时改题为《新民主主义论》。《新民主主义论》在烽火连天的抗日战争期间向世人阐明了新民主主义革命的路线和纲领，提出了新民主主义革命的任务、政治纲领、经济纲领、文化纲领。其中，文化纲领是：共产主义思想指导的无产阶级领导的人民大众的反帝反封建文化，即民族的、科学的、大众的文化。

1月6日，重庆《新华日报》拟刊登社论《论冬季出击胜利》，但稿件在送审时被以"系军事论文"为由扣留；立即更换另一篇社论《起来，扑灭汉奸》，但在审查时仍未通过。其实，这两篇社论是积极支持抗战、反对汪精卫之流卖国汉奸的檄文,因此稿件遭到国民党当局扣押。于是,《新华日报》毅然采用"开天窗"的斗争手段,以"抗战第一,胜利第一!"八个大字抗议。在《新华日报》第一版,其上半部分空白,从右向左两行共八个大字充其之上,以这种特殊方式对国民党当局钳制舆论的行为予以控诉,令读者心领神会。一个月后,国民党当局指派数十名特务在凌晨闯入《新华日报》和《群众周刊》,肆无忌惮地逮捕了十三名记者和工作人员。经过据理抗争,理屈词穷的国民党当局才将人放出来。

6月,奉行"人生以服务为目的"(余冠英《悲忆佩弦师》)的朱自清,与叶圣陶等在昆明以"西南联合大学师范学院国文系和文学院国文系联合筹办"名义创办了《国文月刊》,以服务社会为目的。当然,即使办这样的学术月刊,也要经过严格审查。据保存在档案馆的资料表明,《国文月刊》经过三关层层审查:一、社会局;二、市政府;三、国民党省(市)执行委员会。《国文月刊》由朱自清任主编,后改为余冠英主编,叶圣陶为社长,至西南联大复员共出四十期。10月,朱自清到《新生报》副刊《语言与文学》任主编,而此副刊仍以服务社会为宗旨。朱自清曾在副刊上发表《近怀示圣陶》一诗,生动地叙述了国民党统治下的生活困苦情形。同时,朱自清还与叶圣陶合著《精读指导举隅》《国文教学》等,对研究古文大有裨益。当时,虽然是抗战时期,但也不能中断对中国国学的研究继承,而《国文月刊》功德无量。

再回到2月3日,延安《新中华报》刊登了一封参政员毛泽东等为"华北慰劳视察团"事致国民参政会的电文——《参政员毛泽东等为"华北视察团"事致国民参政会电》。电文有云:

在全体团长团员中，除在二届参政会中，因发拥汪主和谬论而与共产党参政员及坚主抗战诸参政员发生剧烈冲突之国社党员梁实秋及国家青年党员余家菊两君外，余皆国民党一党之参政员同志。由此等人选所组成之视察团，对于视察事项所收材料及所作结论，必属偏私害公殆无疑义。该团之与特务机关配合行动，尤属事有必至。犹忆前年十二月间，张君劢即曾著论主张取消所谓边区与八路军特殊化及取消共产主义。未几，汪精卫发表艳电，竟倡言反共。设该视察团之目的与汪张无殊，尽可以汪张文件为蓝本，在渝作出大文，撰成提案，何必当此朔风凛疾之际，冒此严寒，多劳往返。如以为非有实地视察之名，不足以收牢笼社会视听之效，则以此等有特殊关系之人物从特务机关手里收集向壁虚造之材料，写成一本二三十万字之视察报告书，痛骂共产党一顿，谓即足为反共限共溶共之法律根据，则亦仍属可笑之事。盖国内政治问题，原只能从合理之政治原则获得解决，岂有卖弄玄虚，而能真正解决问题者乎。或曰，你们共产党所云，未免估计不当，该视察团此行，盖十分正大光明，毫无腌臜龌龊之心理，其任务在维系两党合作，立于团结与进步基础上，共谋边区等事之合理解决也。

据《新文学史料》2014年第一期第八十四页有这样的话：1937年"6月23日，蒋介石、汪精卫联名召开了庐山谈话会，梁实秋……应邀出席了会议，与会者三百余人，皆所谓文化教育、学术界名流"。此外，没有证据证明梁实秋与汪精卫有再次谋面，也没有在汪做汉奸后发表过文章"拥汪主和"的证据。

实际上，此次国民参政会的华北战区"慰劳视察团"，原本就是在国民党五届五中全会确定"溶共、防共、限共、反共"八字方针后由蒋介石钦点成员组成，其反共性质不言而喻。对此，共产党予以抵制并揭露其阴谋，做得"有理、有力、有节"，无可厚非。

到3月底时，衡阳等地的生活书店有三家被破坏查封，十人被捕。后来，生活书店在各地的五十五家分店只有六家没被查封停业，甚至查封了生活书店并逮捕其员工。同时，国民党又不知廉耻地提出，要求全国影响最大的生活书店与国民党官办的中正书局、独立出版社合并或联合，但对外名称不变，这样政府可以对书店进行投资，已被封的可考虑恢复，并许诺仍由邹韬奋主持，且表示这是蒋介石本人的主意。

面对利诱、威逼，邹韬奋当场凛然道：

> 我认为失去店格就是灭亡，与其失去店格而灭亡，还不如保全店格而灭亡。我的主意已决：宁为玉碎，不为瓦全。（周勇、陈兴芜编《中国抗日战争时期大后方出版史》，重庆出版社，2015年）

面对国民党利诱威逼而不从命的硬骨头，还有西安《老百姓》的主编李敷仁（1899—1958）。《老百姓》报如其名，此报是专为底层老百姓办的通俗报纸，内容、形式皆为老百姓喜闻乐见，深受读者欢迎。不过，这种通俗报纸得不到财团的青睐和资助，李敷仁因资金短缺只能苦苦支撑。国民党当局曾三次向李敷仁表示，"只要归顺政府，将有大把的资金注入，《老百姓》要风得风、盼雨得雨"，但被李坚拒。4月18日，不当顺民的《老百姓》终被国民党当局下令停刊。此结果虽在李敷仁意料之中，但当《老百姓》真的被勒令停刊，他还是无比痛心——"我的孩子被扼死了"。

这一年,"被扼死"的报刊不计其数。在国统区新闻自由受钳制,且汪伪政权也同样控制舆论的情况下,仅在"孤岛",汪伪政权就发出了八十三人的通缉令,其中报界就有四十九人,如《申报》的金华亭等,《新闻报》的汪仲韦(1899—1987)、顾执中等,《大美晚报》的张似旭(1900—1940)等,而这些都是报界叱咤风云的爱国正派人物,他们是在"孤岛"真正地宣传抗日救国的报人。

7月19日《大美晚报》的经理张似旭被汪伪政权暗杀。在张似旭的追悼会尚未举行时,又有大光通讯社社长邵虚白(1906—1940)被杀;顾执中遭枪击,未中要害,捡得一命。几天后,《大美晚报》编辑程振璋被击中命门丧命……

这一年,"孤岛"爱国报人,他们用鲜血和生命,用道义和良知,为中国百年新闻史写就了悲壮的篇章。

1941年 《救亡日报》欲揭"皖南事变"真相，《大公报》怒批"飞机洋狗"丑闻

> 事有是非，义难隐讳。
>
> ——［宋］苏轼《参定叶祖洽廷试策状二首》

1941年，全面抗战已进入第五个年头，中国加入同盟国并对日、德、意为主的轴心国正式宣战。日本偷袭珍珠港，促使美国也正式加入反法西斯战争，第二次世界大战全面展开。

1月，"皖南事变"发生，国民党军以八万军队将只有九千人的新四军包围于安徽泾县，叶挺军长前往谈判被扣。经七天激战，新四军除千余人突围，大部分壮烈牺牲，副军长项英（1898—1941）死难。

也是1月，日本侵略者在河北丰润潘家峪村残酷屠杀无辜军民千余人，制造了骇人听闻的"潘家峪惨案"。

2月，日本制订了《治安强化运动实施计划》并计划实施，在华北搞"囚笼政策""三光政策"。

3月15日，中国军队重兵争夺赣西北，苦战十九天后歼灭日军一万余人。

3月，八路军三五九旅在延安东南黄龙山南泥湾屯田开荒，以缓解日伪军扫荡及天灾造成的经济和财政困难。中共中央号召"自己动手，丰衣足食"，制定"发展经济，保障供给"的总方针。三五九旅通过大生产运动，将"处处是荒山"的南泥湾变成了"到处是庄稼，遍地是牛羊"的陕北"江南"。

5月，毛泽东在延安干部会上做了《改造我们的学习》的报告，拉开了延安整风运动的序幕。当月30日，屈原忌日，"陪都"重庆的文化人商定此日为"诗人节"（端午节），并举行诗人节首次庆祝大会。

7月，新四军重整旗鼓，在苏北反日伪"扫荡"大获胜利，重振军威。

8月，美国空军退役上尉陈纳德（Claire Lee Chennault，1893—1958）组建飞虎队，在华投入对日作战。

9月，国民党军再战长沙，日军功溃而退。这就是第二次长沙会战。是月1日，晋冀鲁豫边区政府正式成立，面积达六十多万平方公里，人口二千五百万。

10月，第六战区国民党军进攻长沙要冲宜昌，不克。

12月，国民党军三战长沙，反守为攻。

当月，中共中央指示各抗日根据地切实整顿组织机构，精减机关，充实连队，加强基层，提高效能，节约人力、物力、财力。是为"精兵减政"。

1941年是辛巳年，抗日战争转入相持阶段，日本侵略者妄想速战速决灭我中华之黄粱美梦变成了漫漫噩梦。

此年，国民政府拨款保存中华民族文化教育的浩大内迁工程基本完成，包括内地一百多所高校、中学以及教授、老师和一大批年轻学子，陈寅恪（1890—1969）、周培源（1902—1993）、梁思成（1901—1972）、朱自清、闻一多、金岳霖（1895—1984）、冯友兰、钱穆（1895—1990）、吴宓（1894—1978）、刘师培、张恨水、沈从文、巴金、曹禺（1910—1996）、钱钟书（1910—1998）等文化精英，故宫等地的珍贵文物，都安全转移到了西南地区，完成了中国教育史、文化史、文艺史上最壮观的大迁徙。文化不死，民族永存。

1月，震惊中外的"皖南事变"发生，国民党军突袭新四军在安徽泾县驻地，新四军九千战士除一千多人突围外，有近八千名士兵在激战中壮烈牺牲，军长叶挺被俘，副军长项英战死。由夏衍主编的《救亡日报》欲公开报道"皖南事变"的血腥屠杀真相，国民党当局广西新闻检查所不允，且强迫《救亡日报》刊登国民党军事委员会命令，宣布新四军"叛变"及取消新四军番号的决定。夏衍拒不刊登，《救亡日报》于2月28日被勒令停刊。直到1945年抗战胜利后，《救亡日报》改名《建国日报》在上海复刊才继续刊行，但十二天后再度被国民党当局封闭。

2月4日至16日，国民党"军警宪特"（军队、警察、宪兵、特务）拘捕《新华日报》报童、报丁三十多人。特别是2月6日，国民党当局作出《新华日报》"只准印、不能发"的秘密决定，大量《新华日报》被扣压。周恩来出面与之交涉，潘汉年（1906—1977）相继五次致函国民党当局提出抗议。其间，广东韶关由共产党密办的《新华南》杂志，也遭国民党当局封停。

《救亡日报》被查禁之后，夏衍到香港与范长江（1909—1970）等筹办《华商报》。胡政之也未雨绸缪，到香港安排桂林《大公报》出版事宜。

3月15日，桂林《大公报》出版，老报人张季鸾抱病以"老兵"笔名在该报发表了多次重庆专电。4月8日，《华商报》正式出版。该报由廖承志确定了办报方针：对内要求团结、民主、进步，反对分裂、独裁、倒退；对外揭露批判绥靖政策和"东方慕尼黑"阴谋，并按中共中央指示精神注意斗争原则，即"有理、有利、有节"。夏衍主持《华商报》文艺副刊，每月还要写不少社论、时事述译等文章。

4月，远在新加坡的郁达夫又主编英政府情报部的《华侨周报》，以极大的爱国热情和饱满的精力向侨胞宣传抗战，动员他们爱国捐款。从郁风（郁达夫之子）写的《盖棺论定的晚年》一文，我们可以知道郁达夫办报刊宣传抗战的热忱和贡献。该文对郁达夫三年的办报刊活动概述道：

> 他前后一共负责主编过十一种报纸副刊和杂志，从1938年12月到1941年底，最多同时编八种，最少时也有三种。所有这些都并非挂名，而是要自己动手，再加上和国内文艺界通信约稿，甚至没有助理编辑。

更可贵的是，郁达夫在此期间不仅以极大的热情办报编稿，同时还撰写了四百多篇文章，其爱国精神和殚精竭虑的工作态度让人由衷赞叹。

5月15日，美国密苏里大学新闻学院将"密苏里荣誉奖章"（全称"密苏里新闻事业杰出贡献荣誉奖章"）颁给了《大公报》——两个月前胡政之在香港安排桂林《大公报》出版，国内新闻界莫不惊喜非常，各报都做了相关报道。为此，获奖的《大公报》发表了张季鸾亲笔撰写的社论《本报同仁的声明》。在声明中，张季鸾按捺不住内心的激动，不无自豪地说：

> 假若本报尚有渺小的价值,就在于虽按着商业经营,而仍能保持文人论政的本来面目。

自张季鸾、吴鼎昌(1884—1950)1926年9月接过《大公报》——早期由皖系政客王郅隆出资,胡政之任经理兼总编辑——的十五年来,张季鸾、胡政之等人始终鼎力合作,从天津到上海,又到汉口,再到重庆,复到香港、桂林,辗转大江南北为大时代鼓与呼,经历了血与火的考验,正如张季鸾所说保持"文人论政"的本色,支撑起了中国报业的半壁江山,其言论影响之大无人出其右。同时,从《大公报》的发展看,可视其为中国新闻史的一面镜子;从张季鸾办报看,又可窥见知识分子的精神道义和良知风骨。

作为报界巨擘、"文人论政"的精神领地,《大公报》获美国密苏里大学新闻学院"密苏里荣誉奖章"是当之无愧,众望所归。但是让人叹惋的是,《大公报》获此殊荣三个月后的9月6日,张季鸾在重庆不幸辞世。对这位巨星的陨落,国人莫不哀恸。

张季鸾身后留下了《季鸾文存》,这是中国新闻史的一部重要文化遗产,成为中国新闻史上的经典之一。在《季鸾文存》里,张季鸾的合作者胡政之写了序言,其中有这样的文字:

> 季鸾是一位新闻记者。中国的新闻事业尚在文人论政的阶段,季鸾就是一个文人论政的典型。他始终是一个热情横溢的新闻记者,他一生的文章议论,就是这一时代的活历史。读者今日重读其文,将处处接触到他的人格与热情,也必将时时体认到这一段历史。

张季鸾辞世后,《大公报》在胡政之的主持下继续坚持其宗旨和风格。在香港即将被日本侵略者占领前,12月13日,香港《大公报》发表《暂别读者》社评,以文天祥《过零丁洋》诗句"人生自古谁无死,留取丹心照汗青"明志,勉励读者在侵略者面前绝不屈服。

就在《大公报》及胡政之准备撤离香港回重庆时,引出了一场"飞机洋狗"的抗议风波。在《大公报》撤离香港前的12月9日,香港飞往重庆的最后一趟班机徐徐降落在珊瑚坝机场,一直等候的王芸生等人并没有等到"应该内渡的人"胡政之,却见这班逃难的飞机竟装来了箱笼、老妈与洋狗,并被一袭男装的孔祥熙之女公子孔令仪接走。当时,那么多各界贤达没机会逃离即将沦陷的香港,而国民党政府的高官却将塞满金银财宝的箱笼、佣人和洋狗运回重庆。这一丑闻激怒了报界,最先挺身而出揭露此案的是重庆《新民报》。12月11日,《新民报》在"社会新闻"版头条发表了女记者浦熙修(1910—1970)采写的"飞机洋狗"消息——《伫候天外飞机来》。此文以花絮集锦的形式,迷乱了国民党的新闻检查,侥幸得以发表。"飞机洋狗"也激怒了老报人王芸生,遂在22日的重庆《大公报》上发表社评《拥护修明政治案》,揭露了"飞机洋狗"丑闻,同时还将外交部长郭泰祺(1889—1952)在国难当头之际竟敢挪用巨额公款购买私人豪宅的黑幕公之于众。王芸生在文章中写道:

> 此等事例,已传遍重庆,乃一不见于监察院的弹章,二不见于舆论的抗言,直使是非模糊,正义泯灭。要知道一个国家若是正气消沉,那就是衰亡之兆。……我们舆论界若再忍默不言,那是溺职。(王芝琛、刘自立编《1949年以前的〈大公报〉》,山东画报出版社,2002年,第

161页）

王芸生此篇社评一经发表，舆论哗然，民众愤然，昆明、贵州各地的大学掀起反孔祥熙的抗议学潮，要求惩办孔祥熙，导致其灰溜溜下台。得知此消息，远在美国履任驻美大使之职的胡适，在日记中写下这样的文字：

　　一个报馆的言论可以赶掉一个外交部长，伟大哉《大公报》！

鉴于《新民报》侥幸、《大公报》影响巨大，国民党当局也不敢贸然出手压制，"飞机洋狗"案成为中国新闻史上成功的典型案例。但是，其他报刊就成了国民党当局新闻检查的冤死鬼了。据统计，1937年有报刊一千零三十一家，但四年之后的1941年仅剩下二百七十三家，被国民党当局以各种手段裁撤了五分之四。

是年岁尾，12月8日，太平洋战争爆发。当日，日军铁蹄踏进上海"孤岛"，查封了《申报》《新闻报》《大美晚报》《中美日报》《正言报》《大晚报》《良友》等报刊。不久，日本侵略者又对中华书局、世界书局、商务印书馆、大东书局、开明书局等出版机构封门检查一个月之久，进步的、抗日的书刊一律被收缴焚毁。报刊、书局风声鹤唳，一片凋零。

在日本侵略者的刺刀下，《申报》《新闻报》被命令仍以美商名义出版，内容却听命于日本侵略者，宣传"中日友善""大东亚共荣国"等"侵略有理"的言论。在此淫威之下，老品牌的《申报》《新闻报》二报却失去了灵魂和品格，沦为日本侵略者的喉舌。

1942年 《解放日报》发表《讲话》坚守阵地，陆蠡用生命写就正气歌

高楼晓见一花开，便觉春光四面来。
——［唐］令狐楚《游春词》

1942年，抗日战争转入战略相持阶段，中国军队英勇抗敌。

开年之初，同盟国宣布设立中国战区和西南太平洋战区，中国战区以蒋介石为最高统帅。

2月1日，毛泽东在延安中央党校开学典礼上作了《整顿党的作风》报告，掀起了延安"整风运动"。自"皖南事变"发生后，中共中央为肃清教条主义的影响，纠正共产党内、军内的宗派主义，决定在党内展开一场普遍的整顿党的作风的运动。

3月，中国远征军开抵缅甸北部前线，与北袭而来的日军第五十五师团血战同古（南缅平原上一座小城，又译东吁或者东瓜）。

4月，中国远征军新编第三十八师，在师长孙立人指挥下击溃缅北仁安羌地区的优势日军，解救了被日军围困数日的英国军队。这样，第三十八师和师长孙立人扬威异国。

5月，中共中央宣传部在延安杨家岭召开文艺座谈会，出席作家、艺术家及文艺工作者共八十余人。2日和23日，毛泽东分别两次到会讲话，纵论文艺问题，指出文艺必须为政治服务。

同月，驻扎在华北的日军出动五万兵力，向华北抗日根据地发动"拉网大扫荡"。5月26日，远征军骁将戴安澜在缅北遭日军伏击殉国。同时，25日，八路军副总参谋长左权，在山西辽县指挥部队掩护总部机关突围作战时光荣牺牲；27日，中国共产党主要创建人、早期主要领导人陈独秀，在四川江津（今重庆江津）病逝，终年六十四岁。

6月，八路军冀中第六、七军区三个连，在深泽县伏击日军，击毙日军冀渤特区司令官坂本旅团长坂本吉太郎。

8月，中国远征军在缅甸英勇作战，但因同盟军之间并没有统一作战计划、形势被动，只能退入印度。9月，远征军四万五千人在印度兰伽（Ramgarh，今译兰姆伽）接受美式训练。

10月，从苏联疗伤回国的八路军一一五师师长林彪，受中共中央派遣抵达西安会见蒋介石，表明中共谋求两党合作抗战的愿望和诚意。不过，因两方均无法接受对方的条件，最终未达成协议。

11月，中国战区盟军统帅部参谋长史迪威（Joseph Stilwell，1883—1946）在重庆会晤蒋介石，策划中、美、英三国联合反攻缅甸。

12月，新四军第五师在湖北大悟山反击日伪军万余人的"扫荡"，歼敌五百余人。

1942年是壬午年，滇西远征军司令部成立，日军溯江而上受阻，远征军缅北扬威，新的战略相持格局已经形成。延安文艺座谈会召开，中共中央领导人毛泽东的讲话被整理为《在延安文艺座谈会上的讲话》，后于1943年10月19日正式发表在《解放日报》上。

座谈会和讲话是经过中共中央政治局集体讨论通过的决定，是延安"整风运动"的一个有机组成部分，而《在延安文艺座谈会上的讲话》是当时党的集体智慧与毛泽东智慧的结晶。《在延安文艺座谈会上的讲话》从策略性的角度考虑文艺问题，主要着眼于有关革命文艺运动根本性、方向性的问题，尤其是有关党如何领导文艺的基本原则与政策，包括文艺与生活、文艺与政治、内容与形式、普及与提高，世界观与创作方法，以及对文化遗产的批判继承、文艺队伍的建设、统一战线等问题；特别提出革命文艺如何"为群众"服务的核心命题，较少涉及文艺本身规律的细节讨论。《在延安文艺座谈会上的讲话》对解放区的文艺运动和创作起到了极大的指导和推动作用，可视为继"五四"新文化运动以后又一次深刻的文艺革命，也是中国新闻史上划时代的全新变革，对新闻、言论产生了巨大而深远的影响。

当然，《在延安文艺座谈会上的讲话》的出现，也事出有因。《在延安文艺座谈会上的讲话》前的延安，干部和文化人一度是"思想最乱的日子"（黎辛《延安文艺座谈会相关的人与事》）。以《解放日报》为例，3月9日至23日，发表了丁玲《三八节有感》、王实味（1906—1947）的《野百合花》和艾青（蒋海澄，1910—1996）的《了解作家，尊重作家》、罗烽（傅乃琦，1909—1991）的《还是杂文时代》等，这些文章表达了延安作家在抗战最艰苦时期的焦虑思想、苦闷情绪，充满了火药气和牢骚等消极落后的情绪。这一现象引起了中共中央的关注，遂有了针对性的《在延安文艺座谈会上的讲话》，解决了文艺和新闻"为了谁"的问题，也让延安和根据地的文艺、新闻出现了崭新的面貌。

桂林《大公报》坚持"文人论政",宣传抗战方针。重庆《大公报》在国民党当局眼皮底下,新闻检查更加严密,于是在重庆发表不出来的文章,如彭子冈的"重庆航讯"都发在桂林《大公报》,传达了小人物的痛苦与心声,被新闻界誉为"重庆百笺"。因此,"重庆百笺"风行大后方,深受读者欢迎,发行量突破了六万份。

上海"孤岛"陷落之后,文化生活出版社(简称"文生社")的编辑陆蠡(陆圣泉,1908—1942)没有逃离上海,而是坚守在出版社编辑出版有关抗日救国的文学作品,宣传抗战,支持抗战。陆蠡表现出了一个爱国文人在民族危亡时的血性和骨气。

4月13日,嗅觉灵敏的日本宪兵队闻风赶到文化生活出版社,查抄了两卡车有关抗日的书籍,两名店员被带走。此时,一个前来送书的印刷工人,也当场被抓走。陆蠡得知,毅然赶到租界巡捕房去抗辩救人。此时,日本侵略者占领了整个租界,他们见到陆蠡立即抓个正着。陆蠡的遭遇引起文学界友人的关注,经巴金、唐弢(1913—1992)、黄源(1905—2003)等作家多方营救仍杳无踪迹,但他们并不放弃,唐弢在冬季来临之际往监狱投寄棉衣,得到的结果是"查无此人"被原封退回。

后来,从陆蠡狱中的难友那里得知,陆蠡在被日本宪兵队关押期间,曾受尽各种酷刑折磨,但其宁死不屈,表现出了凛然正气。其中,有一段日本宪兵提审陆蠡的对话,可谓惊天地、泣鬼神。不妨一录:

"你爱国吗?"

"爱国。"

"赞成南京政府(按:指汪伪政权)吗?"

"不赞成。"

"依你看，日本人能不能征服中国？"

"绝对不能征服！"

7月的一天，陆蠡被押出牢房，说是释放，但从此"失踪"。于是，难友便把这一天视为陆蠡遇难纪念日。其实，3月初，丧妻鳏居多年的陆蠡与张宛若女士才刚刚喜结良缘，但正当两人燕尔新婚之际，灾祸突从天降——在四个月后便惨遭杀害。

陆蠡的死震动上海，《大公报》《文艺复兴》等多家报刊开辟纪念专号，黄源、吴朗西（1904—1992）、唐弢、柯灵（1909—2000）、李健吾（1906—1982）等作家纷纷撰文追思悼念。其中，吴朗西作为陆蠡的朋友，在其英勇就义后的追悼文章中说，陆蠡有浙江台州人的"硬气"和"迂"，"陆蠡太傻了，然而他的可爱，感召我至深的，就是这一股子傻气、正气"。

陆蠡读大学学的机械工程专业，后来却成了散文家和编辑，身后留下了翻译的俄国作家屠格涅夫（1818—1883）的《罗亭》《烟》等名著，还有散文《囚绿记》《竹刀》等名篇。陆蠡活着时，曾坚信"世界上，应有更高贵的东西"。其实，"最高贵的东西"，莫过于陆蠡用三十七岁的生命写就的正气歌。

从陆蠡的遇难，又让人想起香港沦陷后的情景。也是此年春天，在香港办《星岛日报》宣传抗日的诗人戴望舒被日本侵略者投入监狱，受尽残酷折磨，但誓不变节地在狱中写下了诗篇——《我用残损的手掌》，抒发了他坚贞不渝的爱国之情。

这一年，"文人论政""文人抗战"，表现出了文人的高尚情操。

1943年　王芸生《看重庆，念中原》揭灾情，《解放日报》怒批《中国之命运》

> 鸱枭鸣衡轭，豺狼当路衢。
>
> ——［三国·魏］曹植《赠白马王彪·并序》

1943年，抗日战争开始转入战略反攻阶段，日军已现疲态，中国军队逐渐掌握主动权。

1月，发生了三件重要的事：一是汪精卫伪政权对同盟国宣战；二是中美、中英分别签订了《中美新约》《中英新约》，中国国际地位有所提高；三是中共陕甘宁边区政府发布拥军、拥属的"双拥"运动，政权得以更加巩固。

2月，宋美龄在美国国会发表演说，让美国人民了解了中国抗战的真实情况，并获得巨大成功。因此，美国对华政策发生改变，对抗日战争的最终胜利产生了至关重要的作用。同月18日，国共谈判再开，但双方立场相距甚远，难以调和，会谈没有取得成果。

3月，中共中央调整领导机构，进一步确立毛泽东在党内的领导地位。同月，集中反映蒋介石思想体系和根本政策的《中国之命运》一书由正中书局正式出版。

4月，滇西远征军司令长官部正式成立，陈诚（1898—1965）任司令长官。同月3日，中共中央发出《关于继续开展整风运动的决定》，在继续纠正非无产阶级思想的同时对全体干部进行了一次组织审查。

5月，日军溯江而上，企图打通长江上游航线进犯四川，遭到第六战区国民党军的有力打击，日军折兵两万后退回原地。

6月，国民党政府为配合政治上、理论上的反共攻势，蒋介石令胡宗南（1896—1962）部署六十万大军准备"内击延安"，掀起了第三次反共高潮。

7月，中共中央社会部长、总学委副主任康生（1898—1975）在延安作《抢救失足者》的报告，掀起"抢救运动"高潮。

8月，中共中央连续炮轰蒋介石的《中国之命运》一书，批驳此书鼓吹"一个党、一个主义、一个领袖"。

9月，中共晋察冀军区制定"敌进我进，内线与外线相配合，分散与集中相结合"的作战方针，广泛开展游击战、地雷战、麻雀战，反击日本侵略者的"毁灭性扫荡"。

10月，中、美、英、苏外长在莫斯科签署《关于普遍安全》的"四国宣言"。

11月，中、美、英首脑在埃及开罗开会，讨论协同对日作战及战后远东安排问题。

12月，中共根据地，通过大生产运动渡过经济难关。

1943年是癸未年，是世界反法西斯战争转折的一年，同盟国以绝对优势压倒轴心国——德、意、日，抗日战争形势大好。

1月5日，张恨水在重庆《新民报》副刊发表《郭沫若、洪深都五十了》一文为二位贺寿。据张恨水后来回忆，当时的重庆，文人的日子过得也较寒酸，以千字可换斗米度日，他自己就是常背着米回家熬粥。所谓贺寿，自然无法办有美食佳肴的宴席，而是借祝寿表达"承接先人遗产，授受西洋文明"之意，以此明志而已。

但是，在"陪都"重庆之外，经济民生就更加艰难得多了。仅举一例：

> 去年，河南闹灾荒，遭灾灾民高估有五百万，占全省人口的二成左右。灾情报到重庆，经往河南考察，确知灾情严重，拨二亿元作为灾荒救济款，河南省也下达减轻赋税的命令。但今年3月，只有八千万元到达灾区。当地官吏把这笔钱没有用到救灾，而是存入银行，让其生息增值。又为如何使用这笔钱争论不休。在一些地区，救济款分配到灾区农村，地方官员还要扣除农民所欠税款，农民实得甚少。

2月2日，重庆《大公报》发表了记者张高峰深入河南灾区调查后写的一篇通讯《豫灾实录》（原名《饥饿的河南》），报道了这次河南发生的惨绝人寰的饥荒。接替张季鸾主持《大公报》笔政且在报界声名远播的王芸生，读了这篇通讯后莫名惊骇、愤怒，遂挥笔撰写了社论《看重庆，念中原》。据王芝琛、刘自立编《1949年以前的〈大公报〉》一书抄录《看重庆，念中原》如下：

> 饿死的暴骨失肉，逃亡的扶老携幼，妻离子散，挤人丛，挨棍打，未必能够得到赈济委员会的登记证。吃杂草的毒发而死，吃干树

皮的忍不住刺喉绞肠之苦。把妻女驮运到遥远的人肉市场，未必能得到几斗粮食。

....

灾荒如此，粮课依然，县衙门捉人逼拶，饿着肚子纳粮，卖了田纳粮。忆童时读杜甫所咏叹的《石壕吏》，辄为之掩卷叹息，乃不意竟依稀见于今日的事实。

....

河南的灾民卖田卖人甚至饿死，还照纳国课，为什么政府就不可以征发豪商巨富的资产并限制一般富有者"满不在乎"的购买力？看重庆，念中原，实在令人感慨万千！

《大公报》此社论一出，民众争相阅读，愤慨之声传之乡里。国民党当局见之，立刻下令《大公报》停刊三天。但民众赞许《大公报》敢于揭露真相，反映民众疾苦的勇气和道义，以致其停刊三天后的发行量不跌反升，由平时的六万份增至十万份。王芸生也以此文，成为以言报国的报人楷模。

3月，桂林《大公报》发表女记者彭子冈的通讯《重庆低喟》，与2月全国各大报都热闹报道宋美龄在美国发表演说的盛况和成功及之后美国对华政策改变云云唱了反调，指出宋美龄在美国白宫记者招待会上所说"中国人民在社会方面素持民主精神，目前中国正依赖报纸协助完成政治上之民主"是骗人的、是当不得真的，并以上个月重庆版《大公报》被停刊三天及大肆密令搜查生活、读书、新知、国讯四家书店为证。然后，彭子冈接着宋美龄上面的话说，"这也许真是人民心中的愿望，但是报纸要尽这个伟大的职责,尚有待客观环境的开展。叶楚伧氏要求新闻界多做积极的建设,勿做消极的批评。可是要把这两种工作划分清楚,是不能如水与油那样容易辨明的。而且读者与政府对报纸的期望,往往相反,或者可以说读者的要求更多些,更愿意接受民主政治的熏陶"(《彭子冈文集》)。

3月10日,集中反映蒋介石思想体系和根本政策的《中国之命运》一书正式出版。

《中国之命运》由蒋介石和陶希圣合著,陶希圣负责"搜集资料及整理文稿",后经蒋介石"二十次的修订"而成,全书分八章,共十万字。该书以宣扬"一个主义、一个政党、一个领袖"为主要内容,声称"三民主义是国家的灵魂,中国的命运寄托于国民党","唯有中国国民党,他是领导革命创造民国的总领袖,他是中华民族复兴和国家建设的大动脉"。

《中国之命运》出版后,国民党当局动用一切手段大肆宣扬,各大报都做了报道和宣传。

8月,继中共中央机关报《解放日报》7月21日头版头条发表陈伯达(1904—1989)的《评〈中国之命运〉》之后,又刊出三篇重头文章从不同角度批驳蒋介石《中国之命运》——历史学家范文澜(1893—1969)的《谁革命?革谁的命?》,哲学家艾思奇(1910—1966)的《〈中国之命运〉——极端唯心论的愚民哲学》,戏剧家齐燕铭(1907—1978)的《驳蒋介石的文化观》。其中,陈伯达批驳《中国之命运》的长文言辞激烈,斥责了蒋介石"抹杀了各种主要的历史事实"以及对忠勇为国的中国共产党做了极其"忍心害理"的诬蔑。实际上,当《中国之命运》一出笼,中共中央就指定由刘少奇召集延安理论干部会议,部署了对此书的批驳和反击。因此,《解放日报》成了一个重要的阵地。在中国新闻史上,此役是光辉的一页。

也正是在这一年，国民党的道义威望开始跌落，民心也开始转向。美国驻华大使特别助理费正清（John King Fairbank，1907—1991），作为国共两党斗争的局外人，他已敏感地观察到：正是因为蒋介石集团钳制新闻的政策，中国政局和民心所向才发生了不可逆转的变化，蒋氏集团也才渐渐失掉了民心。

9月16日，费正清在重庆与宋美龄会面，曾向她提议国民政府应该"废除新闻检查制度"，但宋美龄回避了正面回答。后来，费正清在《费正清中国回忆录》一书写道，"1943年下半年，蒋介石政府的无能已经明显暴露出来，尽管（或是由于？）他一再努力实施更加严格的控制和个人独裁"，"对现政权不抱什么希望，因为它在情感上并不信任人民大众，又无法为人民提供什么实际的帮助。骇人听闻的苦难与灾祸总是伴随着它，它之所以苟延残喘，仅仅是还没有足够多的有勇气的人反抗它"，"1943年舆论的这种转变，部分源于一种古老的中国政治现象，即天命的倾斜（政权失去人心），另一部分则是由于中国政治的机制"。可以说，1943年的变动是民心所向的变动，也是天命所归、不可逆转的变动，但蒋介石并没有清醒地意识到这一点，除了控制舆论之外没有扭转乾坤的办法，即便祭出《中国之命运》也无济于事。

11月，老舍、茅盾、夏衍等五十三人联名向国民政府行政院提出改进文化出版事业的十一条建议，但泥牛入海，没有消息。重庆二十家书店又联名发表《争取出版自由的紧急呼吁》，但得到的是蒋介石12月23日电令新闻检查当局：对近来各报经过检查、删扣的言论、新闻，常有"遵检"两字代替被删之文字而刊于报上，或留有不完全字句而附以"遵检"等字样登出的现象，均认定是违抗检查，都要一律严加禁止取缔。以此观之，若从另一方面看，报界对当局的各种禁令皆有办法对付，斗争策略也随之变化，不变的是对钳制舆论的不懈抗争。

12月，张静庐（1898—1969）等联合生活、读书、新知、国讯等书店和文化生活出版社、上海杂志公司、光明书局、群益出版社等十三家出版机构，发起成立了"新出版业联合总处"，尽可能地在国民党当局严控下谋求发展出版业之权利。

1944年 《大刚报》发表《贪污及其他》被查封，长篇通讯《延安一月》洛阳纸贵

> 微雨池塘见，好风襟袖知。
> ——［唐］杜牧《秋思》

1944年，抗日战争虽然困难重重，却已出现胜利的曙光。

1月，制颁宪法、实施宪法的呼声又再起。早在1939年9月，在中国共产党和各民主党派的共同努力之下，国民参政会第一届四次会议上就通过了《请政府明令定期如开国民大会制定宪法实行宪政案》，但一度沉寂数年之久而没有实际行动。

2月，美国总统罗斯福（Franklin D. Roosevelt，1882—1945）致电蒋介石，提出派遣美军事观察组赴中共领导的陕甘宁边区的要求。

3月15日，廖耀湘（1906—1968）新二十二师攻克丁高沙坝，控制了这条近百公里长的河谷。这样，新三十八师和二十二师继2月18日击毙日军一千四百人后，又消灭了日军十八师团四百五十人。16日，新三十八师师长孙立人在缅北前线接受罗斯福总统和美国陆军部部长史汀生（Henry Lewis Stimson，1867—1950）授予的"丰功勋章"。

4月，日军强渡黄河，为打通大陆交通线而战。此役历时三十八天，中国军队损兵二十多万人，失城三十八座，河南几乎全陷敌手。

5月4日，共产党代表林伯渠（1886—1960）在西安和国民党代表王世杰（1891—1981）、张治中（1890—1969）开始谈判，但因两党立场相去甚远，谈判陷入僵局。11日，中国远征军在惠通桥上游成功强渡怒江。27日，长（长沙）衡（衡阳）会战，中国军队再度失利。

7月1日，中共中央发出《关于整顿军队的指示》，要求在一年内使八路军和新四军的战斗力得到有效提高。

8月8日，湘南重镇衡阳的中国军队守军第十军与日军浴血奋战四十八天，终因弹尽援绝而放下武器，衡阳陷落。

9月14日，日军攻克广西桂东门户全州，打开了进攻桂林、柳州的大门，不久桂林、柳州失陷。15日，中共参政员林伯渠代表中国共产党在国民参政会第三届三次会议上提出了成立"民主联合政府"的政治主张。

10月14日，蒋介石提出"一寸山河一寸血，十万青年十万军"的口号，发动全国知识青年积极从军。

11月10日，美国总统特使赫尔利（Patrick Jay Hurley，1883—1963）在延安就国共合作问题与毛泽东达成共识，双方签订了"五条协定"草案（《中国国民政府、中国国民党与中国共产党协定》），其中包括"国共两党共同工作，统一中国一切军事力量，加速击败日本与重建中国；改组国民政府为包含所有抗日党派和无党无派政治人物的代表的联合国民政府，改组军事委员会为所有抗日军队代表组成的联合军事委员会；实行言论，出版，集会，结社自由的促进进步与民主的政策；联合国民政府承认国民党，共产党及所有抗日党派的合法地位等"。当日，赫尔利飞去重庆，并将"五条协定"交给蒋介石,但被蒋拒绝。20日,蒋介石提出另一协定草案,共三条,即"一、国民政府允将中共军队加以改编,承认中共为合法政党。二、中共将其一切军队移交国民政府军委会管辖,国民政府指派中共将领以委员资格参加军委会。三、国民政府之目标为实现三民主义之国家"。21日,赫尔利将蒋介石的"三条协定"草案转交与其同机到重庆的周恩来,周恩来表示要致电中共中央商量。22日,周恩来、董必武见蒋介石,坚持"联合政府"的主张。(中共中央文献研究室编《毛泽东年谱(1893—1949)》中卷,人民出版社、中央文献出版社,1993年)

12月8日,毛泽东和周恩来同美军观察组组长包瑞德(David Dave Barrett)会谈,坚决拒绝蒋介石的"三条协定"草案,批评赫尔利背弃"五条协定"并为蒋的"三条协定"草案做说客。12月15日,毛泽东在陕甘宁边区第二届第二次参议会上发表《一九四五年的任务》演说,明确指出:"整个反法西斯战争有很大的胜利,打倒希特勒明年就可以实现。我们唯一的任务是配合同盟国打倒日本侵略者。全国人民的总任务是:一致团结起来,迅速建立民主的联合政府,并号召'中国人民都要为此目标而奋斗'。"

1944年是甲申年,中国远征军强渡怒江,国共重开谈判,美国总统特使赫尔利访延安,与毛泽东就国共合作问题达成共识,双方签订"五条协定"。由此可见,中国的抗日战争已渐露胜利的曙光。

此年,在西南联大执教、研究学问且"难得一下楼"的闻一多,受时代的感召和国内政治变化的影响,其思想发生了重大转折,从学者、诗人成长为"反独裁、反投降、争民主"的战士。秋天,闻一多接受中国共产党组织的安排，加入成立于1940年的中国民主政团同盟。此年9月，中国民主政团同盟在重庆召开全国代表会议，决定取消"政团"两字改名为"中国民主同盟"（简称民盟）。民盟主张抗日，主张民主，反对独裁，在知识分子阶层影响很大。闻一多以战士的姿态担任民盟机关刊物《民主周刊》社社长，而《民主周刊》的办刊宗旨即"要以民主为准绳"——在《民盟的性质与作风》（《闻一多全集》）这篇讲话中，说得很清楚。由《新月》到《晨报副刊·诗镌》，再到《民主周刊》，我们看到了一个学者型的知识分子在反独裁、争民主的斗争中成为战士的进步。

2月始，知识分子黄炎培（1878—1965）、张志让（1893—1978）等创办《宪政》月刊，重点以宪政为切入点，争取建立民主宪政、揭露国民党当局独裁专政的大视野。《宪政》月刊每月举办一次座谈会，邀请各界精英名流专家讨论民主宪政问题，并在《宪政》月刊发表讨论会上的发言记录。

3月11日，衡阳《大刚报》发表《贪污及其他》一文被当局查封，而有关方面查封的借口实在"精彩""绝妙"，谁还敢说他们是酒囊饭袋：

> 战时报纸油墨应积极节约，以供军需民用。近有不肖之徒，未奉政府批准，擅以宣传为名，在长、衡各地乱办书报，乱办杂志，胡说八道，颓风败俗。其浪费物力，扰乱社会之罪，实无法恕。特令饬所属严于查禁，以挽颓风。如有上项犯法书报杂志，应随时勒令停刊，并按情节轻重，究办其主办人。

当时，国民党第九战区司令长官兼湖南省政府主席薛岳对长沙、衡阳两地报纸揭露湘省暴政不满，遂下此"手令"两地国民党政府查禁。今抄录下来，可为中国新闻史添些乐子。

4月1日，成都《华西晚报》（有中国共产党和民盟背景）发表了一条重大新闻——"抗战即将胜利，重庆国民政府于当天宣布废除新闻检查"。此新闻看似愚人节的玩笑，却有极严肃的反新闻检查之内涵。

4月17日，《新华日报》《大公报》《新蜀报》《华西日报》等都出版了纪念老舍创作二十周年的专版。该日，重庆文艺界为老舍举办了一个庆祝会，中共的董必武（1885—1975），国民党的张道藩，民主人士黄炎培、沈钧儒、郭沫若、茅盾、张治中等各界人士参会，以及回教协会等社会团体也发来贺电，同时成都、昆明等文协分会也举行纪念会。这样的荣耀是老舍应该得到的，他在中国文坛特别是在抗战期间主持文协的贡献，可谓实至名归。

其实，在炮火连天的岁月为老舍办庆祝会已经不是第一次了，如1939年文协就给他办过一次"祝寿"会，表现出了知识界的团结。另外，老舍为人和善、慷慨，乐于助人。一次，在中学教书的骆宾基（1917—1994）和丰村（冯叶莘，1917—1989）无故遭到国民党特务逮捕，他们在监狱里受到严刑拷打，如往鼻孔插点着的烟头等，痛不堪言。当时，骆宾基和丰村的两位学生辗转多人找到文协的老舍，希望其能设法营救。对此，老舍积极设法，通过给《新华日报》《大公报》《新蜀报》等报纸写文章揭露特务暴行，以舆论力量迫使国民党当局释放了骆宾基和丰村。文人以舆论干预政治，此可算一例。

这一年初夏，由于国民党军在豫湘桂战役中遭到惨败后引起了盟国的强烈不满，要求国民党军队从陕甘宁布防圈撤出，并允许外国记者团访问延安，国民党当局迫于当时的形势只好表面勉强同意，暗地里却百般刁难将"延安采访团"改为"西北参观团",并规定外国记者不能单独前往,需中国记者一同参与。因此,国民党当局就被迫组织了一个中外记者团赴延安采访,而作为民间报的《新民报》分得了一个难得的采访名额。原本张恨水代表《新民报》参加记者团赴延安(要经过审批同意),但其行前家人暴病,经紧急商议后由主笔赵超构(笔名林放,1910—1992)代之,并以"特派员"名义参加记者团。赵超构出发前征询张恨水到延安采取什么态度,张恨水说:"观察最好多一些客观。至于你的观感如何,有什么批评,那倒主观一点也可以。事实的存在是一件事;你对于这存在的事实作何感想,又是一件事,最好不必混为一谈。"

赵超构秉承张恨水的意见访问延安归来,并在得到社长张恨水的支持后于7月30日起在重庆、成都《新民报》上开始连载长篇通讯《延安一月》。

赵超构在《延安一月》里呈现了一个客观真实的延安,并提出了一些尖锐的质疑和批评。《延安一月》很快在国人中争相传阅,一时《新民报》一报难求。在言论被严酷打压之下的舆论寂寥之时,《延安一月》可谓风靡一时。当年11月,《延安一月》印成单行本,一时"洛阳纸贵"。

实际上,早在5月22日,《新民报》名气最大、资格最老的主笔张恨水在成都《新民报》副刊发表了《送沙先生西游》一文——沙先生即赵超构的笔名,鼓励他秉笔直书、真实客观地反映所见所闻。

据后来夏衍回忆,当时周恩来读了《延安一月》非常赞赏,称其可与美国记者埃德加·斯诺的《西行漫记》相比肩。

据张林岚在《赵超构传》中说,1945年,毛泽东到重庆,也曾对夏衍、章汉夫(1905—1972)、潘梓年(1893—1972)说:"我看过《延安一月》，能在重庆这个地方发表这样的文章，作者的胆识是可贵的。"

在当时的舆论环境下，赵超构《延安一月》一篇文章就能得到各界的好评，尤其是中共领导人的称赞，殊为难得。这也是中国新闻史上应该特别书写的一笔。

此年初始，"陪都"重庆就受到国际舆论的关注，不少外国报纸纷纷发表文章说"中国走上了'政治公开之路'"，而《纽约时报》更是称其为"沉闷的中国之新鲜空气"。其实，这是国外媒体对中国政治看走眼了。

事情的真相是，由于国民党当局的疏忽，在9月13日重庆召开的国民参政会上，参政员对国民党政府失职的各部部长及军事将领的严厉声讨的实情，被《新民报》《大公报》等媒体公之于世了。因此，国内自国民党执政以来便首次有了政治公开之兆，外国媒体反应更为强烈，以为国民党当局真的走上了"政治公开之路"。但是，这只是雾里看花、水中望月的错觉，是不可靠的虚妄之景罢了。例如，仅9月25日，贵阳的《黔灵晚报》《天下报》《立言报》等五家报纸就因发表不利于当局的文章，便被勒令停刊，哪里有什么"政治公开"。

12月4日，桂林《大公报》经历了桂林失守前夕，报社同人参加了历经千辛万苦徒步湘桂大撤退。王芸生在重庆《大公报》发表社论，强烈抨击国民党政府，反对以空间换时间，主张彻底革新政治：

一、凡国人皆曰可去的，人尽量去之……容纳党外人参加国务及政策；

二、在民主统一团结抗战的大原则上，宣布党派问题解决了；

三、宣布与热诚助我的盟帮更进一步合作。

12月22日，王芸生在社论《晁错与马谡》中直接提出"除权相""戮败将"，矛头直指蒋介石亲信孔祥熙、何应钦。

另外，这一年自2月起，浙江大学教授费巩（1905—1945）在《大公报》《新民报》《东方杂志》等报刊，分别发表了《实施宪政应有之政治准备》《论政权治权之分配》《民主政治与吾国固有政制》《论政治风气之转移》《论制宪之原则》《人民自由与国民大会》《王之反对党——论英国之政党政治》等论文和著述，其政论不仅表现出了充分的政治智慧，也体现出了一个知识分子的公共关怀、政治担当和良知正义。

1945年 三十三家报刊掀起"拒检运动"，叶圣陶发文"不要这个制度"

> 社稷堪流涕，安危在运筹。
> ——［唐］杜甫《西阁口号（呈元二十一）》

1945年8月，中国人民经历了十四年艰苦卓绝的抗日战争，取得最后胜利。

1月27日，滇西远征军和驻印军会师缅北芒友，中印公路全线一千五百六十六公里打通，使中国战场得以获得更多的国际援助物资。新四军第一师三个团由苏中南下，与长兴地区第六师十六旅会合成立苏浙军区，有利于对日反攻并包围京、沪、杭等大城市。

2月，八路军山东军区发动以歼灭大股伪军为主的"春节攻势"作战，歼灭敌伪一万六千人，收复泗水、蒙阳等县城。

3月，日军一部向湖北荆门地区进攻，豫西鄂北会战展开，中国空军进行有力支援，沉重地挫伤了日军。该月1日，蒋介石坚持国民党一党专政，严拒建立"民主联合政府"。

4月23日，中国共产党在延安召开第七次全国代表大会，毛泽东指出当前的任务是"建设一个光明的新中国，建设一个独立的、自由的、民主的、统一的、富强的新中国而奋斗"（《两个中国之命运》，《毛泽东选集》第三卷，人民出版社，1990年）。

5月5日，国民党在重庆召开第六次全国代表大会，会议通过《关于国民大会召集日期案》等议案，并有五百七十四名代表出席会议。14日，刘少奇在中国共产党第七次代表大会上作了《关于修改党章的报告》，"毛泽东思想"载入党章。6月19日，中共中央以毛泽东为核心的新的领导层形成。

6月7日，中国军队在湘西取得大胜，痛歼日军二万四千人，致使日军在湘南陷入被动局面。

7月26日，美、英、中三国《波茨坦公告》（又名《波茨坦宣言》）发表，敦促日本投降。当晚九时二十分，《波茨坦公告》从波茨坦向世界广播。

8月6日和9日，美军在日本广岛和长崎各投下一颗原子弹，引起日本国内一片惊恐。8月8日，苏军对日宣战，并迅速占领中国东北。与此同时，中国军队向日军发起全面反攻。8月10日，朱德宣布对日展开全面大反攻命令。

8月15日，日本宣布无条件投降。当日中午，日本天皇裕仁广播《停战诏书》，宣布接受《波茨坦公告》所规定的各项条款，并无条件投降。8月16日，南京汪伪政权自行宣布解散。

8月18日，中国战区划分为十五个受降区，接受日本投降。除东北规定由苏军受降外，其他受降区域皆由国民党军队受降。

8月25日，中共中央发表《对目前时局的宣言》，认为"我全民族面前的重大任务是：巩固国内团结，保卫国内和平，改善民生，以便在和平民主团结的基础上,实现全国的统一,建立独立自由与富强的新中国,并协同英、美、苏及一切盟邦巩固国际间的持久和平",要求国民政府立即实施若干紧急措施——"一、承认中国解放区的民选政府和抗日军队,撤退包围与进攻解放区的军队,以便立即实现和平,避免内战。二、划定八路军、新四军及华南抗日纵队接受日军投降的地区,并给与他们以参加处置日本的一切工作的权利,以昭公允。三、严惩汉奸,解散伪军。四、公平合理的整编军队,办理复员,救济难胞,减轻赋税,以疏民困。五、承认各党派合法地位,取消特务机关,释放爱国政治犯。六、立即召开各党派和无党派代表人物的会议,商讨抗战结束后的各项重大问题,制定民主的施政纲领,结束训政,成立举国一致的民主的联合政府,并筹备自由无拘束的普选的国民大会"——以奠定今后和平建设的基础,同时声明"我们愿意与中国国民党及其他民主党派,努力求得协议,以期各项紧急问题得到迅速的解决,并长期团结一致,彻底实现孙中山先生的三民主义"。(中央档案馆编《中共中央文件选集》第十五册,中共中央党校出版社,1991年,第247—249页)

8月28日,毛泽东飞抵重庆,国共两位领导人会面和谈。蒋介石、毛泽东进行了七次会谈,相互交换意见。

9月,国共军队在上党首次发生军事冲突,中共中央东北局成立。

10月10日,经过四十三天的谈判,国共达成和平民主建国共识,蒋介石、毛泽东签订《政府与中共代表会谈纪要》(又称《双十协定》)。

1945年是乙酉年,鸡年,也是雄鸡唱晓的一年。在世界反法西斯战争取得关键性胜利的背景下,8月,中国人民历经十四年的奋勇抗战并最终取得了胜利。在国人欢庆之际，蒋介石、毛泽东在重庆举行谈判，经过四十三天谈判，国共达成和平民主建国共识，于10月10日签订《双十协定》。

抗战以来，国统区、沦陷区及上海"孤岛"的知识分子和报界精英，一直以战士的姿态，以教育、文艺、舆论、媒体承载历史的信心和勇气，以各自迥然不同的意识形态、精神价值取向及理想诉求满腔热血地共赴国难，积极投入这场保卫中华民族的伟大斗争中，各自都做出了杰出的贡献，书写了中国新闻史的辉煌篇章，彪炳千秋，可歌可泣。

然而，就在这一年上半年，敏感而有见识的政治家和报界人士已预感到民族团结抗战的时代即将结束，他们对今后的时局走向十分关注。

1月26日，重庆《新华日报》发表中国民主同盟对时局的宣言，提出"立即结束一党专政，建立联合政府，言论出版自由"等主张。

2月12日，毛泽东在延安给博古的信中说，"当《新华》（日报）发表时，当局动员没收，但由于报童勇敢，大部分发出去了；最后没有了，卖到二百元一份，可见民众情绪"。

2月22日，由郭沫若起草、重庆文化界知名人士三百一十二人签名的《文化界对时局进言》在《新华日报》发表，舆论为之震动。其中，签名者不仅有左翼知识分子，还有不少无党派的进步人士，如浙江大学教授费巩等人。"进言"提出六项具体意见，包括"一、审查检阅制度除有关军事机密者外不应再行存在，凡一切限制人民活动之法令皆应废除，使人民应享有的集会、结社、言论、出版、演出等之自由及早恢复。二、取消一切党化教育之设施，使学术研究与文化运动之自由得到充分的保障。三、停止特务活动，切实保障人民之身体自由，并释放一切政治犯及爱国青年。四、废除一切军事上对内相克的政策,枪口一致对外,集中所有力量从事反攻。五、严惩一切贪赃枉法之狡猾官吏及囤积居奇之特殊商人,使国家财富集中于有用之生产与用度。六、取缔对盟邦歧视之言论,采取对英美苏平行外交,以博得盟邦之信任与谅解"。"进言"一经发表,国民党甚为恼火惶恐,强迫汤灏、华林、卢于道、朱鹤年等签名者公开登报声明"由人冒名,实出于强迫""并未参加"云云。据说,费巩因拒绝登报声明而"失踪"。

8月7日,报界不再顾及审查制度,如重庆《国讯》社不理睬国民党当局检查而自行出版了黄炎培的《延安归来》一书。此书是黄炎培赴延安访问时的所见所闻所思的记录,其间对延安红色政权多有赞誉。十天后,《延安归来》被国民党当局查禁。

8月15日,日本宣布无条件投降后,国人热烈庆祝抗日战争彻底胜利,并沉浸在无限的喜悦之中。

9月1日,国民党统治区发生了一场声势浩大的"拒检运动",报纸杂志纷纷声明拒绝检查制度,从此不再送检。继去年(1944年)曹禺、张申府(1893—1986)、张静庐等五十多人向当局提出"拒绝检查、拒绝审查"后,这场"拒检运动"始于张志让(1893—1978)、李卫玉、傅彬然(1899—1978)三人又起草的一份重庆杂志界拒检的联合声明。当时,报界一呼百应,不同背景的十六家期刊,如黄炎培、张志让主编的《宪政》月刊、《国讯》周刊、章伯钧(1895—1969)主编的《中华论坛》、孙科(1891—1973)等主办的《民主世界》、左舜生(1893—1969)主编的《民宪》、张西曼(1895—1949)主编的《民主与科学》、叶圣陶主编的《中学生》、侯外庐(1903—1987)主编的《中苏文化》、曹孟君(1903—1965)

主编的《现代妇女》等都争相在声明上签了字，并于8月17日发表。声明宣布：自9月1日起，杂志不再送检，并函告国民党中央宣传部、宪政实施协进会和国民参政会。至此，重庆杂志界拉开了轰轰烈烈的"拒检运动"大幕。

抗战胜利后，国民政府忙于到十五个受降区接受日本投降并纷纷到各地抢占地盘，报刊管理一时松懈下来。于是，趁国民政府管理报刊松懈之际，大量报刊如《宪政》《国讯》《中华论坛》《民主世界》《民宪》《再生》《东方杂志》《新中华》《中学生》《文汇周报》等十家杂志都参与"拒检运动"，并决定联合推出一份"不向政府办理登记手续，全部稿件都不送检"的增刊——《联合增刊》。同时，由生活书店、新知书店、读书出版社、国讯书店等十九家出版社组成的"新出版业联合总处"，也立即宣布坚持这一"拒检声明"。9月15日，《联合增刊》第一期由重庆国讯书店出版发行。

8月27日，重庆杂志社联谊会集会，在"拒检声明"上签字的又多了几家，总数由十六家增至三十三家。

9月1日，记者节，重庆《新华日报》发表社评《为笔的解放而斗争——"九一"记者节所感》，指出"在争取自由民主的神圣抗战中，检稿、扣报、罚令停刊，唆使流氓特务殴伤报童，阴谋放火，这算是'合法'行为；而在中小城市，那么逮捕记者、封闭报馆，更是家常便饭"，呼吁政府顺应世界潮流取消新闻检查制度——"连法西斯的阿根廷、战败了的日本都已经取消检查制度了，……而我们呢，好像连这一点伪装的勇气也没有，'即将'取消、'决定'取消的话也听得很久了，实施何日"，并号召新闻界为争取新闻自由而斗争——"今天，应该是中国新闻记者起来洗刷羞辱的时候了。在今年的'九一'记者节还要写《为笔的解放而斗争》的文章，应该已经是一个天大的讽刺了"。9月4日，《新华日报》再发社论《走向和平的新中国》，呼吁"现时的一切束缚人民的言论出版结社集会自由的法令必须立即废除"。

重庆杂志界的"拒检运动"引起连锁反应，全国各地也纷纷广泛响应。

9月8日，与重庆相邻的成都，有十六家报刊、通讯社也为庆祝抗战胜利隆重集会，并对"拒检运动"表示声援、响应。次日，他们在《华西晚报》联合发表了由叶圣陶执笔的《致重庆杂志界联谊会公开信》，宣布不再送交任何机关检查：

> 八年来以战时为借口的检查制度，严重践踏了中国人民的言论自由，损害了中国新闻文化界的尊严和信誉。现在战争已经结束，一切钳制言论自由的战时法令完全失去了存在的根据。政府既无意及时采取措施，我们为了中国人民的言论自由，当然有理由自动宣布检查制度的死亡。……言论自由必须是完整的，决不能是残缺不全或仅为一党一派所享有的特权。……从今天起，……共同高举起言论自由的大旗，宣告检查制度的死亡，宣告一切压迫言论自由的法令与制度的死亡！

在这封公开信中，叶圣陶石破天惊地提出了"要自动宣布检查制度的死亡"，并提醒"言论自由必须是完整的，决不能是残缺不全或仅为一党一派所享有的特权"。

叶圣陶，早期的文学鲜明体现了"文学为人生"的思想主张和民主主义倾向，是新文学的重要代表之一。叶圣陶起草的这封公开信，再次表明他是一位杰出的爱国主义者和坚定的民主战士。

9月17日，成都二十七家新闻文化机构举行联谊座谈会，决定成立成都文化新闻界联谊会，推选叶圣陶、黎澍、沈志远等七人为执行委员，发表宣言提出了争取"发表的自由"的具体主张，并于9月25日创刊出版一份联合刊物《言论自由》。

与此同时，在国际上，各国政府纷纷取消战时新闻检查制度，也无形中对国民党当局形成了一种国际压力。为了缓和国内外矛盾，国民党当局被迫于9月12日对外宣布，"我政府已决定自10月1日起废止战时新闻检查制度，但收复区在军事行动尚未完成以前除外"。

9月22日，在强大的国内外舆论压力下，国民党中央第十次常务委员会通过了废止新闻出版检查制度的决定与办法。23日，国民党中央社发表消息，宣布"除收复区和戒严区外，战时新闻检查制度和出版业审查制度将在10月1日废止"。至此，国统区新闻界、文化界为之奋斗多年的"取消新闻出版检查制度"的斗争，经过两个月的"拒检运动"后获得初步胜利。

此消息一经传出，新闻界、文化界一片欢呼雀跃，抗争了那么多年的新闻出版审查制度终得以取消。当然，彻底废止新闻检查制度的斗争仍在继续，争取思想言论自由的斗争也还在继续。

10月初，叶圣陶在重庆杂志联谊会创办的《联合增刊》第二期上发表了《我们永不要图书杂志审查制度》一文，指出"审查制度是对精神的迫害，要求思想言论自由"：

> 我们不要这个制度，并不是因为我的思想言论被禁被删，你的思

想言论曾经被删,他的思想言论曾经被禁被删。即使我的你的他的思想言论都没有被禁被删,将来也会被禁被删,我们还是不要这个制度。制度存在,总有我你他以外的人受着精神上的迫害,我们与他人精神上是共通的,他人受到迫害也就是我们受到迫害。……发表的自由成为公众生活的要素,大家必须努力学习,使发表的自由收到充分的效益。一面争取,一面学习,从今开始不算迟,可是非开始不可……这种自由,我国人以前没有享受过,从今起要享受它了,而且要绝对的享受它。

叶圣陶是新闻界、文化界最早提出"我们不要这个图书杂志审查制度"者,而中国新闻史应该记住这位为"坏制度"掘墓的人。

1946年　闻一多办《民主周刊》惨遭暗杀，夏衍办刊揭露国民党舆论欺骗

> 大仁者修治天下，大恶者扰乱天下。
> ——《红楼梦》第二回

　　1946年，丙戌年，开年伊始，政治协商会议终在重庆召开。参会的各党派代表共三十八人，其中国民党八人、共产党七人、民盟九人。蒋介石致开幕词，会议对改组政府、施政纲领、军队、国民大会、宪法草案问题等进行了激烈的争辩。

　　1月10日，国共两党签订《关于停止国内军事冲突的协定》，毛泽东、蒋介石分别向所属部队下达停战令，并由中国国民党、中国共产党和美国三方在北平成立军调部，负责停战协定的实施。

　　2月10日，庆祝政治协商会成立，重庆校场口集会引起流血事件，政协代表郭沫若受伤。

　　2月22日，重庆举行反苏、反共大游行，《新华日报》及民盟机关报《民主报》营业部被捣毁。

　　3月1日，国民党六届二中全会通过《对政协报告之决议案》，从根本

上否决了1月政治协商会议通过的有关停战协议。

4月8日，国民党新一军新三十八军向北进攻，东北爆发大规模军事冲突。

5月4日，中国共产党发出《关于清算减租及土地问题的指示》，将"减租减息"政策改为"没收地主土地分配给农民"的政策。至此，解放区掀起声势浩大的土地改革运动。

6月26日，面对国民党三十万大军的围堵歼击，中国共产党中原部队分两路向西突围。至此，国民党当局撕毁停战协定，大规模的国共内战爆发。

7月15日，昆明城腥风血雨骤起，民盟李公朴（1902—1946）、闻一多相继遭暗杀。

8月31日，中共华中野战军在江苏中部七战七捷，挫败了国民党军的进攻。对此，毛泽东与美国记者安娜·路易斯·斯特朗（Anna Lovis Strong，1885—1970）谈话时指出"一切反动派都是纸老虎"。

9月，内战大火蔓延全国，美国国内发起美国"退出中国"运动。

10月24日，国民政府行政院公布《川滇黔桂绥靖区土地处理办法》，以对抗共产党的土地改革政策。

11月15日，制宪国民大会在南京召开，中国共产党、民主同盟因大会召开未经政治协商会议同意而拒绝参加。

12月24日，北平发生两名美军强奸北大女学生沈崇事件，并引发了大规模反美运动。

1946年是丙戌年，既是抗战胜利的第二年，也是历史给予中华民族复兴机会的一年。但是，在重庆召开的政治协商会议上，蒋介石坚持"一个主义、一个政党、一个领袖"的政治纲领，国共两党谈判破裂。国共两党虽签订了停战协定，但并未能阻止内战爆发。

国共内战爆发后，两党的舆论也针锋相向，展开了一场舆论的短兵相接和斗智斗勇，与硝烟弥漫的战场一样血腥惨烈。

此年1月，在重庆召开的政治协商会议上，蒋介石信誓旦旦地承诺："人民享有身体、信仰、言论、出版、集会、结社自由。"话音尚未落，次日就有报人羊枣（杨潮，1900—1946）惨死杭州监牢的噩耗传出。几乎同时，广西梧州《新人报》被迫停刊，社长李焰生（1897—1975）遭国民党军警侮辱并逮捕。

2月，国民党宪兵公然捣毁了沈阳《新华日报》筹备处；制造了《民主报》《新华日报》遭袭，重伤三人；查封了广州《自由世界》《文艺生活》《学习知识》《新世纪》四家杂志。

3月，西安的《秦风日报·工商日报联合版》（由《秦风日报》《工商日报》联合而成，简称《秦风报》）、《老百姓》、《民众导报》被国民党当局纵火或捣毁。民盟成员、律师王任挺身为《秦风报》辩护，却以"莫须有"的罪名被逮捕、枪决；其报记者杨贵卿也惨遭特务殴打。《老百姓》《民众导报》主编李敷仁被绑架，遭暗杀未死。当月，广州的《光明之路》《愿望》《民国》《昆明》《再生》《平民周刊》《耕耘》《民主生活》等数十家报刊被警察局密集查禁。

4月，新华社北平分社、《解放》报社被军警搜查，并逮捕钱俊瑞（1908—1985）等三十九人；湖南衡阳《大华晚报》记者被军警装入麻袋，乱刀刺死；广州《正报》分社遭国民党当局破坏，并将三条大蛇、两窝黄蜂投入《正报》社门市部，众人受伤。

5月，夏衍在上海创办《消息》半月刊，但不足两个月即遭查封；中共在上海创办的英文报纸《新华周刊》也遭取缔。同时，北平当局还一次查封了《解放报》等七十多家期刊。

6月，上海的《昌言》《万象》、天津的《民言》《青年世纪》等二十一家报刊遭到查禁。

7月，长沙的《力报》、成都民盟的《民众时报》、昆明的《学生报》《民主周刊》《自由论坛》等四十六家报刊被禁止发行。

8月，成都《大声》周刊社长车耀先（1894—1946）在遭无辜关押六年后被杀害。

10月，重庆的二十家政治、文艺报刊被查封。

综上所列，仅仅一年，国民党当局为钳制舆论就查禁、捣毁了二百六十三家进步报刊，血腥杀害了无数进步报人和读者，逮捕了四十七名记者。

在枪杆子面前，言论显得过于孱弱。可敬的是，在黎明前最黑暗的长夜里，进步报人、新闻出版界同人，特别是共产党的报人并未屈服，一直用一支如椽大笔为争民主、争自由而战，如此才有了中国新闻史上虽悲怆却精彩的篇章。

1946年，正值国民党发动全面内战的第一年，郭沫若响应中国共产党号召坚决反对内战，积极声援国统区人民群众的民主爱国运动。为此，郭沫若一气创办了六个周刊——《新思潮》《新文艺》《新社会》《新经济》《新教育》《新科学》，亲任总顾问，并负责编辑《新思潮》《新文艺》两个周刊。郭沫若撰写了《新文艺》的发刊词《人民至上主义的新文艺》一文,倡导"人民至上主义的文艺":"人民是社会的主人,是文化生活的创造者。本质的文艺本来就是人民文艺,这在任何民族都是文艺的本流,而且站着极高的地位。脱离了人民本位的文艺,虽然借政治的力量可以博得一时性的月桂冠,但其实那是堕落。"在周刊的影响下,一大批国统区进步文人聚集在其周围,形成了一股"争民主、反内战"的力量。

这年1月,夏衍等于1941年创办的《华商报》复刊,并改为早报。夏衍和聂绀弩(1903—1986)于1940年8月在桂林创办的《野草》也于10月在香港复刊,而夏衍为其撰写了《复刊私语》。同时,夏衍还在邹韬奋主编的《大众生活》担任编委,又与田汉等编过《戏剧春秋》,并为《新民报》主编副刊《西方夜谭》。抗战胜利后,夏衍在中共的领导下活跃于文化战线,特别是积极投入报刊的建设,以舆论宣传共产党的方针政策,揭露了国民党的舆论欺骗手段。

夏衍在1945年4月被任命为中共机关报《新华日报》代总编辑,后来又与金仲华(1907—1968)、姚溱(1921—1966)联手出版半月刊《消息》。此年3月,夏衍得到爱国华侨领袖陈嘉庚的信任,任命其为在海外颇有影响的华侨达报《南侨日报》主笔。后来,夏衍在《懒寻旧梦录》中概括性地回顾了抗战及抗战胜利后到全国解放的办报刊活动:

> 我由于偶然的机缘,(从抗战到全国解放)当了十二年新闻记者。最初是在上海、广州、桂林的《救亡日报》;皖南事变后,到香港和邹韬奋、范长江等同志一起办《华商报》;太平洋战争发生,香港沦陷,我到重庆进了《新华日报》。抗战胜利后,回上海恢复了《救亡日

报》（改名《建国日报》）和《消息》半月刊，出了不久，都被国民党封闭；接着我去新加坡，参加了胡愈之同志主持的《南侨日报》；在那里干了半年，被当地政府"礼送出境"，重返香港，又参加了《华商报》的工作，直到1949年上海解放前夕，奉调离开香港。（夏衍《懒寻旧梦录（增补本）》，生活•读书•新知三联书店，2000年，第267页）

其实，夏衍早在1919年就开始编辑《浙江新潮》，至1949年他在编辑、记者行当中已有三十年的经历。可以说，夏衍由进步青年投入新文化运动，又在中国共产党领导的新民主主义革命中战斗在新闻报刊战线，以一个报人的身份出色地完成了他的舆论使命，成为一位合格的新闻工作者。

7月15日，诗人、学者、编辑家闻一多在其任社长的《民主周刊》社不远处突遭国民党特务暗杀，一位为民主而奋斗一生的爱国者不幸罹难。

就在此年5月4日，闻一多还向昆明西南联大的青年学生谈自己今后的打算：

> 此身别无所长，能和你们继续在一起工作，是我最大的幸福！能在北平，让继续教书就教书，不让教也好。也想像在昆明一样，编刊物，那儿如果条件方便可以多办几个刊物，最好能办一张报纸，一张民主的日报，爱国的日报，把民主的声音喊得更响一些。（王康《闻一多传》）

从闻一多这简短的谈话中，便可明了他不仅是一位诗人、学者，以教书做学问为业，同时他还很钟情编辑工作。可以说，闻一多是教书育人传播民主的种子，办报刊高举民主大旗"把民主的声音喊得更响一些"。

闻一多从1915年起便担任《清华周刊》编辑,后被选为总编辑,并将之办成学校教育改良的阵地。后来,闻一多到美国留学,欲办《河图》刊物,"取义于河马负图,伏羲得之演为八卦,作为文字,更进而为绘画等等,所以代表中华文化之所由始也"(《闻一多全集·书信·致梁实秋》第四册),可惜未能如愿。1926年,闻一多与清华"四子"孙大雨(1905—1997)、朱湘(1904—1933)、饶孟侃(1902—1967)、杨世恩等一干年轻诗人创办我国新文学史上第二个诗歌刊物《晨报副刊·诗镌》。1928年,闻一多参与《新月》创刊及编辑工作,后在1937年又主编了《语言与文学》。实际上,真正给闻一多带来更大荣誉的是,他在1944年完成了思想转变,从一个诗人、学者、编辑转变成一个战士,加入民主同盟、参与创办和主持《民主周刊》并担任社长。

《民主周刊》作为民主同盟的机关刊物,"主张抗日,反对投降;主张民主,反对专制"。闻一多在《民盟的性质与作风》这篇讲话中,说明《民主周刊》的办刊宗旨就是"要以民主为准绳"。同时,闻一多在"征稿简则"中规定"来稿以不违背民主精神为标准"。《民主周刊》的民主精神和尖锐泼辣的文风在知识界影响甚大。

在1945年"一二·一"惨案(昆明学生流血惨案)发生后,针对国民党发表的《告昆明教育界书》及《中央日报》对"一二·一"惨案所做的种种欺骗、诋毁、诬蔑行径,《民主周刊》马上发表了《我们对"一二·一"惨案的严重抗议》及《论一二·一惨案与纪纲》,揭露惨案真相,有力地批驳了欺骗、捏造的丑行。

对于《民主周刊》的反击,国民党当局黔驴技穷,只能以强权禁止其出版。但不屈的《民主周刊》针锋相对,继续发表时评:"慷慨陈词为本刊及昆明四刊横遭阴谋破坏对玩火者警告，向人民申诉！"不久，《民主周刊》又发表《为横遭阴谋破坏敬告各界人士书》，争取社会舆论支持。

到此年3月，正值国民党六届二中全会闭幕，《民主周刊》即发表《国民党必须立即放弃破坏和平、民主、团结的企图》，当头棒喝批判其"重回一党专政、一人独裁的老路"，警告其放弃、破坏和平和民主并发动内战的阴谋。4月，《民主周刊》将矛头对准独裁者蒋介石，指责他"没有带给人民以和平民主的希望，带来的是恐怖的内战和暴虐的一党专政、一人独裁"。7月15日，闻一多刚刚与《民主周刊》社的同人谈过话，鼓励大家克服困难，争取刊物继续出版，孰料刚出门不久便被埋伏在暗处的特务一枪毙命。就这样，闻一多这位从事编辑工作三十年的民主战士，无声地倒在了血泊中。

与此同时，闻一多的挚友朱自清将《新生报》副刊改名为《语言与文学》，并写了一篇"周话"作为发刊词以祭奠闻一多。

说到《新生报》副刊《语言与文学》的取名，不能不提1937年闻一多主编的《语言与文学》。当时，朱自清十分支持闻一多主编的《语言与文学》，他不断给刊物写稿，其中《语言志说》专论就曾发表在《语言与文学》上。

关于《新生报》副刊《语言与文学》，朱自清在《标准与尺度·自序》中说：

> 这《语言与文学》副刊，每周一出，是清华大学中国文学会主编的，我原定每期写一段儿关于文学和语言的杂话，叫做（作）"周话"。写了四回，就觉得忙不过来，于是休息一周；等到第二次该休息的时候，索性请了长假，不写了。该是八篇，第一篇实际上是发刊词，没

有收在这里。

朱自清也是1919年成为编辑的。当时，在《新青年》新思潮的影响下，一系列宣传新思想、新伦理、新文化的报刊相继问世，于是就有了北京大学的新潮社和其编辑的《新潮》杂志。朱自清幸运地参与创办新潮社，并成为《新潮》的编辑之一。不久，朱自清又与叶圣陶、俞平伯等人组成了现代文学史上第一个专门刊载诗歌的杂志——《诗》。1924年，朱自清又与叶圣陶等人创办了三十二开本的装帧精美的《我们》杂志。在《我们》的《本刊启示》中，朱自清说："《我们》诚哉不伟大，但自附于优美的花草。"20世纪30年代，朱自清加入左翼作家联盟（左联），与郑振铎同为《文学杂志》的编辑，而鲁迅因其团结了北平作家群认为他们合作得不错。1934年，巴金等人创办的大型文学杂志《文学季刊》出版发行，朱自清以"公正拘谨"之态度参与编辑工作。同年，朱自清又参与《太白》散文杂志的创办并出任编委。可以说，朱自清终其一生都没离开过编辑工作，直至1948年逝世。朱自清的逝世，使文坛失去了一颗耀眼的巨星，出版编辑界也失去了一位卓有成就的编辑大家。

其实，在这一年，为了封杀舆论、压制民主，国民党当局不仅查封、捣毁报社和期刊，而且惨无人道地对报人进行血腥杀戮。例如，《南通日报》记者孙正平，被割鼻挖眼后抛尸江中；在南京下关，国民党特务公然当众殴打记者浦熙修（1910—1970）、高集（1920—2003）等致其重伤。

6月，沈钧儒、巴金、叶圣陶等三十九人联合发表《我们要求政府切实保障言论自由宣言》，罗隆基、史良等民主人士八十九人发表声明反对内战，马叙伦（1885—1970）、陶行知（1891—1946）等一百六十四位名人呼吁和平。与此同时，上海各界四千二百七十一人联名通电蒋介石、毛泽东，呼吁全面停战；《民主周刊》《时代评论》等十三家期刊联合发表声明，要求言论自由……

7月，李公朴、闻一多相继惨遭暗杀震惊全国，各地报刊纷纷予以报道，文化界也同声谴责国民党当局的卑鄙行径。史良、许德珩（1890—1990）等八十余位社会贤达，在重庆成立"李公朴、闻一多血案后援会"，发表严正宣言质问国民党当局。

9月，储安平在上海创办《观察》周刊，而其堪为中国新闻史上的一道风景线。储安平在《观察》周刊发表《我们的志趣和态度》一文，文中说：

> 这个刊物确是一个发表政论的刊物，然而绝不是一个政治斗争的刊物……我们所感觉兴趣的"政治"，只是众人之事——国家的进步和民主的改善，即非一己的权势。同时，我们对于政治感觉兴趣的方式，只是公开的陈述和公开的批评，而非权谋或煽动。

仔细研读《观察》周刊，我们会发现它是一份知识分子而无党派政治背景的期刊，它"以其独立的、客观的、超党派的"非政治立场赢得了"全国自由思想分子的"喜爱，成为自由知识分子发表意见的重要平台。《观察》周刊的七十多位特约撰稿人，几乎清一色的是一流的学者、专家、作家、教授、报人；他们撰写的专论，大多是关于国家的进步、民生的改善和民主的要求，这是那个新旧交替时代的"文人论政"。这些文化大家，以其骨子里的传统士人的坚定道义和风骨担当，以新文化运动中培植的自由之思想、独立之精神，悲壮地完成了一段短暂的"文人论政"的辉煌，成就了中国新闻史的绝响。

1947—1949年　国民党独裁专制政权下台，报界迎接新时代到来

> 暮色千山入，春风百草香。
> ——［宋］苏轼《雨晴后步至四望亭下鱼池上遂自乾明寺前东冈上归二首·其二》

1947年，国共内战全面爆发的第二年，国民党军由气势汹汹地攻城略地，渐次沦为被动挨打、损兵折将的劣势。

1月30日，国共峄（峄县）枣（枣庄）大战结束，国民党军丧失两个整编师和一个快速纵队，共五万三千余人。

2月1日，中共中央政治局举行扩大会议，会议并发出《迎接中国革命的新高潮》的指示，指出人民解放军作战的胜利和蒋管区人民运动的发展，预示着中国革命的新高潮即将到来。

2月23日，华东野战军主战的莱芜战役经过四天激战，国民党军被歼五万六千余人。

4月9日，中共晋察冀军区在正太路连续出击，先克栾城、正定，拔掉石家庄国民党军外围据点九十多个，打通了晋察冀和晋冀鲁豫两个解放区

的联系。

5月16日，华东野战军在孟良崮战役中痛歼国民党军五大主力之一的王牌师整编第七十四师，该师中将师长张灵甫（1903—1947）被击毙。

6月29日，林彪猛攻四平不克（指第三次四平之战，又称"四平攻坚战"），东北民主联军损失惨重。

6月30日，中共军队实行战略反攻，刘（刘伯承）邓（邓小平）大军（晋冀鲁豫野战军）强渡黄河，策动鲁西南战役。

7月28日，鲁西南战役告捷，共歼国民党军九个半旅共计六万人，拉开了反攻的序幕。

8月22日，陈赓（1903—1961）、谢富治（1909—1972）率太岳兵团师出豫西、直逼西安，一个月歼敌四万余人。

8月27日，刘邓大军渡过汝河，千里跃进大别山，开始与国民党军逐鹿中原。

11月5日，东北民主联军胜利结束五十天的秋季攻势，收复东北大片土地，迫使国民党军退守中心城市。

11月12日，晋察冀野战军攻占石家庄，全歼守敌二万多人，成为第一个取得胜利的大规模城市攻坚战。

1948年，中共军队取得战略主动，而国民党军则转为被动态势。

2月24日，彭德怀（1898—1974）指挥西北野战军在完成对宜川的包围后正式出击，打响了进入战略攻势的第一战。26日，国民党军第二十九军奉胡宗南之命，率八个团进抵宜川增援。29日，在西北野战军猛烈打击下，宜川守军三万余人全军覆没，国民党军在西北战场转为被动态势。

3月23日，中共中央离开陕北，东渡黄河进入晋察冀解放区，建立华北军区，统一指挥华北部队。

5月17日，经过两个多月的浴血奋战，徐向前（1901—1990）所部攻克临汾。

6月，国民党青年军二〇六师被全歼。继春天开始，邓小平、刘伯承、陈毅等率中原野战军、华东野战军等三路解放军在四个月内发动了五次战役——洛阳战役、宛西（今南阳古称宛城）战役、宛东战役、豫东战役、襄樊战役，共歼国民党正规军十七万余人、地方军团十万余人，攻克国民党军在中原地区的许多中心城市。至此，国民党军的中原防御体系土崩瓦解。

9月，解放军凯歌高奏。12日，林彪打响了辽沈战役第一枪。26日，山东兵团攻克济南，歼敌十万余人。

10月19日，锦州、长春被攻克，东北国民党军仅剩孤城沈阳。

10月26日，国民党军精锐廖耀湘兵团五个军十二个师及特种兵部队十万余人被歼，东北大局已定。

11月9日，国民党军黄百韬（1900—1948）所率的第七兵团十二万大军覆灭于碾庄，黄百韬自戕而死。

11月，八十万东北野战军解放全东北后，又在林彪、罗荣桓（1902—1963）指挥下突击入山海关，包围傅作义（1895—1974）的华北"剿总"各部于唐山、塘沽、天津。至12月，解放军围而不打，傅作义集团十四个军近六十万兵力被分割于张家口、新保安、北平和天津。

12月15日，淮海战场，国民党军被歼二十万人。

1949年，解放军一路高歌猛进，国民党军残部几乎被歼殆尽，已无还手之力。这一年，新的共和国在《义勇军进行曲》中宣告诞生。

1月9日，徐州"剿总"副司令杜聿明（1904—1981）被解放军围困，终至兵败陈官庄，所率二十万精锐之师悉数被歼，杜聿明被俘。至此，淮海战役胜利结束，共歼蒋介石嫡系精锐部队五个兵团、二十二个军、五十六个师、五十余万人。

1月15日，平津战役前线总指挥刘亚楼（1910—1965）指挥五个军强攻天津城，拒不投降的天津警备司令陈长捷（1892—1968）率十个师、十三万人苦撑二十九个小时被全歼。天津城破，陈长捷被活捉。

1月31日，解放军举行入城仪式，北平和平解放。在去年（1948年）12月21日解放军兵临城下时做了大量工作后，傅作义召开华北"剿总"高级将领会议，宣布北平国民党守军接受和平改编。

至此，北平和平解放，平津战役结束。此役解放军伤亡四万人，歼灭与改编国军五十一万余人。从此，中国共产党的工作重心转向城市。

3月31日，解放军调集第二野战军三个兵团三十五万人、第三野战军四个兵团六十五万人，在东起江阴、西至九江东北湖口的千里长江北岸虎视江南，准备打过长江解放江南地区。

4月20日，经五天激战，被围困半年之久的太原在解放军一千三百门大炮的猛攻下被攻破，山西代理主席梁敦厚（梁化之，1906—1949）率三百名山西的军政要人集体纵火自焚于指挥部地下室。

4月21日，在国共和谈之门最后关上之际，陈兵百万雄师于江北的解放大军突破长江，登陆长江南岸，并迅速向纵深地带推进。22日夜，解放军占领南京总统府。

5月20日，据守西安的胡宗南部弃城而逃，解放军第一野战军解放西安。

5月27日，据守杨树浦的最后八个国民党军放下武器，经过十五天激战的中国最大城市上海解放，共歼敌十五万多人。

8月4日，国民党湖南省主席程潜（1882—1968）及第一兵团司令陈明仁（1903—1974）宣布接受《国内和平协定》。5日，解放军进城，长沙和平解放。

8月21日，彭德怀发起兰州战役，至9月5日占领西宁，重创马步芳部四万二千三百余人。

9月13日，解放军第二野战军及第四野战军各一部兵力发起衡（衡阳）宝（宝庆）战役，白崇禧（1893—1966）部损失五万人，被迫率主力进入广西。11月，解放军挥师攻入广西；12月11日，解放军攻克凭祥镇南关，一部分残余国民党军逃往越南，白崇禧乘机逃往海南，最后海南解放又亡命台湾。

9月19日，董其武（1899—1989）在绥远和平通电，绥远八万军政人员起义。

9月25日，新疆省警备总司令陶峙岳（1892—1988）发表通电宣布起义，七万国民党军队改编为解放军第一野战军第二十二兵团。

10月14日，第四野战军大举进入广东，直取广州。

10月24日，叶飞指挥的解放军第十兵团进攻金门全面受挫。经过三天血战，第十兵团的三个团八千七百人和船工三百五十人大部分牺牲、一部分被俘，战斗惨烈至极，这也是解放战争史上的一次重大失利。

12月，国民政府在大陆的军事已完全失败，国共内战基本停止，而国民党逃往台湾。

实际上，国民党政权的失败，除了军事上的惨败，更与其独裁专政失去民心的社会舆论向背有重要关系，正所谓"得民心者得天下，失民心者失天下"。仅从1947—1949年国民党政权独裁专政下的社会舆论而言，便可清晰看到其覆灭的必然。

1947年2月14日，在国民党行政院绥靖区政务委员会发出要求宣传部门"以各种技术打击一切反动刊物之流行及散布"的密令之后，傅斯年在国民党政权中心南京的《世纪评论》发表炮轰蒋、宋、孔、陈四大家族的行政院长宋子文、孔祥熙的檄文——《这个样子的宋子文非走开不可》。文章主要从宋子文的黄金政策、工业政策、对外信用、办事作风、文化修养和态度诸方面入手，予以激烈批评：

> 至于说到政治，如果不承认失败，是谁也不相信的。政治的失败不止一事，而用这样的行政院长，前有孔祥熙，后有宋子文，真是不可救药的事。
>
> …………
>
> 所以今天能决定中国将来之运命者，必须会悟今天政治的严重性不在党派，不在国际，而在自己。要做的事多极了，而第一件便是请走宋子文，并且要彻底肃清孔宋二家侵蚀国家的势力。
>
> …………
>
> 我真愤慨极了，一如当年我在参政会要与孔祥熙在法院见面一样，国家吃不消他了，人民吃不消他了，他真该走了，不走一切垮

了。当然有人欢迎他或孔祥熙在位,以便政府快垮。"我们是救火的人,不是趁火打劫的人",我们要求他快走。(《傅斯年选集》)

2月15日,北平的胡适在日记中说,"今天报纸(《世界日报》《益世报》)大登傅孟真(傅斯年)昨天在参政会攻击孔祥熙、宋子文的话。《世界日报》的标题为《傅斯年要革命!》,报纸又大登昨天立法院攻击子文的言论"(《胡适日记全编7·1938—1949年》,曹伯言整理,安徽教育出版社,2001年,第648页)。由此可见,傅斯年此文刊出后被各地报刊纷纷转载,众人捧读,举国关注。

南京的《世纪评论》是1947年1月由出任过国府高官的经济学者何廉(1895—1975)创办的政论周刊,聘留美博士张纯明(1902—1984)为主编。《世纪评论》有这样的背景,敢发这类批评国民党中权重之臣的文章是需要勇气的。因此,报纸甫一出刊,竟相被人悉数买走,少量传出自然是来自官司府衙。第二天,《大公报》首先转载傅斯年此文。

不过,学者傅斯年写过《这个样子的宋子文非走开不可》一文后似乎意犹未尽,一个星期后又在《世纪评论》再发一篇《宋子文的失败》,直截了当地说"(孔祥熙、宋子文)二人虽不睦,但祸国的事却萧规曹随"。该文列举事实,指出代表权贵势力的孔祥熙、宋子文"断送中国经济命脉","简直把中国葬送在十八层地狱下了"。文章淋漓痛快,直捣孔、宋家族命门,国人争读为快。

又过了一星期,傅斯年再发表第三篇檄文《论豪门资本之必须铲除》。此文是应储安平之约,发表于他主办的著名期刊《观察》。该文依然是傅式行文风格,犀利尖锐,以事理服人,从国家资本、官僚资本、权门资本入手，对当时中国的资本状况分析得清楚明了，笔锋直指孔宋家族这样的高门权贵，尤其揭露了以孔宋家族为代表的官僚资本掠夺国家资本的本质。在该文中，傅斯年指出，中国的国家资本已被权门资本侵吞，包括铁路、银行、航运等在内，都被"豪门把持着，于是乎大体上在紊乱着，荒唐着，冻僵着，腐败着。恶势力支配，便更滋养恶势力，豪门把持便是发展豪门"，"小官僚资本托庇于大官僚资本，大官僚资本托庇于权门资本。……无论如何是必须依靠大势力的，尤其是豪门资本"，并认为当时的官僚资本首推孔宋二家，"宋氏的作风又是一样。……他的作风是极其蛮横，把天下人分为两类，非奴才即敌人。这还不必多说，问题最重要的，在他的无限制的极狂蛮的支配欲，用他这支配欲，弄得天下一切物事将来都不能知道公的私的了"。与此同时，同一期《观察》的"观察文摘"摘载了傅斯年在《世纪评论》首发的另外两篇关于宋子文的文章，形成了新一轮的舆论风向。为此，储安平特为三文写了《编辑后记》：

  傅孟真（傅斯年）先生一连写了三篇抨击孔宋豪门资本的文章，他的文章是爆炸性的。

实际上，傅斯年第一篇文章《这个样子的宋子文非走开不可》一出，就得到了知识界的积极响应。例如，陈云阁主掌的重庆《世界日报》也刊出社论《罢免宋子文！》，与傅斯年之文遥相呼应。接着，经济学者马寅初在上海《文汇报》也发表《有黄金美钞的不要卖出来》一文，抨击孔宋官僚、权门资本的声音不绝于耳。

面对抨击孔宋家族掠夺国家资本的舆论，即便是国民党内时任外交部长的王世杰，虽不便公开反对蒋、宋、孔、陈四大家族，却也掩盖不了心中对他们的不满。王世杰在3月1日的日记中写道：

> 宋之去辞其因甚众，一则党内陈立夫等及黄埔同志等均对彼不满。二则党外之民主社会党（张君劢党）一再声称如宋继续主持行政院，则彼等决不参加行政院。三则胡适之、傅斯年等无党派人士均反对宋子文。

3月1日，行政院长宋子文辞职下台，但仍改变不了国民党当局的专制独裁，如在国统区屹立九年之久的《新华日报》被非法查禁便是一例。《新华日报》一贯反对专制独裁、反对内战，呼吁和平、民主、自由，读者甚众，共发行三千二百多期。同时，被查禁的还有上海的《新文化》、重庆的《中原·文艺杂志·希望·文哨联合特刊》（简称《联合特刊》）、广州的《新趋势》等数十家进步报刊。

5月20日，华北、京沪等地学生分别在北平和南京等地举行"反饥饿、反内战、反迫害"大游行，形成了全国学生运动的新高潮，史称"五二〇运动"。当天，北平大专学校学生高举"华北学生北平区反饥饿反内战大游行"横幅从北京大学出发举行游行示威，并高呼"反饥饿、反内战、反迫害"的口号。同时，北京大学、燕京大学的六十三位教授发表宣言，支持学生反饥饿、反内战大游行。29日，北京大学、清华大学的一百零二位教授联名发表《为反内战运动告学生与政府书》，表示同情与支持学生的反饥饿、反内战运动，谴责国民党当局镇压学生运动。30日，上海《大公报》发表了《为反内战运动告学生与政府书》，而其记者陈凡（1915—1997）因报道学生游行被捕。

面对广大师生的反饥饿、反内战游行示威活动，国民党当局修正公布

《戒严法》，强行禁止师生集会、游行、结社，"取缔言论、讲学、新闻杂志、图画、告白、标语暨其他出版物，认为与军事有妨害者"。

5月24日，国民党当局同时封闭了上海的《文汇报》、《新民报》晚刊、《联合日报》三家报纸，并在全国多个城市大规模逮捕甚至屠杀反饥饿、反内战的学生、工人和爱国民主人士。对此，储安平在《观察》发表评论："当此一日查封三报，警备车的怪声驰骋于这十里洋场之日，我们仍旧不避危险，挺身发言，实亦因为今日国家这仅有的一点正气，都寄托在我们的肩上，虽然刀枪环绕，亦不能不冒死为之；大义当前，我们实亦不暇顾及一己的吉凶安危了。"

7月19日，国民党当局颁布《动员戡乱完成宪政实施纲要》，其中有"凡怠工、罢工、停工、关厂及其他妨碍生产及社会秩序之行为，均依法惩处；对于煽动叛乱之集会及其言论行动，均依法惩处"等条款。当月，中共地下党在上海创办的《文萃丛刊》被国民党当局查抄，三名工作人员被捕，后二人被活埋于南京雨花台，一位被害于宁波，被称为"文萃三烈士"。

11月6日，上海民盟总部被国民党当局宣布为"非法"，予以"取缔"，被迫解散。报人储安平面对疯狂的国民党当局，在其主办的《观察》杂志的重要位置发表了朱光潜（1897—1986）、朱自清、俞平伯、李广田、金岳霖（1895—1984）等四十八位社会贤达联合署名的《我们对政府压迫民盟的看法》，同时还发表了董时进（1900—1984）抗议取缔民盟的文章。

12月25日，国民党当局又颁布《戡乱时期危害国家紧急治罪条例》，规定"如有将军队、军事要塞、军械及一切军需品交付'匪徒'者，投降'匪徒'者，煽惑军人叛逃者，泄露军事秘密者，为'匪徒'间谍及招募兵工、募集钱财、供给军用品及其他物资者，意图妨害'戡乱'、扰乱治安及金融者，可处死刑或十年以上有期徒刑；以文字、图画、演说为'匪徒'宣传者处三年以上七年以下有期徒刑"。

此"戡乱条例"公布后，国民党当局变本加厉地钳制言论出版，也更加疯狂地迫害和残杀一切反对其统治的人。在那个言论早已成"潜在危险"的时代，储安平曾在《观察》说：

> 编者的根本原则是：生死之权操之于人，说话之权操之于我。刊物要封，听命封，遇到大问题时，我们是无法躲避的，无法退让的。在这混乱的大时代，中国需要的就是无畏的言论，就是有决心肯为言论牺牲生命的人物！

面对国民党的严酷"治罪条例"，在弥漫着内战硝烟的年头，有《观察》等报刊代表报刊新闻舆论界，有一大批进步的知识分子如朱自清、金岳霖、傅斯年、储安平等人面对残酷的现实毅然挺身而出，以自己的正义、良知和家国情怀敢于反抗、勇于发声，成为中国新闻史上的"无冕之王"，并投去一缕光明于黑暗的中国。

1948年，解放战争已呈压倒之势席卷中国，国民党政权大势已去。此时，中共领导的舆论攻势势不可当，汹涌澎湃。国民党当局的军事和舆论虽已一败涂地，但依然祭出钳制乃至暴力打压舆论的老手段。

3月15日，老报人、《大公报》当家者胡政之不顾花甲之年，亲自主持香港《大公报》复刊。胡政之为香港《大公报》写了复刊词，强调了中国民众所处的政治环境，也重申了"文章报国"的初衷：

现在政治的不安、经济的动荡,差不多成了全世界的一般现象。两极端的政治思想热烈的斗争着,相互激荡着最受苦的,也是爱好和平、倾心自由的善良人群,这些人的环境与中国民众所处的地位正复相同。

胡政之是自由知识分子,一位正直的、有影响的且有爱国情怀的老报人。胡政之办《大公报》的初衷只"想代表中国读书人一点不屈不挠的正气",不党不派,对"两极端的政治思想斗争"并不感兴趣,甚至表示反对。因此,胡政之反对内战,真正关心的是爱好和平、倾心自由的善良人民大众。在这种焦虑中,胡政之一个月后因病回上海养病,无奈地告别了心爱的报纸。1949年4月14日,胡政之因病去世,享年六十岁。

7月8日,邓李惺(1907—1995)、陈铭德(1897—1989)夫妇已创办二十年的南京《新民报》,被国民政府援引《出版法》签发"永久停刊令"。消息传出,舆论哗然,报界称之为"不幸事件"。对《新民报》的停刊,上海《大公报》、重庆《世界日报》等纷纷发表署名文章进行抗议。王芸生主持的上海《大公报》发表曹聚仁、胡道静(1913—2003)、毛健吾(1905—1968)等二十四人联合署名文章《反对政府违宪摧残新闻自由,并为南京〈新民报〉被停刊抗议》,矛头直指国民党、蒋介石。此文一经刊出,很多报刊纷纷转载此文,声讨蒋介石。与此同时,王芸生在《大公报》发表社评《由〈新民报〉停刊谈出版法》,痛斥国民党的反动文化专制,主张废止钳制人民言论自由的《出版法》。

对此,国民党《中央日报》气急败坏,发表社论《在野党的特权》等指控王芸生为"新华广播的应声虫",攻击王芸生效忠"共产国际"。不久,

《中央日报》发起"三查王芸生运动",并发表社论《王芸生之第三查》,要对王的"罪行"进行"清算"。

国民党当局这种拙劣的蛮横霸道没有吓倒报界,他们以浩然之气反击国民党当局。这样,国民党当局一边残酷打压查禁进步报刊,而另一边知识分子议政的报刊从南到北也纷纷问世,几乎四面开花。例如,北平的《新路》创刊,不久被封了;《周论》周刊创刊,不久也被封了。因此,知识分子对国民党当局极权主义的声讨,一直在社会上涌动,而这也是那个风雨飘摇的年代一道明丽的风景。

11月13日,曾经在舆论界叱咤风云、风光无限的陈布雷在家中自杀身亡,也反映了近代知识分子在时局变动中卷入政治漩涡的无奈和矛盾。

1949年,国民党政权在大陆彻底失势,也标志一个旧时代的终结和一个崭新时代的到来。

然而,国民党的败局已定,但其仍然在挣扎,对舆论的钳制也丝毫没有放松。

3月19日,国民党当局发布取缔发行达五万余份的上海《展望》周刊的查封令,"(《展望》周刊第三卷第十七期所刊之文)言论荒谬,挑拨离间,公开反对戒严令之措置,违反国策,值兹戒严期间,奉令应予停刊处分"(《新闻研究资料》总第十六辑,中国展望出版社,1982年,第194页)云云。

对此,被誉为"继承了《生活》周刊传统"的《展望》周刊为了抗议国民党当局,立即给读者发了告别书——《告别了,再见》:

  我们以欲言无语的心情来宣布：本刊奉令停刊了。

  在这样一个翻天动地的大时代，一个刊物的被令停刊可说是一件无关宏旨的小事。被令停刊既不由《展望》始，也不会随《展望》停刊止。

  …………

  文化事业是我们这一群的终身志趣，我们当永远跟随在读者诸君的后面，随时贡献我们的力量，以答谢读者们的爱护盛意。

  告别了，再见！

当时，北平、天津已经和平解放，成舍我创立的北平"世界"报系被解放军接管，天津的《大公报》改名为《进步日报》，已融入中国共产党的新闻事业。

然而，那些还没有解放的地方的报刊，如上海、重庆等城市的报刊出版等仍在国民党当局的审查和控制之下。直到5月解放大军渡江之前，那些诞生在漫漫长夜中的众多知名报刊纷纷被迫停刊，至此退出了中国新闻史的前台……

代跋

现代中国新闻史的世纪绝响

现代中国新闻，从风雨如晦的历史中走来，又向艳阳高照的未来前行。

诞生于晚清的中国报刊业，是一部承载着抵抗强权、挑战专制独裁的"文人论政"史。

从晚清到民国，不管是晚清政权、北洋军阀还是国民政府，统治者为了维护其统治都以铁血手段钳制舆论自由，但中国文人秉承正义、良知、风骨，以如椽巨笔，在极狭小的空间里掀起舆论的惊涛骇浪，特别是中国共产党人登上历史舞台后赋予了"文人论政"以新的导向和灵魂，书写了一部有声有色且带有悲壮色彩的中国新闻史。

打开这部争取言论自由与抨击清廷、北洋政权、国民党政权专制独裁的现代中国新闻史，就会发现如邵飘萍、林白水、史量才等报人为争取言论自由被统治者杀害，以身殉报。在悲怆中，又会有梁启超、鲁迅、胡适、邹韬奋、储安平、瞿秋白、张季鸾、王芸生、叶圣陶等报人高昂头颅、横眉冷对地以笔进行抗争，他们以金石般的论政戳穿了清廷、北洋政府、国民党统治者的真面目，给斑斓的中国新闻史留下了世纪绝响。

写自2013年春，至2020年夏初稿成；
改于2021年夏，定稿于2022年秋